Peter
Trawny

KRISE
DER
WAHRHEIT

S. FISCHER

Aus Verantwortung für die Umwelt hat sich der S. Fischer Verlag zu einer nachhaltigen Buchproduktion verpflichtet. Der bewusste Umgang mit unseren Ressourcen, der Schutz unseres Klimas und der Natur gehören zu unseren obersten Unternehmenszielen.

Gemeinsam mit unseren Partnern und Lieferanten setzen wir uns für eine klimaneutrale Buchproduktion ein, die den Erwerb von Klimazertifikaten zur Kompensation des CO_2-Ausstoßes einschließt.

Weitere Informationen finden Sie unter:
www.klimaneutralerverlag.de

MIX
Papier aus verantwortungsvollen Quellen
FSC
www.fsc.org FSC® C014496

Originalausgabe
Erschienen bei S. FISCHER
© 2021 S. Fischer Verlag GmbH, Hedderichstr. 114,
D-60596 Frankfurt am Main

Satz: Pinkuin Satz und Datentechnik, Berlin
Druck und Bindung: GGP Media GmbH, Pößneck
Printed in Germany
ISBN 978-3-10-397065-4

»Es ist schwer, die Wahrheit zu sagen, denn es gibt zwar nur eine, aber sie ist lebendig und hat daher ein lebendig wechselndes Gesicht.«
Franz Kafka

»Eine absolute Wahrheit, welche für alle Menschen gleich wäre und insofern keinerlei Beziehung zur Individualität hätte, kann es für uns Sterbliche nicht geben.«
Hannah Arendt

»All I want is the truth, just give me some truth.«
John Lennon

Inhalt

Vorwort 9

Wahrheit zwischen uns 17
Was Tatsache ist, ist keine Tatsache – Teil 1 24
Die Wirklichkeit der Afrodite 36
Das Wort »Wahrheit« 43
Niemals keine Wahrheit 46
Wahrheits-Medien? 51
Beltracchi oder die Wahrheit des Betrugs 60
Zeig mir deine Wahr-Haut 67
Was Tatsache ist, ist keine Tatsache – Teil 2. Die Interpretation 76
Vierzig Jahre Wahrheitstheater 88
Die Wahrheit des Testosterons 99
»Alle Politiker lügen« 107
Die Zeugin 115
Gespräch über Wahrheit mit dem Astrophysiker René Reifarth 123
Was Tatsache ist, ist keine Tatsache – Teil 3. Perspektive und Affekt 140
Ich meine aber… 145
Terror der Wahrheit 155
Die Logik der Lüge 165
Seins-Fiktion in der Dichtung 174
Die neo-moralische Kritik des Scheins 184
Die Verschwörung der Weisen von Zion. Eine Ersatzwahrheit 189
Du und ich. Ein Brief 197

Frau Wahrheit *203*
Simulationen *210*
Aus dem Nichts *217*
Wer zuletzt lacht, lacht am besten? – Schlusswort *224*

Anmerkungen *233*

Vorwort

Es tobt eine Riesenschlacht um die Wahrheit: Fake News, alternative Fakten, Verschwörungstheorien, Lügenpresse, The Great Reset, Corona-Diktatur, postfaktisches Zeitalter – die Öffentlichkeit wird erschüttert von Schlagworten und Diskussionen um alles oder nichts. Die Situation ist unübersichtlich. Es droht ein allgemeiner Orientierungsverlust. Alles weist darauf hin, dass es einen gefährlichen Anschlag auf die Wirklichkeit gibt, eine *Krise der Wahrheit*.

Diese Erscheinungen beschäftigen uns seit geraumer Zeit. Sie sind nicht zu übersehen, drängen sich auf, stecken uns an. Was – wie groteske Geschichten von einer geheimen internationalen Verschwörung – vor ein paar Jahren noch als unmöglich oder überwunden galt, bricht wie ein beinahe vergessenes Virus aus unsichtbaren Informationskanälen wieder hervor und vergiftet die Gesellschaft. Man kämpft dagegen an; der Streit um die Deutungshoheit der Wahrheit ist unvermeidbar.

Einsätze der Riesenschlacht liegen auf der Hand: Wie ist die Klimakrise zu bewältigen, wenn der Status wissenschaftlicher Resultate bezweifelt wird? Wie kann ein global wirkendes Virus eingedämmt werden? »Kann man den Klimaforschern glauben?« und »Sagen uns die Virologen die Wahrheit?« sind eigentlich unmögliche Fragen – jedenfalls solche, die vom tatsächlichen Problem ablenken. Der Naturwissenschaft liegen Regeln zugrunde, die alle kennen können und wenig Anlass zu Misstrauen bieten. Die Frage wäre also, warum man diese Regeln zu ignorieren versucht.

Was wahr ist und was falsch, scheint sich also nicht in Erkenntnissen und Argumenten zu bezeugen, sondern in Interessenskämpfen ausgefochten zu werden. Aus der Geschichte ist bekannt, dass die Sieger die Wahrheit festschreiben; heute haben nicht wenige den Eindruck, mächtige Institutionen steuerten, was als wahr und wirklich zu gelten habe. Die moderne Gesellschaft, ein Darknet unsichtbarer Machenschaften? Die wichtigen Dinge geschehen hinterrücks?

Eine dieser scheinbar unpersönlichen Institutionen sind die Massenmedien, zu denen auch die sozialen Medien gehören. Niemals in der Geschichte der Menschheit verfügte eine wirklichkeitsbildende Institution über so viel Macht und Einfluss wie sie. Die Medien sind der Raum, in dem die Riesenschlacht beinahe ausschließlich stattfindet. Diese Öffentlichkeit spielt für unser Verständnis von Wahrheit und Wirklichkeit eine große Rolle. Kein Leben mehr ohne Medien. Sie sind die eigentlichen Lebensmittel: Es leuchtet kaum noch ein, sie *nicht* konsumieren zu wollen.[1]

Darum kann eine drastische Verwirrung unseres öffentlichen Verhältnisses zu Wahrheit und Wirklichkeit tiefe Einschnitte und Umbrüche in unserer funktionstüchtigen Gesellschaft hinterlassen. Was wahr ist und wirklich, was tatsächlich existiert, und was unwahr und unwirklich, was es nur scheinbar gibt – diese Unterscheidung gehört zur *conditio humana*, zur grundlegenden Ausrichtung unseres Daseins. Doch so klar, wie der Unterschied von wahr und falsch in der Theorie auch sein mag, so vieldeutig wird er in der Praxis.

An der Schnittstelle zu den Medien kann man nämlich fragen, ob wir überhaupt eine Öffentlichkeit wollen, in der nichts als die Wahrheit herrscht: Wollen wir eine Wahrheits-Gesellschaft? Oder müssen wir nicht anders fragen, wie viel Wahrheit eine Gesellschaft zu ertragen vermag? Wollen wir wissen, wie die moderne Gesellschaft in Wirklichkeit funktioniert, welche sozialen Unterschiede sie produziert und als gerechtfertigt gelten lässt? Wollen wir verstehen, wie die Medien in diesem gnadenlosen Spiel mitspielen? Vielleicht lebt die Gesellschaft mehr von Unwahrheit als von Wahrheit.

Damit hängt eine weitere Frage zusammen: Wie wäre es, wenn Politikerinnen demnächst tatsächlich anfangen würden, im Namen der Wahrheit zu sprechen und zu entscheiden? Wenn sich die Parteien auflösten und eine Wahrheits-Regierung an die Macht käme? Wie sähe eine Politik der Wahrheit aus? Die Antwort liegt nahe – bereits im 19. und 20. Jahrhundert haben totalitäre Herrschaftssysteme im Namen der Wahrheit operiert. Eine Politik der Wahrheit könnte auf ein Terrorregime hinauslaufen. Ist darum etwa eine menschliche Politik keine der Wahrheit? Womöglich nicht. Aber was ist sie dann?

Neben diesen Wahrheits-Fragen, die unser Leben in der Öffentlichkeit betreffen, gibt es auch solche, die einzig und allein uns selbst beschäftigen. Sie beunruhigen uns in unserer Intimität. Deshalb können sie nicht im Kontext von Erkenntnissen und Argumenten diskutiert werden. Denn unser Selbstverhältnis bewegt sich nicht selten außerhalb dieser Formen des Intellekts. Was ich brauche, wen ich begehre, was ich liebe – all das entzieht sich den politischen und moralischen Kriterien, die die Öffentlichkeit beherrschen. Und wenn irgendwo, dann beginnt dort die religiöse Wahrheit. Diese stellt sich in Kunstwerken oder in Dichtungen dar.

Überhaupt spielt die Wahrheit auch für die Kunst eine große Rolle – und zwar in mehrfacher Hinsicht. Einmal ist es offenbar wichtig, dass Kunstwerke echt sind, dass sie tatsächlich von dem Künstler stammen, der sie signiert hat. Dann wollen wir die Kunst als eine Möglichkeit betrachten, uns von Tatsachen eines harten und hässlichen Lebens im Kampf ums Dasein abzulenken. Manche meinen sogar, dass Kunstwerke die Wahrheit auf einzigartige Weise verkörpern. Zeigt nicht Picassos *Guernica* die Schrecken des Krieges besser als jede historische Abhandlung?

Schließlich gehört auch die Frage nach dem eigenen Geschlecht zur Riesenschlacht. Wie erscheine ich mir und den anderen mit meinem Körper? Fasse ich den Mut, aus der biologisch fixierten Binarität des biologischen Geschlechtes (sexus) auszubrechen und mein eigentliches Geschlecht (gender) anders zu bestimmen? Fühle ich mich bewogen, mein biologisches Geschlecht mittels eines operativen Eingriffs zu ändern? Sehe ich mich mit meinem Körper sexistischen und rassistischen Diffamierungen ausgesetzt? Identitätspolitische Entscheidungen spielen eine immer größere Rolle; die Denk- und Lebensfigur der Identität aber hat mit der Wahrheit zu tun.

*

Massenmedien summen wie Bienenkörbe, eine aufgeregte Debatte jagt die andere. Es sieht so aus, als würde unsere Zeit alle Anzeichen einer *Krise der Wahrheit* aufweisen. Aber wann wäre die Wahrheit jemals keine Frage gewesen? Wann war jemals selbstverständlich, was wahr und falsch, was wirklich und unwirklich ist? Haben nicht Menschen zu allen Zeiten nicht nur Wahrheiten, sondern auch *die* Wahrheit problematisiert, stand nicht die Wahrheit mit ihren Wahrheiten immer zur Entscheidung?

Tatsächlich – was wir heute erleben, ist nichts anderes als das, was Wahrheit von Anfang an ist: eine Krise. Und was ist eine Krise? Gemäß der Herkunft des Wortes aus der Medizin: eine Entscheidung auf Leben oder Tod. Genau das aber ist die Wahrheit: eine Macht, die unser Leben in virulenten Bereichen bestimmt. Wahrheit ist lebens- und todeswichtig. Es ist unmöglich, ohne Wahrheit und den mit ihr verbundenen, zum Teil auch ganz alltäglichen Fragen zu existieren. Wie will ich mich hier und jetzt verhalten? Wohin möchte ich verreisen? Begehre ich Dich? – alles Fragen, die uns sozusagen die Wahrheit stellt. Dann aber ist sie niemals nur eine theoretische oder logische Frage. Das ist sie auch – aber in ihrer Vieldeutigkeit unermesslich viel mehr: Mit ihr entscheidet sich, was ich denke, wie ich lebe und wer ich bin.

Dann ist die Krise der Wahrheit die Wahrheit der Krise. Diese Denkfigur – ist es nur eine Denkfigur? – durchdringt sich wechselseitig und ergibt einen Kreis, aus dem es für uns keinen Ausweg gibt. Wir sind Wahrheitswesen durch und durch, unser Leben steht und fällt im Licht und im Schatten der Wahrheit. Sie ist Grund und Anlass dafür, dass wir philosophieren: Die Wahrheit fordert uns heraus, über sie nachzudenken. Die Notwendigkeit, das, was uns begegnet, zu bejahen oder zu verneinen, es zu begehren oder zu verabscheuen, ist ohne Wahrheit nicht zu verstehen. Sie bringt uns dazu, diese Unterscheidungen zu machen, sie zu leben.[2]

So wie die Wahrheit kritisch ist, sind wir ihre Kritiker, ihre Verneiner und Bejaher. Wer sich mit der Geschichte der Philosophie beschäftigt, sie vielleicht studiert, der oder die wird schnell merken, dass über die Wahrheit selbst, über ihr Wesen oder ihren Charakter, keine Übereinstimmung herrscht. Die Riesenschlacht um die Wahrheit – sie wogt selbst noch zwischen Philosophen und Philosophinnen hin und her. Das liegt offenbar daran, dass die Wahrheit kein bloß zu beschreibender Gegenstand ist. Was Wahrheit ist, entscheidet sich mit uns.

Wahrheits-Krise – Zeit und Ort meines Lebens, an denen sich erst zeigt, was Wahrheit ist *und* wer ich bin. Ein Ereignis, das demnach die Quelle dieses Buches sein muss. Dies ist ein Zeugnis, ein Dokument, dem ich nicht entkommen kann. Selbst wenn ich mich hinter Texten und Gedanken bedeutender Männer und Frauen verstecken würde, der Autor dieses Buches wäre immer noch ich. Und wenn ich mich verleugnen würde und in der Maske des Entertainers erschiene, Leser und Leserinnen würden es bemerken und ihre Schlüsse ziehen. Seltsam, diese Wahrheit, sie ist wie der Igel, der sagt: »Ick bün all hier.«

Dann kommen wir, was die Wahrheit betrifft, immer zu spät? Sicher. Die Philosophie als ein Nachdenken über die Wahrheit ist ein Nachtrag: »Wir leben, ehe wir philosophieren, wir existieren, ehe wir es wissen.«[3] Dieses mein Leben, diese meine Existenz stehen in der Wahrheits-Krise, ohne dass ich sie erkenne – zunächst. Das schränkt den Anspruch der Philosophie ein. Sie ist nicht die Königin der Wahrheit. Der Mensch hat es mit der Wahrheit zu tun, auch ohne und jenseits der Philosophie. Wäre ich ein Dichter oder Schriftsteller, würde ich dieser Eigenschaft des Lebens anders begegnen. Es gibt Dichtungen, wahrheitskritischer als es die Philosophie jemals sein könnte; selten zwar, aber es gibt sie.

Andererseits ist nicht auszuschließen, dass es Augenblicke gibt, in denen uns ein Gedanke beim Leben unterbricht und etwas zeigt. Das wird nicht gleich zu einem anderen Leben führen, doch vielleicht an Möglichkeiten erinnern, die wir schon vergessen hatten. Orientierung vermag die Philosophie nicht zu geben – dazu ist die Wahrheits-Krise zu tief, zu vieldeutig. Wer das verschweigt, gehört zu den Vereinfachern, von denen es zurzeit eine ganze Menge gibt. In der Riesenschlacht prallen sie pompös aufeinander, heischen Beifall für ihre Auftritte. Vereinfachen aber ist philosophischer Sündenfall. Daher ist in diesem Buch schon viel erreicht, wenn es die Vieldeutigkeit der Wahrheits-Krise dokumentiert: Denn es gäbe gar keine Krise, wenn Wahrheit einfach nur eine wäre.

*

Dieses Buch ist wie meine unmögliche *Philosophie der Liebe*[4] aufgebaut. Obwohl ich mir bei der Reihenfolge der Kapitel Gedanken gemacht habe, gibt es jenseits des allgegenwärtigen Leitmotivs keinen geregelten Zusammenhang. Ich habe die Wahrheits-Krise in allen möglichen Kontexten zu thematisieren versucht, in Philosophie, Literatur, Kunst, Religion, Film, Naturwissenschaft, Geschichte, Politik, im gesellschaftlichen und intimen Zusammenhang. Wiederholungen waren wegen dieser Vielfalt von Variationen nicht zu vermeiden. Sie gehören aber, wie wir wissen, zum Nachdenken.

Das Buch klingt da und dort ironisch, manchmal sentimental, auch ernst, kritisch, gelehrt, bitter, nüchtern, dann wieder übertrieben sensibel, wahrscheinlich nicht selten lost. Gemäß dem Thema habe ich versucht, ehrlich zu sein, nicht zuletzt mir selbst gegenüber. Ich weiß aber, wie selten das gelingt. Wer versteht schon sich selbst?

Vielleicht noch dies: Alles in allem sehe ich den Ort der Philosophie am Rande der Gesellschaft. Es gereicht ihr zur Ehre, anders als die Massentierhaltung oder der Unterhaltungssektor, *nicht* systemrelevant zu sein. Sie ist anormal, sogar asozial. Sie verweigert sich, gehorcht nur sich selbst, verfolgt keinen Zweck. Wie die Wahrheit des Lebens ist sie – umsonst.

Ich würde lügen, wenn dieses Buch nicht dafür einstünde.

Wahrheit zwischen uns

1 + 1 = 2 – ist korrekt gerechnet; es ist richtig kalkuliert, so dass ich davon ausgehen kann, jeder Mensch an jedem möglichen Ort und zu jeder möglichen Zeit müsse ebenso davon überzeugt sein, dass 1 + 1 = 2 ist. Oder: Dass ein Baum kein Smartphone ist –, auch da setze ich einen universalen Konsens mit Menschen voraus, die nicht nur wissen, was ein Baum ist oder ein Smartphone, sondern, prinzipieller noch, einer Logik folgen, die uns unausgesprochen lehrt, was *Identität* ist. Jeder weiß, dass ein Baum zunächst einmal nichts anderes ist als ein Baum.

Es gibt scheinbar Wahrheiten, die gelten für jedermann überall. Das haben Philosophen schon früh festgestellt. So jemand wie Platon hat davon gesprochen, dass es »Ideen« gebe, die uns die Wahrnehmung und Erkenntnis von konkreten Dingen und Tatsachen ermöglichen. Wir müssen schon wissen, was schön ist, bevor wir etwas als schön bezeichnen können. Dabei geht's nicht darum, ob das jeweils Besondere, das einer oder eine für schön hält, ebenso von mir für schön gehalten wird. Es geht vielmehr darum, dass jeder Mensch Schönheit kennt –, was immer er im Einzelnen schön findet.

Aus diesen scheinbar universellen Wahrheiten hat man dann auch in moralischer und politischer Hinsicht Konsequenzen gezogen. Offenbar kenne jeder Mensch, wer immer er sei, wo immer er lebe, doch *das Gute.* Es könne ja keinen Zweifel geben, dass Menschen sich in ihrem Handeln nach Werten orientieren. Überall und immer fällen Menschen Entscheidungen, in die andere Menschen verstrickt sind. Und denen wollen wir nichts Böses. Da es also so etwas gibt wie das Gute, müsste es doch möglich sein, für jeden überall und immer geltende moralische und politische Werte oder auch Regeln zu formulieren.

Demnach muss es so etwas wie eine Wahrheit im gemeinsamen Handeln geben, eine Wahrheit, die sich womöglich sogar in Rechten wie den Menschenrechten ausdrücken lässt: »Alle Menschen sind frei und gleich an Würde und Rechten geboren.« Seit der Unabhängigkeitserklärung der Vereinigten Staaten vom 4. Juli 1776, wenn nicht sogar seit den Urtexten des Christentums, ist uns bekannt, dass es zwischen Menschen keine Unterschiede gibt, die eine rechtliche Ungleichbehandlung legitimieren. Gleichgültig welches Geschlecht ich habe, welcher Klasse ich angehöre, aus welchem Land ich komme, welche Hautfarbe ich habe – vor dem Recht (oder vor Gott) sind wir alle gleich. Wer wollte dem widersprechen?

Deutlich jedenfalls ist, dass viele sich nicht darum kümmern. Filme wie *Sicario* (2015) über mexikanische Drogenkartelle oder auch *The White Tiger* (2021) über das immer noch mächtige indische Kastensystem und seine Misogynie mögen im Einzelfall überzeichnen; wie alles Fiktive bleiben sie allerdings hinter der Realität zurück. Die Gewalt, die diese Filme zeigen, ist in der Wirklichkeit allein schon deshalb brutaler, weil sie wirklich ist. So theoretisch überzeugend die Idee von der Gleichheit der Würde aller Menschen ist: Die Wirklichkeit zeigt eine andere Welt.

Das aber ist noch kein Argument: Dass die konkrete Menschheit hinter dem Guten zurückbleibt, entscheidet nichts gegen das Prinzip. Die alltägliche Ignoranz der

Menschen sagt nichts gegen die Geltung des Guten oder der Menschenrechte. Im Gegenteil: Dass Drogenkartelle Menschen gewissenlos und grausam ermorden, scheint die Geltung universaler Werte sogar zu bestätigen. Denn die ganze Welt weiß ja durchaus, dass solche Praktiken schrecklich sind. Ebenso bedeuten Gruppenvergewaltigungen im heutigen Indien nicht, dass diese dort etwa überall als normal oder gut gelten. Im Gegenteil droht den Vergewaltigern die Todesstrafe …

Dennoch ist zu fragen, was die Rede von universalen Werten oder Menschenrechten eigentlich sagen will, wenn diese die Wirklichkeit der Menschen nicht erreichen. Wie ist ein Anspruch zu beurteilen, der kaum Erfüllung findet? Kann nicht doch etwas an ihm selbst ausgemacht werden, das der Erfüllung wenn nicht widerspricht, so doch im Wege steht? Warum gibt es nach wie vor viele Staaten, die sich zu den Menschenrechten reserviert bis ablehnend verhalten?

Hannah Arendt sagt, dass es eine »absolute Wahrheit, die für alle Menschen gleich wäre und insofern keinerlei Beziehung zur Individualität« habe, »für uns Sterbliche« nicht geben könne. Ich betone, dass dieser Satz, den ich zum zentralen Motto dieses Buches gemacht habe, sein Leitmotiv darstellt. Die Frage ist nur, wie er zu verstehen ist. Ist $1 + 1 = 2$ etwa keine absolute Wahrheit?

Auffällig ist, dass Arendt den Menschen als »Sterblichen« bezeichnet. Diese im antiken Griechenland besonders bei den Dichtern übliche Charakterisierung bezieht sich auf den Tod als das Kriterium, das uns ganz grundsätzlich von unsterblichen Göttern unterscheidet. Von diesem Unterschied strahlen andere Differenzen aus. Da wir Menschen endlich sind, im Vergleich zu den Göttern nur Eintagswesen, können wir auch nicht wie sie allwissend oder allmächtig sein. Wir bleiben in allem, was wir denken und tun, in unseren eigenen Perspektiven und auf sie selbst begrenzt.

Diese *conditio humana* bestimmt unser Verhältnis zu allem, was mit einem absoluten Anspruch auftritt. Zwar können wir absolute Ansprüche wie den der Menschenrechte verstehen, doch wir haben zu ihnen keine Beziehung. Arendt hört in dem lateinischen Wort *absolutus* die ursprüngliche Bedeutung: abgelöst. Absolute Wahrheit mag ein möglicher Gedanke sein, doch er erreicht und berührt uns nicht, eben weil er in meiner immer endlichen Perspektive – in meinem individuellen Leben – keine mich persönlich betreffende Rolle spielt und spielen kann. 1 + 1 = 2 lässt mich vollkommen kalt. Selbst wenn ein Leben ohne Rechnen undenkbar ist, habe ich keine persönliche Beziehung zu ihm.

Das kann Arendt mit einer historischen Erfahrung verbinden. Sind die Menschenrechte eine solche absolute Wahrheit, da sie für jeden Menschen als solchen gelten, so ist doch bis heute offenbar, wie unbedeutend sie sind. Arendt kann das am Schicksal der Jüdinnen und Juden vor der Shoah belegen. Obwohl seit der Amerikanischen oder Französischen Revolution die Existenz von allgemeinen Rechten des Menschen bekannt war, hat sich niemand für die in der Mitte Europas auf ihre Vernichtung zuleidenden Juden interessiert. Es gab niemanden, der diese Rechte einklagen und gegebenenfalls Gesetze anwenden wollte. Das aber hängt mit ihrem von allen konkreten Bezügen abgelösten Anspruch zusammen.

So schreibt sie, dass »der Verlust der Menschenrechte«[5] nicht dort stattfinde, wo »dieses oder jenes Recht, das gewöhnlich unter die Menschenrechte gezählt« werde, abhanden komme, sondern »nur wenn der Mensch den Standort in der Welt« verliere, »durch den allein er überhaupt Rechte haben kann und der die Bedingung dafür« bilde, »daß seine Meinungen Gewicht haben und seine Handlungen von Belang sind«, gehe den Menschenrechten ihre Kraft aus. Mit anderen Worten: Wenn es Menschenrechte gibt, dann müssen diese mit einer Welt zusammenhängen, in der die Menschen wirklich und wahrhaftig leben, also Mitglieder einer Gemeinschaft sind, die für diese Menschen einzutreten in der Lage ist. Die allgemeine Abgelöstheit dieser Rechte macht diesen Bezug zu einer konkreten Welt aber gerade unmöglich.

Es ist demnach nicht zu bestreiten, dass Wahrheiten so formuliert werden können, als überstiegen sie Zeit und Raum, als würden sie immer und überall gelten –, doch daraus abzuleiten, sie hätten für mich und mein Leben wie für jedes andere Leben immer und überall eine Bedeutung, ist falsch. Ich lebe mit faktisch existierenden Menschen in einer spezifischen geschichtlichen Wirklichkeit, die konkrete Lebensstile entfaltet, in denen ich denke und handle. Wahrheiten, die mich erreichen, müssen mit diesem Lebensstil zusammenhängen, müssen in ihm vorkommen. – Und wenn dieser Lebensstil selbst ein universaler ist?

Die Menschenrechte treten auf im Namen der *Vernunft*. Dass diese einen universalen Geltungsanspruch erhebt, ist bekannt. Das anspruchsvolle Konzept stammt aus der europäischen Aufklärung, die gerade in moralischer Hinsicht christliche Motive in sich aufgenommen hat. Seit gut vier Jahrhunderten realisiert sie sich mit ihrer Technik- und Wissenschaftsgläubigkeit in einer Welt, die sich ihr am Anfang des 21. Jahrhunderts zumindest in diesen beiden Hinsichten unterworfen hat. Die »Europäisierung der Menschheit«[6] hat sich technisch-ökonomisch spätestens am Ende des 20. Jahrhunderts vollendet.

Keine Frage, dass die Errungenschaften der Aufklärung meinen Lebensstil durchdringen. Selbstbestimmung, Emanzipation, Gleichberechtigung und Weltbürgertum sind Merkmale meines mitteleuropäischen Lebens. Wir denken und behaupten, in einer offenen und gerechten Gesellschaft zu koexistieren. Ihre Institutionen funktionieren und verleihen ihr Stabilität. Die soziale Ungleichheit ist einigermaßen weit von jener kritischen Masse entfernt, die Gesellschaften zerreißt. Haben wir nicht den Schlüssel zu einem menschenwürdigen Dasein gefunden? Nicht wirklich.

Der europäische Vernunft-Stolz blickt auf eine Welt, die ihre moralisch-politischen Postulate und Appelle vernimmt, ohne sich ihnen in ihren Lebensstilen zu fügen. Und das zu Recht. Es gibt keine Idee, die ihre historischen und kulturellen Bedingtheiten übersteigen könnte. Alle faktischen Lebensstile des Menschen enthistorisierend von universalen Werten zu sprechen, ist der lauwarme Aufguss einer europäischen Denk-Hegemonie, die neuerdings versucht, die theoretischen Einsprüche von Philosophen wie Friedrich Nietzsche, Martin Heidegger, Theodor W. Adorno und Jacques Derrida einzukassieren. Wenn zeitgenössische oder zeitgemäße Philosophen von einer »*neuen Aufklärung*«[7] reden, dann ist das eine philosophische Bankrotterklärung –, auch deshalb übrigens, weil wir die ganze Problematik der alten noch nicht verstanden haben. Ich erinnere an die Diskussion über Kants »Rassismus«, die eigentlich eine über die Aufklärung insgesamt sein müsste.

Gebe ich damit aber nicht einem Relativismus oder sogar Nihilismus Raum, der scheinbar gerade in jener Riesenschlacht um die Wahrheit so verheerende Wirkungen zu verantworten hat? Rechtfertige ich nicht schreckliche Verbrechen, wenn ich auf den inneren Zusammenhang von Geschichte und Moral verweise? War die Sklaverei etwa nichts Böses? Gewiss ist das Leben unter diesem Himmel relativ, es spielt sich in Beziehungen ab. Moralische oder politische Wahrheit ereignet sich immer hier und jetzt – zwischen uns. Diese Einsicht ist alles andere als nihilistisch.

Mit anderen zu leben, mit ihnen zu handeln bedeutet, ihnen jeweils ganz unmittelbar beizustehen, ihnen zur Hand zu gehen. Dazu brauche ich mich nicht auf Werte und Regeln oder sonst etwas zu berufen. *Einzig hier, in der Begegnung mit Dir, zeigt sich, wer ich bin* – philosophisches Moralisieren ist ein narzisstisches Glasperlenspiel.

Was Tatsache ist, ist keine Tatsache – Teil 1

Tatsachen sind Wahrheiten, so viel steht fest. – Ich beginne mit dieser weitverbreiteten Feststellung und beziehe sie auf den Streit über unsere Reaktion auf die Klimakrise. Die Aktivistin Greta Thunberg sagt, dass wir »schon sämtliche Tatsachen und Lösungen« zum Problem kennen. Wir müssten nur noch »aufwachen und etwas verändern«.[8] Deshalb fordert sie: »Ich will, dass ihr in Panik geratet.« In Panik geraten kann man in der Tat nur, wenn eine wirkliche Gefahr schon sehr bedrohlich geworden ist, wenn man nicht mehr daran zweifeln kann, dass man ohne unmittelbare Gegenmaßnahmen Schaden nehmen wird. Daher fügt sie hinzu: »[…] ich sage das nur, weil es wahr ist.«[9] Was nämlich? Eben dass das Klima sich durch unseren Lebensstil so sehr gewandelt hat, dass die Zukunft der kommenden Generationen auf dem Spiel steht.

Im Streit um den Klimawandel – so zeigen es die Resultate der Klimaforschung – ist nicht mehr zu diskutieren, ob er stattfindet: Das ist eine Tatsache. Es kann nur noch darum gehen, wie wir auf ihn antworten, welche Maßnahmen wir ergreifen können, um noch zu retten, was zu retten ist. Über die Existenz einer Tatsache zu streiten ist sinnlos. Was geschah, geschah. Wir haben es nur noch anzuerkennen. Man kann Tatsachen vielleicht ignorieren. Doch dann geschieht es, dass sie einen in potenzierter Form einholen –, so wie die Folgen einer Krankheit umso schlimmer sein werden, je länger man sich ihre Existenz verschweigt. – Tatsachen sind Wahrheiten, das steht fest.

Doch ganz so einfach ist es nicht. Zunächst lässt sich

beobachten, dass wir im Gespräch über Tatsachen sehr schnell an einen Punkt kommen, wo Beispiele uns helfen müssen zu klären, was überhaupt eine Tatsache ist: Tatsache ist, dass Deutschland 1954 zum ersten Mal Fußballweltmeister wurde; Tatsache ist, dass das World Trade Center in New York am 11. September 2001 Ziel einer terroristischen Attacke wurde; Tatsache ist, dass Schwarze Löcher Licht absorbieren; Tatsache ist, dass eine Corona-Virus-Pandemie die Welt in den Jahren 2020/2021 in Atem hielt.

Doch warum brauchen wir Beispiele, um zu klären, was eine Tatsache ist? Warum erleichtern sie zumindest die Klärung? Weil offenbar keineswegs vorausgesetzt werden kann, dass wir alle dasselbe denken, wenn wir von Tatsachen sprechen, und weil Tatsachen überdies den Sinn haben, einen Konsens zu ermöglichen. Denn eine Tatsache gilt potenziell für alle Menschen. Eine Tatsache muss notwendig für jeden Menschen Tatsache sein; andernfalls handelte es sich nicht um eine Tatsache. Das meint allerdings nicht, dass sie für jeden Menschen dasselbe bedeutet.

Betrachten wir im Folgenden zunächst einmal das Wort: Tatsache. Das hat es keineswegs schon immer gegeben. Gotthold Ephraim Lessing schrieb im Jahr 1778 einen kurzen Text mit der Überschrift *Über das Wörtlein Tatsache*. Dort stellt er fest, dass das Wort »*jung*« sei. Er könne sich noch »ganz wohl erinnern«, »da es noch in Niemands Munde war«.[10] Das Wort »Tatsache« ist – wie übrigens andere wichtige Worte wie »Bewusstsein« oder »Bedeutung« – erst in der zweiten Hälfte des 18. Jahrhunderts aufgekommen.

Es erscheint in einem 1756 aus dem Englischen übersetzten Buch des protestantischen Theologen Johann Joachim Spalding. »Tatsache« übersetzt da den englischen Ausdruck »matter of fact«, ein Wort, das im Englischen des 16. Jahrhunderts vor allem eine juristische Bedeutung hatte. Dass es vor Gericht um Tatsachen gehen muss, leuchtet unmittelbar ein. Der Prozess der Urteilsfindung dient vor allem dazu festzustellen, was tatsächlich geschehen ist. Interessanter ist aber, was Spalding übersetzt. Er als Theologe übersetzt eine Schrift, in der Tatsachen Handlungen Gottes sind, die in der Geschichte die göttliche Vorsehung beweisen sollen. In dieser Bedeutung betrat das Wort »Tatsache« also den deutschen Sprachraum.

Es ist immer ein bemerkenswertes Ereignis, wenn ein neues Wort erscheint. Man könnte über die Tatsache, dass das Wort »Tatsache« so spät entsteht, ins Grübeln geraten. Warum geschah es erst in der zweiten Hälfte des 18. Jahrhunderts? Welches Ereignis hat es notwendig werden lassen, von Tatsachen zu reden? Und außerdem: Wenn Worte existierende Gegenstände bezeichnen, die doch ohne ihre Bezeichnungen gar nicht existieren würden –, gab es dann vor der Erscheinung des Wortes »Tatsache« etwa keine Tatsachen?

Diese Frage klingt absurd. War ein Schwarzes Loch etwa keine Tatsache, bevor das Wort »Tatsache« gebildet wurde? Ja, war ein Schwarzes Loch, von dessen Existenz im 18. Jahrhundert niemand wusste, überhaupt eine Tatsache? Beide Fragen verweisen auf ein Problem, das in einem Buch über die Wahrheit immer wieder auftauchen wird: Was wahr ist oder was eine Tatsache ist, macht aufgrund der Form ihrer Feststellung und Äußerung den Eindruck, immer und überall zu gelten. Und doch muss bei genauerer Betrachtung dieser Anspruch bestritten und eingeschränkt werden.

Der Pharao Tutanchamun, der ungefähr 1330 vor Christus in Ägypten das Neue Reich regierte, starb an Sichelzellenanämie. Keine Frage, dass die Zeitgenossen des Pharao wie er selbst diese Krankheit und daher auch die Todesursache nicht kannten. Keine Frage aber auch, dass er an eben dieser damals unbekannten Krankheit gestorben ist. Dieses Phänomen erzeugt einen Funken, der ein Schlaglicht auf die Geschichte wirft. Wir selbst sind Pharao. Denn offenbar gibt es Tatsachen, die für uns noch unzugänglich sind, die erst in der Zukunft zu erkennen sein werden – oder sogar nie. Und diese Tatsachen können, wie man sieht, sogar tödlich sein.

Dabei ist es an dieser Stelle nicht erlaubt, das Tatsachenwissen mit der wahren Wirklichkeit zu identifizieren, weil wir sonst auf die Idee kommen könnten zu behaupten, der Mensch habe jahrtausendelang in einer für ihn undurchdringlichen Täuschung gelebt. Denn was wussten Menschen um 1000 vor Christus, wenn Wissen hier Wissenschaft heißt, um nicht von den Jahrtausenden zuvor zu reden? Unsere Perspektive auf die zurückliegende Geschichte zu verabsolutieren wäre eine Art von Geschichtskolonialismus. Ungefähr so blickten die Europäer im 19. Jahrhundert auf den »Schwarzen Kontinent«. Auch die Menschen Afrikas wussten noch nichts von der Wahrheit ... Gewiss wissen wir mehr als die Generationen vorher, doch das lässt sich von jeder Generation – auch von den kommenden – sagen.

Die Frage, ob es ohne das Wort »Tatsache« keine Tatsachen gegeben hat, ist eine andere. Sprache ist ohne Zweifel wirklichkeitsbildend. Doch ihr Bedeutungsreichtum ist so groß, dass sich nicht im Prinzip sagen lässt, eine Sache existiere ausschließlich und nur in ihrem Verhältnis zu einem einzigen Wort, das sie bezeichnet. Was wahr, wirklich, Tatsache ist, lässt sich auf so viele verschiedene Weisen sagen, dass die Menschen gewiss schon vor der Erfindung des Wortes »Tatsache« Ereignisse als Tatsachen verstanden haben. Wenn bei Spalding das Handeln Gottes in der Geschichte eine Tatsache ist, dann war es für die Menschen auch vor Spalding bereits eine Tatsache, dass Jesus Christus der auferstandene Sohn Gottes war.

Damit weist der theologische Kontext der Einführung des Wortes auf ein weiteres Problem hin. Für uns heute ist göttliches Handeln in der Geschichte nämlich keineswegs eine Tatsache mehr. Ob und in welchem Sinne die Rede von Gott Tatsachen enthält, wurde zu Spaldings Lebzeiten, in der Aufklärung, – nicht zuletzt von Lessing – breit diskutiert. Obwohl also die Erfindung des Wortes »Tatsache« Tatsachen nicht erst möglich machte, hängt mit ihr eine Frage oder ein Problem zusammen, die und das vor der Erfindung des Wortes so nicht bestanden haben. Ob und, wenn ja, auf welche Weise Gott eine Tatsache ist, das sind Fragen, die vor und während des 18. Jahrhunderts nicht diskutiert wurden, nicht diskutiert werden konnten. Gerade die Philosophie Immanuel Kants lieferte dann Antworten, von denen wir noch heute profitieren.

Aber zurück zur Wahrheit der Tatsache. Lessing stellte nicht nur fest, dass das Wort für ihn noch »jung« war. Er definierte außerdem, was eine Tatsache ist. »Facta und des Faits« seien »weiter nichts, als geschehene Dinge, Begebenheiten, Taten, Ereignisse, Vorfälle, deren historische Gewißheit so groß ist, als historische Gewißheit nur sein kann«.[11] Lessing bezieht sich auf das lateinische Wort *factum*, das vom Verb *facere*, zu Deutsch »tun«, »machen«, herstammt. Auch das französische *fait* kommt von *faire*, »machen«. So hört er in »Tatsache« wörtlich, dass es um eine Sache des Tuns oder der Tat geht. Bei Tatsachen muss es demnach einen Täter geben, der irgendetwas verursacht oder veranlasst hat. Für Lessing scheint es diese Täter lediglich im Bereich der Geschichte – und nicht der Natur – gegeben zu haben. Denn es ist eine »historische Gewißheit«, dass das World Trade Center am 11. September 2001 zerstört wurde, doch es ist keine, dass Schwarze Löcher Licht absorbieren.

Nun gibt es natürlich keine Pflicht, die Begriffsdefinition irgendeines Philosophen oder irgendeiner Philosophin als unbezweifelbare Wahrheit anzuerkennen –, zumal verschiedene Philosophen sehr häufig Verschiedenes über dasselbe sagen. Dennoch muss gesehen werden, dass die Verwendung eines Begriffs samt ihrer Klarheit oder Unklarheit von seiner Definition abhängt. Für Hannah Arendt sind »Tatsachenwahrheiten« – wir werden das noch sehen – wie für Lessing historische Ereignisse. Doch wenn auch gerade das Verständnis der Tatsache als einer Sache des historischen Tuns eine klare Bedeutung darstellt, wenn wir Tatsachen auf diese Weise verstehen können, ist es schließlich wenig sinnvoll, sie einzig und allein in der Geschichte zu suchen.

Natürlich ist es eine Tatsache, dass Schwarze Löcher schon immer Licht schluckten: Es gab Schwarze Löcher, auch wenn es kein Wesen gab, das sie beobachtet oder gar »gemacht« hat. So gibt es ohne Zweifel auch den Mount Everest oder Orang-Utans. Dass all das Tatsachen sind oder, besser, dass wir all das Tatsachen nennen können, hängt nun wiederum durchaus mit einem Aspekt zusammen, der ebenso bei der historischen Tatsache relevant ist: die Feststellung ihrer Existenz.

Der deutsche Fußballweltmeistertitel von 1954 ist eine Tatsache auch deshalb, weil wir heute noch das Endspiel zwischen Deutschland und Ungarn in Bern in Fernsehbildern und -tönen dokumentiert sehen. Darüber hinaus gibt es Augenzeugenberichte, die in bestimmten Texten festgehalten wurden. Genauso kann man die Existenz eines Schwarzen Lochs, des Mount Everests oder des Orang-Utans feststellen und dokumentieren. Es ist nicht sinnvoll, darüber zu streiten, ob die Covid-19-Pandemie eine Tatsache ist.

Doch es gibt hier einen strittigen Punkt, der erwähnt werden soll, weil er auf eine weitere Bedeutung des Begriffs »Tatsache« verweist. Lessing (und Arendt) betonen die Zufälligkeit historischer Tatsachen. Die Attacke auf das World Trade Center ist eine Tatsache, weil sie ein einmaliges und unerwartetes Ereignis gewesen ist. Das ist sie, weil die Terroristen frei handelnde Menschen gewesen sind. Mit anderen Worten: Das Tun oder Handeln in der Sache der Tat kann nur ein menschliches, nämlich freies, sein. Daher sagt Hannah Arendt auch: »Tatsachen und Ereignisse, die unweigerlichen Ergebnisse menschlichen Zusammenlebens und -handelns, machen die eigentliche Beschaffenheit des Politischen aus«.[12] Das aber ist bei natürlichen Tatsachen offenbar anders. Die Existenz des Mount Everests oder eines Orang-Utans resultiert nicht aus freiem Handeln, aus einer politischen Aktion, sondern aus notwendig so und nicht anders verlaufenden Naturvorgängen.

Wenn ich also einräume, dass es auch natürliche Tatsachen gibt, ignoriere ich einen Moment des Tatsachen-Begriffs, wie ihn Lessing (und Arendt) verwenden. Ich tue das deshalb, weil ich anerkenne, dass die festgestellte und dokumentierte Existenz eines Objekts, das aus einem mit Notwendigkeit verlaufenden Naturprozess hervorgegangen ist, mit einer historischen Tatsache die Methode der Feststellung und Dokumentation – und damit übrigens auch der Interpretation – teilt. An dieser Stelle möchte ich die Bedeutung des Begriffs der Tatsache aber auf das Genannte begrenzen.

Ich lehne es ab, von mathematischen oder logischen Tatsachen zu sprechen. Denn wenn man sich immerhin noch die Gestalt des Mount Everests oder des einzelnen Orang-Utans als von Zufällen mitbeeinflusst vorstellen kann, wenn man meinen kann, dass diese Zufälle in die Feststellung und Dokumentation der Tatsachen Eingang finden können, wenn man selbst einen Berg wie den japanischen Fuji interpretieren kann, dann ist das bei einer mathematischen Gleichung oder einem logischen Gesetz nicht mehr möglich: $1 + 1 = 2$ ist immer und überall eine richtige Gleichung; über einen Gegenstand zugleich zu sagen, dass er in einer und derselben Zeit, an einem und demselben Ort und in einer und derselben Hinsicht existiere und nicht existiere, ist immer und überall falsch. Damit ist selbstverständlich nicht gesagt, Mathematik und Logik seien nicht wahrheitsrelevant. Mit der Begrenzung der Tatsache auf Historisches und Natürliches folge ich lediglich der alten philosophischen Unterscheidung von Tatsachen- und Vernunftwahrheiten.

Gottfried Wilhelm Leibniz unterscheidet in der *Monadologie*, einem der berühmtesten Texte der neuzeitlichen Philosophie, zwischen Vernunft- und Tatsachenwahrheiten. Die ersten seien notwendig und ihr Gegenteil unmöglich, die zweiten zufällig und ihr Gegenteil durchaus möglich.[13] Als Beispiel der ersten nennt Leibniz »Definitionen, Axiome und Postulate« der Mathematik sowie »ursprüngliche Prinzipien«, die nicht bewiesen werden können. Solche Prinzipien seien der Satz vom Widerspruch und der Satz vom zureichenden Grund. Wenn es aber eine Tatsache ist, dass Deutschland 1954 Fußballweltmeister geworden ist, dann hätte es ebenso gut auch Ungarn sein können. Es liegt an sich keine Vernunft darin, dass Deutschland die Fußballweltmeisterschaft gewinnt. Dass alle Wirkungen Ursachen haben, ist notwendig so, es kann nicht anders sein.

Was alle Tatsachen miteinander teilen, ist die unbezweifelbare Gewissheit ihrer so und nicht anders gegebenen Existenz. Ich nenne nur das eine Tatsache, was sich mir auf eine Weise zeigt, von der ich denken könnte, es würde sich jedem anderen Menschen ebenso zeigen, ja, es würde sich womöglich sogar zeigen ohne jeden Menschen (was natürlich bei historischen Tatsachen auszuschließen ist). Damit aber gibt es einen Bereich des menschlichen Denkens und Handelns, der sich der Tatsächlichkeit entzieht: nämlich die Moral.

Wir unterscheiden moralische von unmoralischen Handlungen, gute von bösen. Was ist das Kriterium dieser Unterscheidung? Das moralische Gesetz, das uns dazu auffordert, so zu handeln, wie jeder andere Mensch auch handeln könnte. Als Rassist schließe ich viele Menschen in und mit meinem Handeln aus; ich verletze sie mit ihm. Dieses moralische Gesetz aber, das wir mit Kant »kategorischen Imperativ« nennen können, ist keine Tatsachen-, sondern eine Vernunftwahrheit. Was ich an einer Handlung als gut oder böse bezeichne, empfängt seine Bedeutung von der Vernunft. Von einer »moralischen Tatsache«[14] zu sprechen, ist daher mindestens missverständlich, wenn nicht falsch.

Denn aus den Handlungen als Tatsachen können wir keine moralischen Konsequenzen ableiten. Das zeigt sich an mindestens zwei Beispielen. Ein Mord dürfte normalerweise als böse betrachtet werden. Und doch wissen wir, dass er als Notwehr, Tyrannenmord oder Todesstrafe nicht nur gerechtfertigt werden, sondern sogar gut sein kann. Für uns ist die Sklaverei ein Verbrechen. Und doch wissen wir, dass es Zeiten gab (nicht nur im antiken Griechenland und Rom), in denen sie gesellschaftlich anerkannt und keineswegs als verwerflich betrachtet wurde. Sollte es also Tatsachen geben, die wir als »moralisch« bezeichnen wollten, müssten wir sie in Relation zu ihrem jeweiligen Kontext betrachten –, was uns das moralische Gesetz gerade verbietet. Daraus folgt, dass wir es entweder mit der Moral oder mit Tatsachen zu tun haben, nie aber mit »moralischen Tatsachen«.

Seltsam: Wenn es stimmt, dass alle Tatsachen so und nicht anders zu existieren haben, damit ich sie als tatsächlich existierend anerkenne, ja, wenn ich sogar denke, eine Tatsache müsste von jedem anderen Menschen an meiner Stelle genauso erkannt werden wie von mir, dann ist es merkwürdig, dass wir über die Bedeutung des Begriffs »Tatsache« diskutieren. Denn wäre eine Tatsache so zweifelsfrei-eindeutig festzustellen und zu erkennen, wie ich sagte, wie kann dann jemand etwas als Tatsache betrachten, was einem anderen keineswegs als eine solche erscheint? Gibt es vielleicht etwas, was ich bisher in meinem Versuch, den Charakter der Tatsache zu bestimmen, vergessen habe? Tatsächlich: Ich habe die Rolle des Deutens und Interpretierens vergessen – nicht nur in Bezug auf jede einzelne Tatsache, sondern schon im Problem, was wir überhaupt als Tatsache bezeichnen und nicht bezeichnen. *Was eine Tatsache ist, ist demnach selbst keine Tatsache.* Wir kommen nicht darum herum, zu bestimmen, zu interpretieren, was sie ist. Offenbar gibt es im doppelten Sinne keine Tatsachen ohne Interpretation: *Wir definieren interpretierend, was eine Tatsache ist, und wir interpretieren dann das, was wir als Tatsache identifizieren.*

Eines aber ist fraglos: Wenn wir die Krise der Wahrheit auf die Tatsachenwahrheiten beziehen, dann ist festzustellen, dass ein menschliches Leben ohne sie unmöglich wäre. Es gibt Tatsachen, auf denen unser Leben beruht: Historische Ereignisse und natürliche Begebenheiten sind unsere Normalität. Sie geben uns Tag für Tag eine verlässliche Sicherheit, die nicht wirklich zu erschüttern ist. Ich weiß und kann mich darauf verlassen, dass der Zweite Weltkrieg am 8. Mai 1945 endete. Ich gehe zu Recht davon aus, dass ich in dem Bett, in dem ich einschlafe, auch wieder aufwachen werde. Man stelle sich vor, das wäre anders. Wenn daher in Diskussionen die Gefahr beschworen wird, Fake News könnten unser Leben zerstören, dann müssen wir zugleich sehen, dass diese Gefahr überaus begrenzt, um nicht zu sagen selber Fake News ist.

Die Wirklichkeit der Afrodite

Die alten Philosophen haben zuweilen einfach gedacht. Sie meinten, dass es Dinge gibt, die man insofern in einer Aussage erfasst, als man ihre Existenz ausdrückt. Man sieht einen Baum und sagt: »Das ist ein Baum.« Man dachte, dass die Wahrheit in einer Aussage liege, die feststellt, dass etwas existiere oder nicht existiere.[15] Damit entstand eine Art von Plattform für alle Wahrheit, die bis heute gilt: nämlich die Meinung, sie müsse irgendetwas mit der *Wirklichkeit* zu tun haben.

Was sollte auch eine Wahrheit sein, die nichts mit der Wirklichkeit zu tun hätte? Und was eine Wirklichkeit, die wir nicht als wahre identifizieren könnten? Wenn aber Wahrheit und Wirklichkeit dasselbe sein sollten, wäre zu fragen, warum wir zwei unterschiedliche Wörter für dasselbe verwenden. Doch hier beginnen die Probleme, die zuletzt geradezu ins Bodenlose führen: *Sollten etwa das Unwahre, die Lüge, das Phantastische nicht zur Wirklichkeit gehören?*

In der Geschichte der Philosophie gibt es einen bestimmten Philosophen, der im antiken Griechenland angefangen hat, über Wirklichkeit zu reden. Dabei hat er die Wirklichkeit nicht primär mit der Wahrheit verbunden, sondern mit der Möglichkeit und der Notwendigkeit. Der Philosoph ist Aristoteles und das griechische Wort für Wirklichkeit *enérgeia*, Energie. Lapidar stellt Aristoteles fest: »Unter Wirklichkeit versteht man, daß die Sache existiert [...].«[16] Damit beginnt die Geschichte der Definitionsmacht über die Wirklichkeit.

Aristoteles ging davon aus, dass das, was wirklich ist, höher steht als das Mögliche oder Notwendige. Für ihn ist das Mögliche das, was sich noch nicht verwirklicht hat, das Notwendige, was sich nicht anders verhalten kann. Das Mögliche und das Notwendige sind demnach beide durch ein *nicht* gekennzeichnet. Das aber, was existiert, erst recht das Allerwirklichste, kennt keine Verneinung mehr. Für Aristoteles ist das Allerwirklichste das Göttliche.

Das ist schon ein erster Hinweis auf das Problem, dass wir mit dem Thema Wirklichkeit an kein Ende kommen werden. Denn wie kann Aristoteles gerade das als das Wirklichste bezeichnen, was für ein anderes Wirklichkeitsverständnis – wie das naturwissenschaftliche – keineswegs zur Wirklichkeit gehört? Gibt es hier, bei diesem Riesenphilosophen, vielleicht ein religiöses Vorurteil oder sogar einen Denkfehler?

Keineswegs. Für Aristoteles wie für Platon gab es die Frage, ob das Göttliche zur Wirklichkeit gehöre, nicht. Es war das Wirkliche par excellence. Das könnte noch nach einem Vorurteil aussehen, wenn wir nicht wüssten, dass beide die gewöhnlichen Vorstellungen von personifizierten Göttern prüften und ablehnten. Sie hielten es für einen Fehler, das Wirkliche auf das bloß Materielle zu reduzieren; eine Reduktion, die das naturwissenschaftliche Verständnis von Wirklichkeit ausmacht.

Martin Heidegger hat des Häufigeren einen Satz des Physikers Max Planck zitiert, den es bei diesem gar nicht gibt: Nur was messbar sei, sei wirklich.[17] Selbst wenn es sich um ein Pseudozitat handelt, trifft die Definition doch etwas Wahres. Für die Naturwissenschaft muss irgendein

Quantum von Energie gemessen werden können, damit man bestätigen kann, etwas sei wirklich, etwas wirke. Das gibt dem Ganzen universale Objektivität. Von da aus ist es nur noch ein kleiner Schritt zu behaupten, dass wirklich und wahr nur das sei, was auch ohne den Menschen existiere.[18]

Das Göttliche des Aristoteles gehört unter diesen Voraussetzungen gewiss nicht zur Wirklichkeit. Außerdem: Wenn nur das wirklich wäre, was irgendwie zu messen ist, könnten dann die Philosophie, die Dichtung oder auch die naturwissenschaftlichen Theorien selbst zur Wirklichkeit gehören? Wäre Geschichte wirklich? Darüber hinaus: Wenn nur das Materielle wirklich wäre, dann würde sich die alte Ansicht, dass das Wahre an sich auch das Wirkliche sei, als falsch erweisen; jedenfalls dann, wenn jahrhunderte- oder gar jahrtausendelang das Wahrste – Gott gewesen ist. Das ließe sich heute auf jede Menge andere Dinge übertragen, die keine Realität im Sinne eines Gehirns oder eines Atoms aufweisen, wie Don Quichotte, Gumball oder auch das Gute.

Einmal trat ein Philosoph ins Rampenlicht, der in Anknüpfung an Aristoteles den Schwierigkeitsknoten mit dem Wirklichen zu durchschlagen versuchte. Hegel schrieb: »*Was vernünftig ist, das ist wirklich; und was wirklich ist, das ist vernünftig.*«[19] Ich denke, dass man philosophischer gar nicht von der Wirklichkeit sprechen kann. Warum? Weil die Kompetenz des Philosophen – nämlich wissen und zeigen zu können, was Vernunft ist – das Kriterium der Wirklichkeit liefert. Demnach bildet sich die Wirklichkeit aus einem bestimmten Prozess bestimmter Bedeutungen, der als Vernunft-Entfaltung bezeichnet

werden kann. Wenn und indem sich dieser Prozess vollzogen und vollendet hat, ist in der Tat das, was wirklich
ist, vernünftig.

Wer würde schon die Wirklichkeit unseres modernen
Staates mit all seinen Institutionen unvernünftig finden
wollen? Ist etwa die Universität keine vernünftige Ein-
richtung? Oder das Finanzamt? Wer würde den Coro-
na-Verordnungen der deutschen Regierung in den Jahren
2020/2021 ihre Vernunft abstreiten? Pech nur, dass sich
über Hegels Bestimmung der Wirklichkeit ein anderer
Philosoph auf sehr intelligente Art und Weise aufregte
und eine andere einflussreiche Wirklichkeits-Fassung
vorstellte.

Karl Marx fand sehr zutreffende Worte, als er zu bedenken gab, dass »die Frage, ob dem menschlichen Denken
[der Vernunft] gegenständliche Wahrheit« zukomme, im
Grunde »keine Frage der Theorie, sondern eine *praktische*
Frage« sei.[20] »In der Praxis« müsse der Mensch »die Wahrheit, i.e. Wirklichkeit und Macht, Diesseitigkeit seines
Denkens beweisen«. Der »Streit über die Wirklichkeit
oder Nichtwirklichkeit des Denkens« sei, wenn man sie
von der »Praxis« isoliere, eine »rein *scholastische*«, man
könnte auch sagen, akademische Frage.

Wie die Philosophie zur Wirklichkeit steht, sei ein
abseitiges Problem, womöglich interessant für akademische Philosophen und Philosophinnen. Die Wirklichkeit
jedenfalls interessiert sich nicht für sie, einzig und allein
die Praxis – und Marx wird konkreter –, die *»revolutionäre Praxis«*[21] könne Wirklichkeit bilden und vor allem verändern. Das ist für ihn deshalb so, weil es zwischen der
bloßen Vernunft und der Wirklichkeit keine notwendi-

ge Verbindung gibt. Die Wirklichkeit gehe vor allem aus ökonomischen Interessen hervor, die bereit sind, alle sonstigen Interessen über die Klinge springen zu lassen. Daher kann Marx treffend anmerken: »Die selbständige Philosophie verliert mit der Darstellung der Wirklichkeit ihr Existenzmedium.«[22] Wer braucht schon Philosophen und Philosophinnen, wenn es um die handfeste Revolution geht?

Und auch hier kann man nur anerkennen, dass Marx Wahres sagt –, auch wenn er sich, was die Revolution betrifft, eher getäuscht hat. Wer würde heute ignorieren können, dass die aktuelle Politik nichts anderes als Gesellschaftspolitik ist, die systemische Planung und Steuerung sozialer Bedürfnisse, die je nach den notwendig gestaffelten Funktionen der Systeme erfüllt oder enttäuscht werden müssen? Hat es der Wirtschaftsliberalismus der letzten Jahrzehnte nicht erreicht, derartig differenzierte Möglichkeiten der Bedürfniserfüllung, des Konsums, zu entwickeln, dass in dieser geplanten und gesteuerten Totalität der Funktion letztlich alles andere nur noch Nebensache ist, eine Art von Luxus, den man sich leisten kann oder nicht? Allerdings gibt es noch Philosophen und Philosophinnen, sogar institutionalisierte. Sie gehören dazu und geben sich Mühe, daran keine Zweifel aufkommen zu lassen.

Dennoch werden wir so, wie wir eine naturwissenschaftliche Reduktion der Wirklichkeit auf das Messbare ablehnen werden, die zwei weiteren Reduktionen auf die Vernunft und auf die Ökonomie (auf die Natur der Bedürfnisse) ebenfalls zurückweisen, selbst wenn beide etwas für sich haben. Zunächst ist ein möglicher Widerspruch zwischen Idealismus und Materialismus oder Realismus zu kritisieren. Die Wirklichkeit erweist sich als zu divers, als dass idealistische oder realistische Zugänge jeweils allein Gültigkeit beanspruchen könnten. Natürlich ist es auch fraglich, ob irgendwelche Mischungen dieser Zugänge dem Problem gewachsen sind, eine zureichende Bestimmung der Wirklichkeit zu liefern. Doch im Vergleich zu einheitlichen Deutungen erweisen sie sich als flexibler.

Womöglich lässt sich das Problem der Deutungshoheit oder Definitionsmacht nirgendwo so wie bei der Frage nach der Wirklichkeit erfassen. Immerhin leidet alles, was durch die Definition der Wirklichkeit als unwirklich abgespalten wird, gelinde gesagt, an einem gewissen Defizit. Bestimmte Religionen und inzwischen auch die Philosophie können ein Lied davon singen. Der Begriff der »Systemrelevanz« will zwar nicht bezweifeln, dass eine konstante Homer- oder Dante-Lektüre zur Wirklichkeit gehört, doch er betont, dass die Müllentsorgung oder der Supermarkt doch noch etwas wirklicher sind.

Schließlich ließe sich vielleicht Folgendes sagen: *Wirklich ist alles, was es gibt.* Es ist dann weiter zu sagen, inwiefern. Auf dieser Grundlage ist Peter Pan genauso wirklich wie das Infektionsschutzgesetz, Nietzsches Sätze wie ein BMW, meine Liebe genauso wie eine Supernova, das Gute wie das Gehirn im Tank. Sogar Afrodite ist wirklich, jeder hat sie schon einmal gesehen ... Damit möchte ich die nach Deutungshoheit strebenden Definitionsstreits über die Wirklichkeit sich selbst überlassen. Diskussionen über den Wirklichkeits-Begriff streben aus welchen Gründen auch immer nach Definitions- und Aufmerksamkeitsmacht; Wahrheit will manchmal als bloß mediale Anwesenheit, als Sendezeit, Fernsehpräsenz erscheinen.

Auch deshalb muss mit jener provisorischen Bestimmung des Wirklichen – inzwischen – eines verneint werden, nämlich dass das Wahre das Wirkliche sei. Die noch im Mittelalter oder in der Neuzeit in Wahrheits-Angelegenheiten gültige prästabilierte Harmonie zwischen Verstand (oder Begriff) und Sache, die besagt, dass Wahres wirklich sein muss, ist zerbrochen. Wenn wir keinen Anlass sehen, »Gott« eine bestimmte Wirklichkeit abzusprechen, so können wir doch den Satz: »Gott existiert« nicht mehr als wahr bezeichnen, jedenfalls nicht so, wie er einmal gedacht war, nämlich dass es einen allwissenden und allmächtigen Gott gibt, der die Geschichte nach seinem Heilsplan beherrscht. Dann würde der Satz nämlich eine andere Wirklichkeit begründen. »Gott« ist nicht mehr Gott. Die Implosion der Identität von Wahrheit und Wirklichkeit, der eine wahrheitsferne Wirklichkeit und eine wirklichkeitsferne Wahrheit entsprungen sind, war, nach einem Wort von Heidegger, die Explosion der Atombombe lange vor ihrem Abwurf über Hiroshima und Nagasaki.[23] Heute ist an der Wirklichkeit nichts mehr wahr.

Das Wort »Wahrheit«

Es ist nie schlecht, wenn auch nicht viel oder gar alles erklärend, sich ein Wort, über das man ausführlich sprechen wird, genauer anzusehen. Natürlich sind die Phänomene, mit denen ich mich beschäftige, nicht schon mit dem Wort und seiner Geschichte erledigt. Die Sprache ist nicht alles. Doch sie ist sehr viel, mehr als wir für gewöhnlich glauben. Sprache zeigt jeweils auf besondere Weise, was und wie etwas ist. Sprache zeigt!

Wahrheit – das Adjektiv »wahr«, das auch in »wahrnehmen« oder »für wahr halten« vorkommt, ist germanischer Herkunft. Es besagt, dass etwas mit Treue und Glaube angenommen wird. Vár ist eine germanische Göttin, die die Verträge zwischen Ehepartnern behütet. Das Wort bedeutet auch Geliebte, was darauf schließen lässt, dass die alten Germanen offenbar Ehe und Liebe miteinander verbanden.[24] Das Wahre ist demnach das, an das ich glaube, dem ich treu bin. So auch in Verben – etwas zu bewahren bedeutet nicht nur, es in einem Schrank zu lagern, sondern ihm die Treue zu halten, weiterhin an es zu glauben, so wenn wir sagen oder, besser wohl, sagten: »Ich bewahre ihr Andenken in meinem Herzen.«

Dann hat sich diese Herkunft irgendwann im Mittelalter mit dem lateinischen Adjektiv *verus* vermischt. Dieses Wort stammt aus der römischen Rechtssprache, wo es so viel wie wahr und recht bedeutet und sich von *falsus*, demnach falsch und nur vorgeblich, unterscheidet. Wichtiger ist vielleicht, dass das Wort in diesem Kontext zum Bestandteil eines Urteils wird: Etwas ist wahr oder falsch.

Wahrheit – was hören wir in diesem Wort? Ja, *wie* hören wir es? Es ist eines der großen femininen -heit-Wörter: Schönheit, Freiheit, Gleichheit vielleicht auch. Wir sprechen es mit einem gewissen Respekt aus, der womöglich mit seinem Alter zusammenhängt. Mit gespitzten Ohren hören wir auch einen Unterschied in den Aussagen: »Das ist richtig!« und »Das ist wahr!« Meinen beide Urteile dasselbe? So ziemlich. Dennoch hören wir einen leisen Unterschied. Das Richtige scheint sich mehr mit der ausgesprochenen Tatsache zu vermischen als das Wahre, das aus einer langen Vergangenheit zu rufen scheint. Während (!) es richtig sein kann, weniger Schokolade zu essen, kann es nicht wahr sein.

Dennoch ist Wahrheit unter anderem ein theoretisches Problem der Philosophie, in der dementsprechend über »Wahrheitstheorien«[25] diskutiert wird. Denn wie alles in der Philosophie erst verhandelt werden muss, so ist selbst das, was sie doch anscheinend voraussetzen müsste – nämlich die Möglichkeit ihrer Wahrheit –, Anlass zum Streit. Welche Wahrheit aber müsste dann gelten, wenn Philosophen über ihre Wahrheiten diskutieren? Kafka hat recht: die Wahrheit hat ein »lebendig wechselndes Gesicht«,[26] in dem sich Schönes und Hässliches, Gutes und Böses zeigt. Gibt es eine Wahrheit der Wahrheiten, eine Über-Wahrheit? Nein. Vielleicht hat die ein oder andere Philosophin oder der ein oder andere Politiker davon geträumt. Der Traum hat sich in einen Albtraum verwandelt. Inzwischen wollen Philosophen und Philosophinnen anscheinend wieder ins Traumland der ewigen Wahrheit zurückkehren, als hätten sie den Albtraum vergessen.

Ob wir der Wahrheit treu sind, ob wir sie be-wahren

(man erlaube mir diesen Heideggerianismus), ist eine Frage, die wir bejahen müssen. In vielen Hinsichten können wir gar nicht anders, als unsere Ehe mit Frau Wahrheit zu pflegen und zu behüten. Doch wann die Untreue beginnt und die Treue fatal gebrochen wird, kann ich kaum sagen. Ja, die Wahrheit hat sehr ernste Seiten, mit denen man schlecht scherzen kann. Viele sprechen das Wort heute mit einer todernsten Leichenbittermiene (was für ein Wort) aus, so als stünden wir vor einem Wahrheits-Grab. Das ist jedoch übertrieben und im Ganzen gesehen unangebracht.

Die Wahrheit hat zu manchen Zeiten ein ungeheures Unglück über die Menschen gebracht. Das geschah immer dann, wenn Tyrannen und Diktatoren auf Menschen trafen, die ihre von der Wahrheit verführten Überzeugungen rücksichtslos mit ihnen durchzusetzen vermochten. In diesen Konstellationen führten Ehre und Treue zu Leichenbergen. Auch wenn uns das nicht abhalten darf, es immer wieder neu mit der Wahrheit zu versuchen, bleiben Spuren zurück, die uns zu Vorsicht und Zurückhaltung rufen sollten. Die Warhrheits-Posaune ist nicht das Instrument der Philosophie.

Niemals keine Wahrheit

Es war einmal ein Land, das in der Geschichte der Philosophie Spuren von Giganten hinterlassen hat. Ja, die Riesenschlacht um die Wahrheit begann damals, unter mediterraner Sonne, zwischen Tempeln und auf Märkten, in Gärten und an Flüssen, an denen Platanen wuchsen. Immer noch sprechen wir von »den Griechen«, als habe es einmal ein philosophierendes Volk gegeben. Doch wir meinen nur die Philosophen, die in jenem Land aufs Philosophieren gestoßen sind, als im Norden Europas noch einäugige Götter Menschenopfer forderten.

Nachdem Platon und Aristoteles zur Gigantenschlacht aufgerufen hatten und die Wahrheits-Krise bereits in vollem Gange war, entschieden Philosophen, sich aus ihr zurückzuziehen. Zu schwer lastete die Entscheidung zwischen wahr und falsch auf ihren Denk-Schultern. Immer wieder noch einmal in den Kampf um die Wahrheit zu ziehen, wo doch kaum einmal die Entscheidung eindeutig ist, ist unangenehm. Läuft nicht alles Argumentieren auf eine Aporie hinaus? Auf eine ausweglose Alternative, die das Weiterdenken blockiert? Man betrachtete das Problem aufmerksam und wollte anerkennen, dass es keine Wahrheit geben kann. Die *Skepsis* war geboren.[27]

Das geschah zunächst so ungefähr 250 Jahre vor Christi Geburt in der platonischen Akademie, im Zentrum des Weltgeistes also, wenn es denn eines gibt. Einer der Männer, die so dachten, war Arkesilaos. Ob er jemals etwas Philosophisches geschrieben hat, wissen wir nicht. Überliefert sind Gedichte. Es wäre aber auch seltsam, wenn ein

Skeptiker schriebe. Anders gesagt: Dass sich ein Skeptiker mit dem Schreiben, dem möglichen Festlegen einer Lehre, bedeckt hält, ist verständlich.

Diesen Leuten wurde es mit der Wahrheits-Krise zu viel. Sie suchten Befreiung von diesem Tumult, eine ruhige Seele wie ein stilles Meer. Sie wollten durchatmen, ausspannen, auf ruhigem Wasser treiben. Das kann gelingen, indem man sich des Urteilens enthält. Die Skeptiker sind die ersten Aussteiger aus dem Denk-Streit, der, wie wir nicht nur an Sokrates sehen, Opfer fordert. Überhaupt die Politik ... Vielleicht erkannten sie, wie viel Schrecken und Not Wahrheiten in der Politik verbreiten können. Wir wissen allerdings nicht, ob die Aussteiger jemals erreichten, wonach sie verlangten. Wenn alles sprechen mit Wahrheit zu tun hat, muss der Skeptiker verstummen.

»Es gibt keine Wahrheit.« – Das ist allerdings verdächtig. So ausgesprochen klingt der Gedanke eben doch wie eine Wahrheit. Die Wahrheit ist dann, dass es keine Wahrheit gibt. Aber die Philosophen wären nicht die gewesen, die sie waren, wenn sie dieses Problem nicht erkannt hätten. Der Satz muss sich in dem, was er sagen will, selbst einschließen: *Ich weiß, dass ich nicht wissen kann, dass ich nichts wissen kann.* Damit verabschiede ich mich aus der Riesenschlacht: Lass die Leute, die an ihre Lehren glauben, sich doch ihre Köpfe einschlagen!

Der Skeptizismus hat Karriere gemacht. Da und dort ist er immer wieder aufgetaucht und hat das Denken inspiriert. Selten aber hat man ihn als das Tüpfelchen auf dem I der Philosophie betrachtet. Wie auch, könnte man einwenden. Letztlich entscheidet sich der Skeptiker ja gerade dagegen, in philosophischen Diskussionen eine Position zu vertreten. Es wäre ein Missverständnis, aus der Skepsis eine Lehre zu machen.

Das stimmt allerdings. Dennoch ist es nicht das letzte Wort. Ich frage mich, ob die Wahrheits-Krise – die Entscheidung, was Wahrheit überhaupt ist und ob es sie gibt – vom Skeptiker wirklich überwunden wird. Ist nicht der Versuch, ihr zu entkommen, gerade ihre Bestätigung? Kann man wirklich glauben, der Skeptizismus sei die letzte Antwort auf jene Krise? Würde er in allen Hinsichten überzeugen, wäre die Geschichte der Philosophie zu Ende.

Das Ganze würde auf eine Meeresstille der Seele hinauslaufen, in der das beruhigte Wasser nur noch eine Erinnerung an die Stürme und Strudel wäre, die einmal dieses Meer bewegten. Könnte man wirklich der Verlockung widerstehen, ein paar Steine in dieses Wasser hineinzuwerfen, damit sie Wellen schlagen? Denn mit der großen Flaute wären nicht nur die müden Denk-Seelen gerettet, sondern das Denken überhaupt abgeschafft, jedenfalls das philosophische.

Dass die Philosophie faktisch – man weiß eigentlich nicht wie und wieso – noch existiert, kann kein Argument sein. Doch man kann sich durchaus fragen, ob es nicht weniger trotz als gerade wegen der Skepsis noch Philosophen und Philosophinnen gibt. Gewiss, einige meinen unermüdlich, den Stein der Weisen gefunden zu haben. Aber gerade indem sie das behaupten, bestätigen sie die Skepsis. Warum?

Weil sie dafür zeugen, dass über 2500 Jahre Riesenschlacht in der Philosophie, in der wirkliche Giganten des Denkens aufeinandertrafen, keine Wahrheit geliefert haben, mit der man sich zufriedengeben könnte. Kein einziger Gedanke der Philosophie ist so überzeugend, dass man nicht noch mindestens an ihm feilen könnte, wenn man nicht schon widersprechen will. Keine Lehre hat die Philosophie abgeschlossen, selbst wenn es der eine oder andere Philosoph gern so gehabt hätte. Selbst wenn Platon die Philosophenkrone gebührte, sind wir doch nicht bloß Neo-Neo-Platoniker, ganz zu schweigen davon, dass schon Plotin sich durch mehr als nur durch einen Buchstaben von seinem Denk-Herrn unterscheidet.

Die Wahrheits-Krise geht weiter. Würde sie entschieden, verschwände die Philosophie. Damit ist nicht zu rechnen. Liegt das aber wirklich an einem skeptischen Grundzug des Denkens, das die Wahrheit nicht anerkennen kann, weil es überall noch Fragen zu entdecken vermag? Wenn man länger drüber nachdenkt, gerät man ins Grübeln. Warum gibt es überhaupt noch Philosophie, wenn es doch keineswegs schwer zu erkennen ist, dass nach solchen Riesen wie Platon, Kant, Hegel oder auch Nietzsche und im 20. Jahrhundert Wittgenstein, Arendt, Derrida und Butler nicht mehr viel zu sagen bleibt?

Vielleicht wird die Skepsis inzwischen von einer Art von narzisstischer Kränkung überlagert, die einfach nicht anerkennen will, dass die Philosophie sich in den letzten Jahrhunderten in eine Zwergenschlacht verwandelt hat. Ob man wirklich noch etwas beizutragen hat? Die letzten Schreie der Philosophie sehen eher so aus, als würden schon überwundene Positionen des Denkens noch einmal aufgewärmt. Man nimmt sie wohl oder übel zu sich, um ihre inzwischen noch deutlichere Geschmacklosigkeit festzustellen. Epigonen blasen sich auf.

Man weiß allerdings aus alten und neuen Mythen, dass

Zwerge über große Kräfte verfügen. In der Öffentlichkeit machen sie heute einen derartigen Wind wie kein Riese vor ihnen. Und vermutlich kann man ja wirklich nicht ausschließen, dass neue Giganten im Anmarsch sind. Ich sage vermutlich, weil es durchaus keinen Grund gibt, es vorauszusetzen. Bis dahin wird schon viel getan sein, wenn man sich an jene narzisstische Kränkung erinnert und sich eingesteht, dass doch schon alles vorbei sein könnte. Wissen aber kann man's nie.

Wahrheits-Medien?

Stellen wir uns eine Menschheit lange vor den ersten Übertragungsmedien von Nachrichten oder gar Bildern vor, eine Zeit noch weit vor der Erfindung des Buchdrucks. Wie haben die Menschen von Ereignissen und Tatsachen gehört? Wie haben sie sich ihnen gegenüber verhalten? Man hat sie sich erzählt.[28] Dabei muss uns klar sein, dass sich in diesen Erzählungen Tatsachen und Fiktionen in verschiedenen Graden miteinander vermischt haben. Nicht nur die Hörer konnten die einen von den anderen kaum unterscheiden, schon den Sängern und Erzählern kann nicht bekannt gewesen sein, wie dieser oder jener Heldenkampf verlief oder ob er überhaupt stattfand.

Tatsachenbericht oder Sage – keineswegs ungewöhnlich, dass der Erzähler einer Göttin oder einem Drachen begegnete. Es ist nicht anzunehmen, dass die Hörerinnen stets alles geglaubt haben, dass sie dem Sänger oder Erzähler alles abnahmen, was er präsentierte. Doch sicher sein konnte sich keiner. Man wollte hören, vertraute mehr oder weniger. Und wer wollte die Existenz von Gottheiten bestreiten? Wer kannte schon wirklich die fernen und fernsten Dinge?

Anders als mit dem Erzähler und Sänger verhält es sich scheinbar mit dem Boten. Boten oder Kuriere überbringen Botschaften von einem Absender zu einem Adressaten. Diese Botschaften sind zunächst keineswegs Nachrichten, sondern Willensbekundungen. Auf der einen Seite entwickelte sich aus dem Kurierwesen eine Institution, in der die Boten bestimmte Rechte besaßen und einen gewissen Schutz erhielten. Andererseits wurde die Figur des Überbringers guter und häufig schrecklicher Botschaften mythisiert. Der Engel ist wohl ihre eindrucksvollste Form. Die Botschaften, die er überbringt, kommen aus einer anderen Welt.[29]

Wie die Erzählungen der Sänger waren auch die Botschaften der Kuriere nicht verifizierbar. Und doch entwickelte sich durch die Übertragung ein allgemeines Wissen von der Welt, das sich durch die Jahrhunderte hindurch änderte und erweiterte. Dabei ist auffällig, dass all das einen durchaus wunderbaren Aspekt enthält: Denn woher stammt das Vertrauen, einem Erzähler und Boten überhaupt nur eine Kleinigkeit zu glauben? Waren die Sänger und Boten mehr als eitle Lügner, die es genossen, im Licht der Aufmerksamkeit zu stehen? Woher die Neugierde, ferne Dinge zu erfahren?

Es gehörte doch zum Überleben, seine Sinne gerade auf die nahen Dinge und Ereignisse einzustellen. Das Wirkliche war – und ist es noch – zuerst das Nahe, das, was Sehen, Hören und auch Riechen, Tasten lokalisieren konnten und können. Mir gilt als gewiss und sicher, was in meiner Nähe, neben mir, geschieht. Was aus der Ferne und dem Unbekannten kommt, könnte sogar gefährlich sein. Sich an die Wirklichkeit zu halten, in der man unmittelbar lebt, entspringt einem Sicherheitsbedürfnis, das keinen Anlass hat, sich für Geschichten, die einen nicht betreffen, zu interessieren.

Aber es geht nicht nur um Fragen der Sicherheit. Es ist überhaupt eine Lebensform, sich allein um das zu kümmern, was mich existenziell betrifft. Fragen des Broterwerbs, des Auskommens, der Fortpflanzung und der

Erziehung der Kinder, der sozialen und religiösen Verpflichtungen sind genug für ein Dasein, das sich dem Ernst des Lebens stellt. Es baut sich ein Haus und bleibt bei sich, ohne sich für das zu interessieren, was keine lebenswichtige Bedeutung hat.

Es gibt allerdings eine erste Motivation, diese Konzentration auf sich selbst aufzubrechen und zu einem Außen hin zu öffnen. Ohne diese Öffnung gibt es weder einen Wissenszuwachs, noch das, was wir Bildung nennen: »Alle Menschen streben von Natur nach Wissen«,[30] schreibt Aristoteles. Es gibt eine unmittelbare Lust, Dinge sinnlich anzuschauen. Sehen und Hören sind schon unabhängig von ihrem Nutzen an sich ein Genuss. Bereits der Cro-Magnon-Mensch des Jungpaläolithikums erstaunte vor religiös oder spirituell motivierten Höhlenmalereien. Da, so erklärt es Aristoteles, das Gehörte und Gesehene dann aber auch festgehalten und erinnert werden will, findet es sein Ziel in einem Wissen, das sich zuletzt vom Sinnlichen emanzipiert und zuweilen zur Philosophie wird.

Es gibt einen Überschuss an Wissensbereitschaft, der uns motiviert, nach weiteren, neuen Erzählungen von Ereignissen zu streben –, selbst und vor allem wenn diese Erzählungen nichts mit unserem unmittelbaren Leben zu tun haben. Dieses Streben nach Wissen kann zur Wissenschaft werden. Es kann aber auch zur bloßen Neugier neigen, von Seltsamem oder Spektakulärem zu hören. In den Zeiten des Aristoteles wurden beide Motivationen von Philosophie und Dichtung oder auch vom Sport mit seinen verschiedenen Wettkämpfen befriedigt. Worauf aber Aristoteles schon ganz selbstverständlich zurückgreifen konnte, waren *Medien*, die es ihm ermöglichten, sein Wissen von anderen zu empfangen, sein eigenes festzuhalten und es anderen zukommen zu lassen. Die Distanzierung des Menschen von seinen ersten Bedürfnissen, seine Öffnung für das, was sich jenseits seiner nächsten Umwelt befindet, ist mit der Verwendung von Medien verbunden.

Nach über 2000 Jahren hat sich die Bedeutung und Anwesenheit der Medien in unserem Leben in einem ungeheuerlichen Maße potenziert. Wir sind umgeben von Medien, die uns unentwegt mit unüberschaubaren Informationen füttern. Eine Welt ohne den täglichen, stündlichen, ja minütlichen Zustrom von Neuigkeiten der Live-Ticker ist undenkbar geworden: »Was wir über unsere Gesellschaft, ja, über die Welt, in der wir leben, wissen, wissen wir durch die Medien.«,[31] schreibt Niklas Luhmann. Dabei sind wir uns der vielfältigen Probleme dieser Medien-Welt bewusst. Nicht nur erreichen uns dauernd Berichte, deren Wahrheitsgehalt wir unmöglich prüfen können. Die Medien selbst sind längst Wirtschaftsunternehmen geworden, die den Waren- und Reizwert von Informationen taxieren müssen. Sie sind keine bloßen Überträger von Nachrichten mehr, sondern Quelle von Informationen, die außerhalb der Medien bedeutungslos sind. Was in den Medien wahr und wirklich oder bloß fiktiv und fake ist, ist immer schwieriger zu trennen.

Der Allgegenwärtigkeit der Massen- und sozialen Medien sind wir – wenn wir uns überhaupt noch von ihnen unterscheiden wollen – ausgeliefert. Heideggers Formulierung von der »Diktatur des Man«[32] hat längst ihre polemische Tönung verloren. Mir wird tatsächlich täglich anonym meine Wirklichkeit diktiert. Die Vorstellung, man könne die technischen Geräte kontrollieren, ist naiv. Konditionierungen und Suchterscheinungen sind seit langem bekannt. Dennoch müssen wir uns auf sie verlassen. Nach Luhmann wird »man alles Wissen mit dem Vorzeichen des Bezweifelbaren versehen – und trotzdem darauf aufbauen, daran anschließen müssen«.[33] Aber wir versehen die von den Medien generierten Informationen keineswegs mit »dem Vorzeichen des Bezweifelbaren«. Vielleicht gab es Zeiten eines so medienkritischen Verhaltens – inzwischen wäre es viel zu aufwendig. Insofern die Medienwelt kein Außen mehr kennt, ist jeder Versuch, sie auf Distanz zu halten, vergebens. Da scheint das Verhalten jener Menschen, die ganz und gar in ihr leben wie Fische im Wasser, konsequenter zu sein.

Dennoch meinen wir, dass die Medien keineswegs bloß Transmitter von Informationen und Waren und Informations-Waren sind. Wir halten sie für das, was man spätestens seit dem 19. Jahrhundert die »Vierte Gewalt« im Staat nennt. Schon Kant hatte in seiner Schrift *Zum ewigen Frieden* von der »Form der *Publizität*«[34] gesprochen, weil er meinte, dass nur in dieser »Form« die »*Materie* des öffentlichen Rechts« sich legitimieren könne. Er dachte, dass der Versuch, ungerechte Gesetze zu installieren, in einer öffentlichen Diskussion von selbst zu einer Entlassung der Gesetzgeber führen müsse. Die politische Sphäre soll selbst das Kriterium sein, das Ungerechtes von Gerechtem unterscheiden kann. Mit dieser Idee werden Presse- und Meinungsfreiheit noch heute begründet. Demokratien garantieren sie deshalb in ihren Verfassungen.

Eine andere Einstellung herrscht in despotischen Herrschaftssystemen, in denen der soziale Friede – die Stabilität der Gesellschaft und des Staates – über der Presse- und Meinungsfreiheit steht. Was die Bevölkerung wissen darf und was nicht, bleibt eine Entscheidung der Regierung. Dass diese Idee von einer durchgängigen Zensur der politischen Sphäre nicht einfach abwegig ist, lässt sich in der berühmten Schrift von Thomas Hobbes mit dem imposanten Titel *Leviathan oder Die Materie, Form und Macht eines kirchlichen und staatlichen Gemeinwesens* nachlesen. Dort lautet das sechste Recht des Souveräns: »Er entscheidet über alles, was für Frieden und Verteidigung seiner Untertanen nötig ist, und entscheidet darüber, welche Lehren sich für ihre Unterweisung eignen.«[35] Wenn der Souverän – das konnte für Hobbes ein Einzelner oder eine Gruppe sein – für den sozialen Frieden in seinem Staat verantwortlich ist, weil die allermeisten Staatsbürger vor allem dies wollen: in Frieden leben, dann ist er auch dafür verantwortlich, Lehren oder überhaupt Informationen zu zensieren, die diesen Frieden gefährden; ein schlechter Souverän, der dieser Verantwortung nicht nachkommen würde.

Gegen diese so legitimierte Zensur der politischen Sphäre spricht, dass Despoten keineswegs allein das Ziel verfolgen, den sozialen Frieden zu erhalten, sondern oft bestehendes Unrecht, das vielfach zu ihrem eigenen Nutzen ausfällt, kaschieren wollen. Solange eine größere Mehrheit des Volkes (wie in China, Nordkorea, Belarus oder Myanmar) von den bekannten Bedingungen des praktizierten Unrechts (durch die Isolierung, Umerziehung und Gehirnwäsche von Intellektuellen oder ganzen ethnischen Minoritäten) profitieren kann, bleibt die politische Situation stabil. Werden die Bedürfnisse dieser größeren Mehrheit – soziologisch gesprochen: der Mittelschicht – nicht mehr befriedigt, muss die wachsende Unzufriedenheit noch stärker kontrolliert werden. Aus dieser dynamischen Spannung resultiert dann nicht selten der Kollaps des Systems im Putsch oder einem gewaltsamen Regierungswechsel anderen Typs.

Doch auch gegen die demokratische Idee der Presse- und Meinungsfreiheit lässt sich einiges einwenden.[36] Der bereits erwähnte Warenwert der Information verschüttet den politischen Auftrag der Aufklärung. Die Innensphäre der Medienwelt verwandelt sich in die Lebenswelt von Medienvertretern und -vertreterinnen aller Art, die vorzüglich nur noch sich selbst präsentieren. Der den Medien offenbar naturgemäß innewohnende Hang zum Narzissmus wird übermächtig. Zuletzt verschränkt sich die Welt der Politiker und Politikerinnen mit der Medienwelt, die ihr Lebenselement ist, auf eine dermaßen komplexe Art und Weise, dass der Eindruck einer »Lügenpresse« entsteht. Der Vorwurf des Lügens übertrifft den unausweichlichen Verlust einer klaren Trennung von Wirklichkeit und Fiktion, der mit den anonymen Technologien der Informationsübermittlung zusammengeht. Wer lügt, der will betrügen. Obwohl nicht schamlos gelogen wird, entsteht doch eine Grauzone, in der Unwahrheiten frei flottieren.

Das gilt sowohl für Presse und traditionelle Medien als auch für die digitalen Untiefen des Internets. In den ersten wie in den zweiten etabliert sich eine bemerkenswerte Dialektik. Einerseits gibt es durchaus häufiger das Phänomen, dass selbst bekannte Philosophen wie Rüdiger Safranski imposante Zitate anderer Philosophen erfinden, die dann im Internet unzählige Spuren hinterlassen, weil niemand das Zitierte prüft,[37] andererseits werden Plagiate in akademischen Abschlussarbeiten durch eigens dafür entwickelte Computerprogramme öfter als früher aufgespürt. Trotzdem könnte das Internet philologische Redlichkeit im Umgang mit Texten auf lange Sicht unterminieren. Der öffentliche Effekt von steilen Zitaten lässt philologische Texttreue kleinlich erscheinen. Wahrheit wird zum Steckenpferd des akademischen Nerds.

Auch in Bezug auf den Vorwurf der »Lügenpresse« gibt es einen Widerspruch. Eine »Berufsethik der Presse« formuliert Regeln wie: »Die Achtung vor der Wahrheit, die Wahrung der Menschenwürde und die wahrhaftige Unterrichtung der Öffentlichkeit sind oberste Gebote der Presse.« Ich frage mich, ob eine derartig edle Regel im Kampf um Marktanteile überhaupt befolgbar ist, inwieweit Wahrheit eine Aufgabe der Presse und der anderen Massenmedien sein kann. Allerdings scheint der Druck des »Lügenpresse«-Vorwurfs die Selbstreinigungskräfte prominenter Medien alarmiert zu haben. So trennte sich der *Spiegel* im Jahr 2018 von seinem preisgekrönten Starreporter Claas Relotius, der in seinen Texten Fakten fälschte oder gleich ganz erfand und sich nach seiner Entlarvung selbst pathologisierte, indem er seinen Fall wahrheitsgemäß zu einem der Pseudologie erklärte, einer zwanghaften Anlage zum Lügen.

Sind also Wahrheits-Medien überhaupt möglich? Schon die Schrift als solche ist auf Grund der Vieldeutigkeit der Sprache kein Medium, das nichts als die Wahrheit darstellt –, wenn Wahrheit die bloße Abbildung einer Tatsache sein soll. Diese Vieldeutigkeit multipliziert sich in den populären Massenmedien durch den ökonomischen Zwang zur Erregungs- und Debattenaufreizung,[38] während im Internet die Verabschiedung früher verbindlicher philologischer Standards einen Bedeutungsnebel erzeugt, in dem man sich nur noch schwer zu orientieren vermag. Die Formulierung von den Wahrheits-Medien scheint daher ein Widerspruch in sich zu sein. Dennoch darf die Medienwelt nicht gänzlich jene »Achtung vor der Wahrheit« aus dem Blick verlieren. Verblassen wird der Vorsatz ohnehin und immer wieder.

Beltracchi oder die Wahrheit des Betrugs

Im Jahre 2011 wurde Wolfgang Beltracchi (zu Deutsch: Schönzeichner), der eigentlich Wolfgang Fischer heißt, zu einer Haftstrafe von sechs Jahren verurteilt. Er hatte jahrelang Bilder von berühmten Malern wie Max Ernst, Max Pechstein, Fernand Léger und anderen auf schier perfekte Weise gefälscht. Die Gemälde verkaufte er dann zu entsprechenden Preisen. Man geht davon aus, dass Beltracchi damit zwischen 20 und 50 Millionen Euro umgesetzt hat.

Er fälschte dabei natürlich nicht vorhandene, in Museen oder privaten Sammlungen hängende Gemälde, sondern solche, die vielleicht nur durch eine Fotografie dokumentiert waren und als verschollen galten. Er malte demnach Gemälde im Stile von ... Das tat er mit größter Meisterschaft und Finesse. Beltracchi versuchte, zeitgenössische Materialien zu verwenden. Die Fälschungen sollten echter sein als die Originale. Die Witwe von Max Ernst soll eine Fälschung von Beltracchi als das schönste Gemälde, das sie von ihrem verstorbenen Mann kenne, bezeichnet haben.

Bemerkenswert ist dabei, dass Kunstkenner und sogar berühmte Experten wie der vielfach ausgezeichnete Kunsthistoriker Werner Spies Beltracchis Fälschung in hoch dotierten Gutachten als »echt« bezeichneten. So gelangten Beltracchis Fälschungen in Museen, in denen manche offenbar noch heute hängen. Der Maler hat in einem Interview mitgeteilt, er habe sich in der Gerichtsverhandlung nur zu den Gemälden geäußert, nach denen man ihn gefragt habe.

Rechtlich betrachtet verletzt der, der Kunstwerke fälscht, das Persönlichkeits- und Kunsturheberrecht. Dabei geht es vor allem um das Problem, dass ich mit einer Fälschung jemandem ein Werk unterschiebe, das er nicht selbst geschaffen hat. Es leuchtet ein, dass das zu Problemen führen kann, die auf den Urheber zurückfallen. Ihm entsteht immenser Schaden, wenn das Untergeschobene von geringer Qualität ist oder politisch belastet.

Damit allerdings ist noch nicht gesagt, worin die so einzigartige Bedeutung des Originals eines Kunstwerks besteht, so dass inzwischen nicht selten Millionen von Euro für Gemälde oder Skulpturen ausgegeben werden. Das Kunstwerk scheint ein Fetisch, ja die maximale Verkörperung des Luxus geworden zu sein. Womit hängt diese Entwicklung – denn es war nicht immer schon so – zusammen? Seit wann gilt das Kunstwerk nachgerade als ein außerordentlicher Gegenstand, als ein Über-Ding und nun als Super-Luxus?

Die Entstehung des Kunstwerks oder dessen, was wir heute als Kunstwerk verstehen, beginnt dort, wo europäische Selbstauslegung schlechthin anfängt, nämlich in der griechischen Antike. Bei dieser Erinnerung ist zu berücksichtigen, dass zwischen der Rezeption, ihrer Geschichte und den Tatsachen selbst zu unterscheiden ist. Und gerade weil wir die historischen Tatsachen nicht kennen (wir wissen vieles aus der griechischen Antike nicht genau …), müssen wir auf die Rezeption der Antike und ihrer Erzählungen achten.

Dass die Kunst der griechischen und auch der römischen Antike das Vorbild schlechthin ist, wurde zum ersten Mal in der Renaissance behauptet, also im 15. und

16. Jahrhundert. Liest man die Schriften von Giorgio Vasari (1511–1574), besonders seine *Vite*, das sind literarische Biographien von italienischen Künstlern, die ungefähr zwischen 1280 und 1550 gelebt haben, dann kristallisiert sich ein Kunstverständnis heraus, das sich stark von dem des zu Ende gegangenen Mittelalters – das Vasari als »gotico« bezeichnet (soll heißen: verwirrt und hässlich) – unterscheidet.

Im Mittelalter, immerhin beinahe ein Jahrtausend vom 6. bis zum 15. Jahrhundert, waren die Künstler vor allem Handwerker. Die Bildende Kunst zählte nicht zu den *artes liberales*, zu den Künsten und Wissensgebieten, die einen freien Mann ausmachten, sondern zu den *artes mechanicae*, den Künsten, die um des Broterwerbs willen ausgeübt wurden. So großartig die gotischen Kathedralen, ihre Fenster und Altäre uns heute erscheinen, sie wurden keinem einzelnen Künstler als »Werk« zu- und gutgeschrieben. Unter den Voraussetzungen des Mittelalters lässt sich bei diesen Fenstern und Altären nicht von Kunstwerken sprechen, jedenfalls nicht in dem Sinne, wie wir dieses Wort heute verstehen.

Vasari und die Renaissance begehrten im Rückgriff auf die Antike gegen diese Kunstlosigkeit auf. Das hat auch Johann Joachim Winckelmann (1717–1768) genau wahrgenommen. Winckelmann ist für die deutsche Geistesgeschichte gar nicht ernst genug zu nehmen. Indem er mit Vasari vor allem auf die griechische Antike blickt und ihre Skulpturen als das Maximum der Kunst beschreibt, erscheint ein Künstlertypus, der unmittelbar auf Goethe und Schiller abfärbte und von dort aus über die Romantik hinweg bis in unsere Zeit hinein aktuell geblieben ist.

Dieser Künstlertypus ist seit der Renaissance das *Genie*, ein Individuum mit scheinbar göttlichen Schaffenskräften, das einzigartige Werke hervorbringt. Kant hatte in seiner *Kritik der Urteilskraft* Genie noch als eine unpersönliche Kraft bezeichnet, durch welche die Natur der Kunst Regeln vorschreibe.[39] Doch im Verlauf des 19. Jahrhunderts wurde die Persönlichkeit des Künstlers selbst zum Genie; Ende des Jahrhunderts verkörpern Maler wie Arnold Böcklin oder der »Malerfürst« Franz von Lenbach das Genie in Reinform. Das Kunstwerk ist jetzt beinahe so etwas wie ein sakraler Gegenstand. Die Signatur des Künstlers wird zur Bestätigung seiner fast göttlichen Herkunft. Man stelle sich vor, dass noch heute Menschen aller Herren Länder in den Louvre pilgern, um da Vincis *La Gioconda* auch nur einmal im Leben gesehen zu haben. Das ist im Zeitalter des Internets noch bemerkenswerter als vorher.

Jetzt ist das Kunstwerk notwendig ein Original, die Repräsentation eines Ursprungs, der in erster Linie im Genie, im Künstler selbst erblickt wird. Nur als Original kann das Werk teilhaben an der schier übermenschlichen Fähigkeit des Künstlers, einzigartige Gegenstände aus dem Nichts entstehen zu lassen. Dass die Kunst in dieser Perspektive auch politische Ansprüche zu stellen beginnt, liegt auf der Hand. So wurde Richard Wagners »Gesamtkunstwerk« auf dem Grünen Hügel in Bayreuth ein Ort, von dem aus die Kunst ihre Zeit »revolutionieren« sollte;[40] das hatte Auswirkungen bis in die deutschen Katastrophen des 20. Jahrhunderts hinein, in denen tatsächlich ein zweifelhafter Künstler begann, »große Politik« (Nietzsche) zu treiben.[41]

Die Entstehung eines solchen Künstler- und Kunstverständnisses am Übergang vom 18. zum 19. Jahrhundert wird davon begleitet, dass Sammler beginnen, Künstlern ihre Werke abzukaufen und sie auszustellen. Im Deutschland jener Zeit sind die Gebrüder Melchior und Sulpiz Boisserée zu nennen, die in Heidelberg und Stuttgart große Ausstellungen altdeutscher Malerei veranstalteten. Diese Entwicklung war sozusagen unausweichlich, da nach dem Mittelalter die Künstler nun außerhalb der finanziellen Unterstützung der Kirche zu arbeiten begannen. Sie bedurften eines Kunstmarkts, der in den europäischen Großstädten wie vor allem Paris und Wien im 19. Jahrhundert moderne Formen annahm.

Der Kunstmarkt übernahm und förderte von Anfang an den Künstlertypus des Genies, das Einzigartiges zu schaffen vermag. Das liegt schon allein deshalb auf der Hand, weil die Ökonomie dieses Marktes auf der absoluten Individualität der vermarkteten Gegenstände aufbaut. Der Preis, der für ein Gemälde oder eine Skulptur bezahlt wird, orientiert sich maßgeblich am Namen des Künstlers wie an der Singularität seiner Werke. Zudem mussten die Künstler und dann auch die Künstlerinnen ein Interesse daran haben, dass sie als die Schöpfer und Schöpferinnen ihrer Werke, von deren Verkauf sie lebten, anerkannt wurden.

Wie bekannt, wurde diese Entwicklung im 20. Jahrhundert von Künstlern selbst kritisiert. Marcel Duchamps sogenannte »objets trouvés« oder »Readymades« stehen am Anfang einer ganzen Reihe von Kunstwerken, die sich jener Marktlogik von Genie und Original entziehen wollen. Das reicht von Joseph Beuys über Andy Warhol bis zu

Banksy. Während der erste Wagners Begriff des »Gesamt-
kunstwerks« in den des Kunstwerks als »Sozialer Plas-
tik« transformierte, der zweite begann, Serien von Sieb-
drucken zu entwickeln, die den Anspruch des Originals
anfressen sollten, schafft der dritte immer noch Graffiti,
die sich dem Sammleranspruch der Mobilität des Kunstwerks verweigern. Bei allen dreien jedoch hat sich der
Kunstmarkt als mächtiger erwiesen. Als Banksy 2018 sein
Gemälde *Girl With Balloon* während einer Auktion bei So-
theby's durch einen im Rahmen eingebauten Schredder
halb zerstören ließ, änderte das nichts an dem einmal ge-
botenen Preis. Man kann davon ausgehen, dass die Aktion
den Preis eher stützte. Ich erinnere mich an das Werk nur
wegen dieser A(u)ktion.

An dieser Stelle kehre ich zu Beltracchi zurück. Die
im Original des Werkes vermutete Wahrheit der Kunst
wird weniger von kunsttheoretischen als von ökonomischen Kriterien dominiert. Die Fälschung als solche ist
eine Gefahr für den Kunstmarkt. Die Preise, die Gemälde
von Gerhard Richter oder Anselm Kiefer heute erreichen,
lassen sich markttechnisch nur auf der Grundlage des
Verhältnisses von Künstlername (Signatur) und Original
rechtfertigen. Allein so sind Kunstwerke für Sammler und
Sammlerinnen interessant, die bereit sind, erstaunlichste
Summen zu investieren.[42] Beltracchi hat diese Logik zunächst überaus virtuos für sich selbst ausgenutzt, was allerdings erst mit seiner Demaskierung zur Erscheinung
kam.

Er hat demnach – gegen seine Absicht natürlich – eine
Wahrheit der Kunst gezeigt, die sie im Grunde theoretisch
und ästhetisch vollkommen uninteressant macht. Die

Kunst ist heute ein korrupter Zirkus von Superreichen, in dem theoretische Annäherungen sinnlos geworden sind. Die Beliebigkeit dessen, was gerade an Kunstwerken entsteht und nicht entsteht, weil der Markt absolutistische Definitionsmacht hat, führt alles Nachdenken über Kunst ad absurdum. Höchstens als letztes Glied ihrer Vermarktungskette – das hat der Kunsthistoriker Werner Spies bei jener Begutachtung gefälschter Ernsts demonstriert – lohnt es sich noch, an Kunst zu denken. Das hängt dann mit der Höhe des Gutachterhonorars zusammen.

Ist damit das Problem des Verhältnisses von Original und Fälschung gelöst? Nein. Doch dieses Problem betrifft im Letzten nicht nur die Kunst, sondern alle Lebensbereiche, in denen es um den Unterschied des Echten und Falschen geht. Die Irritation angesichts eines Gegenstandes oder eines Menschen, der nur vortäuscht, der zu sein, der er ist, reicht weit zurück in philosophische, psychologische und theologische Bereiche, die Kunstwerke zwar thematisieren, aber nicht begründen können. Nicht unmöglich, dass hier der Unterschied zwischen Gut und Böse den Anfang macht. Der Schein ist böse, das Sein gut.

Zeig mir deine Wahr-Haut

»Warum glauben Weiße, sie hätten keine hautfarbenspezifische Identität?«,[43] fragt Reni Eddo-Lodge in ihrem
Buch *Warum ich nicht länger mit Weißen über Hautfarbe spreche.* Als ich die Frage las, war ich irritiert. Ich bin
mit der Überzeugung aufgewachsen, dass Hautfarbe zwischen Menschen kein Thema sein sollte. Nun habe ich
meine Kindheit in einem Teil Deutschlands und zu einer
Zeit verbracht, in der »Ausländer« noch nicht den sichtbaren Anteil an unserem Alltag hatten, den sie heute haben,
ganz zu schweigen von People of Color, mit denen ich erst
an der Universität in Berührung kam.

Inzwischen habe ich natürlich gelernt, dass jene Über-
zeugung naiv ist. Selbstverständlich gibt es immer und
überall Rassismus (ob strukturell oder individuell), eine
»Politik der Farbenblindheit«[44] führt nur dazu, diesen
Rassismus zu ignorieren oder sogar zu leugnen. Die Hautfarbe ist in diesem Kontext keine Äußerlichkeit, sondern
– mit anderen körperlichen Eigenschaften wie dem Haar –
Fundament einer Identität. Das bestätigt auch Noah Sow:
»›Schwarz‹« zu sein bedeute »eine politische Realität und
Identität«. Außerdem habe das Wort »›Schwarz‹ den Vorteil, dass es ein selbst gewählter Begriff ist und keine Zu-
schreibung«.[45]

Identität ist eines jener basalen logischen Gesetze, die
ein an Wahrheit orientiertes Denken überhaupt erst ermöglicht. Wenn wir nicht davon ausgehen können, dass
etwas mit sich selbst identisch ist, können wir auch nichts
darüber sagen. Dazu gehört auch der sogenannte Satz vom

Widerspruch, der festlegt, dass wir nicht von einer und derselben Sache zur selben Zeit und in derselben Hinsicht denken können, dass sie so und nicht so sei, dass sie existiere und nicht existiere.[46]

Diese Denkgesetze sind so alt wie die europäische Philosophie. Platon und Aristoteles haben sie zum ersten Mal ausgesprochen. Hier und dort wurden sie von ebenso wichtigen und berühmten Philosophen bezweifelt, was allerdings wenig an ihrer unmittelbar einleuchtenden Bedeutung ändert. Ihre Wahrheit steht anscheinend fest ... Doch Reni Eddo-Lodge geht es um etwas anderes. Sie verfolgt ein *politisches Verständnis von Identität.*

Identitätspolitik ist seit geraumer Zeit ein Merkmal dekolonialer und antirassistischer Positionen. Wie wird Identität in diesem Zusammenhang gedacht? Als Mischung individueller und kulturell-kollektiver Bestimmungen, die das einzelne Leben kennzeichnen. Dazu gehört ohne Zweifel der Körper, damit einhergehend das (gewählte) Geschlecht oder (gewählte) Non-Geschlecht und eben auch die Hautfarbe und race. Dann wird die soziale Zugehörigkeit (Unter-, Mittel- oder Oberschicht) eine Rolle spielen. Damit verbunden die Ausbildung und Bildung. All das formt ein Leben, das sich mit anderen oder auch einzeln mit / oder gegen andere(n) im Kampf ums Dasein durchzusetzen hat.

Identität, die sich so bildet, bejaht sich selbst und orientiert sich demzufolge an dem logischen Konzept, das Übereinstimmung von mindestens zwei Variablen oder in sich differenzierte Einheit bedeutet. Identität ist bestimmte Selbstheit, ein Verhältnis, das sich zu sich selbst verhält.[47] Weil ich ein solches Selbst bin, kann ich mich auch fragen, ob ich der sein will, der ich gerade bin: Bin ich das wirklich? Ist das meine Wahrheit? Zudem besteht politische Identität auch immer darin, dass ich mit anderen übereinstimme, mich zu einem Kollektiv bekenne. Was damit zusammenhängt, dass die Bestimmungen meines Selbst, die ich bejahe oder verneine, nicht allein von mir stammen können.[48] Dazu gehört auch meine Hautfarbe.

Meine Identität soll die eines »alten weißen Mannes« sein, jedenfalls lautet so eine – vielleicht inzwischen schon wieder etwas verstaubte – Zuschreibung, die vor allem von denen stammt, die sich anders identifizieren. Aber wenn es »hautfarbenspezifische Identität« gibt – und ich habe keine Zweifel, dass das so ist –, dann muss ich mich mit meiner Haut, die nicht nur weiß, sondern auch alt (und männlich?) ist – ist das überhaupt eine Haut? –, auseinandersetzen. Die Begegnung mit PoCs hilft mir dabei, weil sich aus dem Unterschied meine eigene Identität womöglich besser erfahren lässt.

Es ist jedoch eine Frage, aus welchen Bestimmungen ich meine Identität herleiten kann, wenn und indem ich sie politisiere. Ich selbst stamme aus einem Arbeitermilieu. Allerdings arbeiteten sich meine Eltern fleißig hoch, so dass sie heute zur mittleren Mittelschicht gehören. Wirklich politisch war und ist in dieser Familie niemand. Das könnte daran liegen, dass es dazu keine Notwendigkeit gab. Schließlich dürfte Sow recht damit haben, dass wir uns alle »ganz selbstverständlich als den Mittelpunkt des Universums« verstehen. Ich habe mich in der Tat in einer Welt orientiert, in der »die weißen europäischen Ansichten, historischen Figuren und Traditionen« »als die einzig gültigen und wichtigen angesehen« werden.[49]

Musste ich mich deshalb niemals empowern? Meine Universitätskarriere scheint unter meiner Herkunft gelitten zu haben. Die Texte Annie Ernauxs und Didier Eribons thematisieren die Identitätsprobleme, die Leute wie ich im akademischen Milieu erfahren. Man gehört nicht dazu. Irgendetwas trieb und treibt einen Keil zwischen mich und den Beamten. Natürlich haben oft Schlechtere vor mir den Vorzug erhalten, selbstverständlich haben mir viele konzediert, ich hätte eine echte Professur verdient. Aber es gibt immer Männer und Frauen, die mit meiner Art und Weise, zu denken und wohl auch zu leben, nicht übereinstimmen – und diese Nicht-Übereinstimmung aufgrund ihrer Macht mit achselzuckender Gleichgültigkeit für mein Leben gegen dieses ausexekutieren. Ich bin also vom akademischen Betrieb vielmals diffamiert worden.

Zum Empowerment der eigenen Identität gehört demnach eine gewisse – Sensibilität. Natürlich mache ich als Weißer und Europäer (als »Kaukasier«) – außer in China oder in Japan – keine Erfahrungen von Alltagsrassismus. All die PoCs, die davon berichten, haben recht, dies zu tun. Es gibt selbst in Zeiten eines dermaßen globalisierten und multikulturellen Großstadtlebens wie dem unsrigen – Rassismus. Allerdings muss man sich dazu entscheiden, die Diffamierungen festzustellen und gegen sie aufzustehen. Vermutlich hat meine mehrfache Erfahrung der Nichtbeachtung größere Konsequenzen für mein Leben als eine Beleidigung im Bus oder im Supermarkt, doch ich konnte mich mit dem Stigma des Übergangenen nicht identifizieren. Natürlich weiß ich, dass PoCs an der Universität mindestens dieselbe Nichtbeachtung erfahren.

Das Universitätsleben in Deutschland ist immer noch sehr wenig divers.

Zurück aber zum Identitätsangebot eines 1964 geborenen weißen Deutschen. Klingen nicht diese beiden Worte schon wie eine Identitätsmöglichkeit? Könnte ich mich nicht als Deutscher zur konservativ-nationalistischen, ja nationalsozialistischen Tradition der Deutschen bekennen? Wäre das nicht eine Identität mit Anspruch auf Empowerment? Es gibt Männer und Frauen, die genau das tun. Das ist in historischer Perspektive tatsächlich bemerkenswert. Eine der Quellen der Identitätspolitik geht zurück auf die romantisch-revolutionäre Basierung des Nationalismus in Deutschland und Frankreich. Identität kann nationale und sogar »rassische« Identität sein. Darauf macht die amerikanische Historikerin Nell Irvin Painter zu Recht aufmerksam.[50] Es war mir jedoch als weißem Deutschen unmöglich, mir diese Identität anzueignen –, selbst wenn einem das Deutschsein in den Knochen steckt.

Ansonsten hat Eddo-Lodge recht, wenn sie vom »unsichtbaren Weißsein«[51] spricht. Das Weiße meiner Hautfarbe ist aber nicht deshalb unsichtbar, weil es nur Weiße gäbe. Das ist selbst schon in der deutschen Stadt, in der ich lebe, seit langem nicht mehr so. Dennoch ist die kolonialisierte und globalisierte Welt in einer gewissen Hinsicht weiß. Überall, wo der Weiße (noch etwas mehr als die Weiße) hinkommt, begegnet er sich selbst: seinen Technologien, seinen Wissenschaften, seiner Logik. In einer weißen Welt aber falle ich nicht auf; sie scheint meine zu sein. Das hat einen melancholischen Zug, denn das beschreibt auch das Ende dieser Identität. Sie ist in epochaler

Hinsicht alt, spät, erschöpft. Der »alte weiße Mann« hat – selbst wenn er noch unangenehm auffällt – seine Identität verloren.

Diese Identitätslosigkeit des weißen Körpers und Geistes scheint immer häufiger Menschen dazu zu veranlassen, die Existenz einer PoC zu begehren. So räumte die in den USA lebende Akademikerin jüdischer Herkunft Jessica Krug ein, jahrelang mehrere PoC-Personas angenommen zu haben. Bei ihrem Geständnis forderte sie dazu auf, sie nunmehr zu canceln. Noch tragischer verlief die Übernahme einer anderen Identität bei der Historikerin und Bloggerin Marie Sophie Hingst, die sich in ihrem Blog jahrelang als Nachfahrin von Shoah-Opfern mit sozialem Engagement für Flüchtlinge präsentierte. Die Enttarnung ihrer angenommenen Identität verkraftete sie nicht, sie beging Selbstmord. Sich als Mensch ohne Eigenschaften zu erfahren birgt die Gefahr, sich mit anderen Identitäten zu identifizieren, ohne dass diese wirklich angeeignet werden können. Was der Gender-Identität möglich ist, scheint der »hautfarbenspezifischen Identität« noch verschlossen zu bleiben, wobei Hingsts Identifizierung mit der von der Shoah gezeichneten jüdischen Identität in eine andere Richtung zeigt. In allen Fällen bedeutet Identität auch Authentizität, weshalb ihre Transformation in der Identität des Geschlechts als Gender ein einschneidender Vorgang ist. All das bezeugt den Wahrheitsstatus der Identität.

Darum könnte uns die Aktualität der Identitätspolitik nicht wenig beunruhigen. Zunächst fällt auf, dass die Logik der Identität ja doch mitunter auf eine weiße und europäische Herkunft verweist. Nicht wenige Philosophen und Philosophinnen des 20. Jahrhunderts haben diese Tatsache zum Anlass genommen, ebenjene Logik zu dekonstruieren. Für sie war die Geschichte des Denkens von einer Logik der Identität beherrscht, die den Begriffen eine Festigkeit und Abgeschlossenheit vermittelte, die nicht nur bei den Begriffen blieb. Die Logik der Identität erhob schon immer den Anspruch, eine Logik der Wirklichkeit zu sein.

Dort aber hat sie verheerende Folgen gezeitigt. Eine Wirklichkeit, die aus festen und abgeschlossenen Identitäten besteht, mobilisiert sich im Kampf ums Dasein zu Gewalt und Unterdrückung. Haben nicht gerade Identitätspolitiken Schrecken und Leiden über die Menschen gebracht? Ist nicht auch heute noch der islamistische Terror eine identitätspolitische Figur? Und wie steht es mit den politischen Zielen der sogenannten »Identitären«? Sollten wir nicht vielmehr von einer »Nicht-Identität«[52] sprechen als von immer neuen, sich empowernden Identitäten? Was bleibt solchen Identitäten in der Begegnung mit anderen Identitäten anderes übrig als der »Wille zur Macht«?

Frantz Fanon kommt zu anderen Schlüssen als Eddo-Lodge und Sow. Fanon, der auf der französischen Kolonie-Insel Martinique aufwuchs, hat ohne Zweifel schmerzhafte Erfahrungen mit Rassismus gemacht. Von ihnen erzählt er in seinem Hauptwerk *Schwarze Haut, weiße Masken*. Hören wir den Sound dieses Buches:

Ich war verantwortlich für meinen Körper, auch verantwortlich für meine Rasse, meine Vorfahren. Ich maß mich mit objektivem Blick, entdeckte meine

Schwärze, meine ethnischen Merkmale – und Wörter zerrissen mir das Trommelfell: Menschenfresserei, geistige Zurückgebliebenheit, Fetischismus, Rassenmakel, Sklavenschiffe, und vor allem, ja vor allem: ›Y a bon Banania‹.[53]

Fanons Begegnung mit der Wahrheit seiner Haut, seiner Wahr-Haut, konfrontiert ihn mit einer schmerzhaften Sprache, die ihn an seine Herkunft, seine Identität erinnert. Was charakterisiert ihn in seiner Haut? Eine Reihe negativer rassistischer Merkmale vom Kannibalismus zur Trink-Schokolade-Werbung. Sich damit zu identifizieren ist unmöglich. Doch Fanon lehnt auch den positiv empowernden Begriff der »négritude« seines ebenso auf Martinique geborenen Lehrers Aimé Césaire ab.

Ihm zufolge liegt in der Identitätspolitik keine Zukunft. Das bringt er in dem genau auf die Identität zielenden Satz zum Ausdruck: »Der Neger ist nicht. Ebenso wenig der Weiße.«[54] Identität bildet sich in einer Deutung der Vergangenheit. Die Bestimmungen, die ich für mich und mein Leben anerkenne, können meine Freiheit beschränken oder sogar zerstören; eine Freiheit, die nicht nur für die PoC gilt, sondern ebenso für die Weißen. Darum fordert Fanon, »die unmenschlichen Wege unserer Vorfahren« zu verlassen, »damit eine wirkliche Kommunikation entstehen kann«. Sicher, Eddo-Lodge, Sow und andere Aktivistinnen könnten einwenden und tun es auch, dass die Versuche der Kommunikation bisher vielfach gescheitert sind. Insbesondere Ereignisse in den USA, in denen afroamerikanische Menschen regelmäßig von Polizisten erschossen werden, die dann zumeist noch der Bestrafung entgehen, legen diese Einschätzung nahe. Der schräge Appell »Black Lives Matter« lässt das Scheitern anklingen; schräg, weil er an eigentlich Selbstverständliches appelliert.

Und doch ist zu fragen, welche Alternativen wir noch haben, wenn das Gespräch aufhört. Es ist ja keineswegs so, dass die Kommunikation auf eine »Politik der Farbenblindheit« hinausläuft, in welcher der bestehende Rassismus oft genug schlicht geleugnet wird. Im Gegenteil: Ein Gespräch ist ohne den Körper nie zu führen, er gehört zum Sprechen dazu, äußert sich selbst als Sprache. Im Gespräch von der Hautfarbe abzusehen ist unmöglich – und warum sollten wir auch? In diesem Punkt hat Fanon recht: Wir sollten unseren Blick von den Identitäten der Vergangenheit befreien, um zuzulassen, im Gespräch neue Identitäten wie auch neue Blicke zu finden.

Was Tatsache ist, ist keine Tatsache – Teil 2.
Die Interpretation

Es scheint für viele Menschen eine Tatsache zu sein, dass 2 + 2 = 4 ist. Eine genauere Analyse des Begriffs der Tatsache zeigte aber, dass das keineswegs so klar ist, wie man vielleicht meinen könnte. Im Unterschied zwischen Vernunft- und Tatsachenwahrheiten (Leibniz) gehört die mathematische Gleichung keineswegs zu den zweiten. Ich habe mich daher entschlossen, mathematische Wahrheiten nicht als Tatsachen anzuerkennen. Habe ich damit etwa den Begriff der Tatsache – interpretiert? Ganz recht: Was überhaupt eine Tatsache ist, ist keineswegs eine Tatsache.

Und auch Greta Thunberg, die zu Recht davon ausgeht, dass die Ergebnisse der Klimaforschung den Klimawandel als Tatsache belegen, vergisst die Interpretation. Denn selbst wissenschaftliche Tatsachen müssen gedeutet werden. Welche politischen Konsequenzen aus jenen Resultaten folgen müssen, hängt davon ab, wie Klimaforscher ihre Daten auslegen. Dass auch in den Naturwissenschaften auf Interpretation nicht verzichtet werden kann, zeigten überdies während der Corona-Pandemie die Dispute zwischen Virologen, die auf der Grundlage identischer Tatsachenwahrheiten verschiedene Ratschläge erteilten.

Doch selbst wenn in beiden Hinsichten Tatsachen notwendig interpretiert werden, wird beide Male nicht in Zweifel gezogen, dass es Tatsachen überhaupt gibt. Nun behauptet allerdings Friedrich Nietzsche in der ihm eigenen Radikalität, dass es »gerade Tatsachen« nicht gebe, sondern »nur Interpretationen«: »Wir können kein Factum ›an sich‹ feststellen: vielleicht ist es ein Unsinn, so etwas zu wollen.«[55] Das ist allerdings ein provokanter Gedanke, der auf den ersten Blick absurd klingt. Möchte Nietzsche bezweifeln, dass es Sils Maria im Engadin, jenen kleinen Ort, in dem er häufig seine Sommer verbrachte, gibt? Wollte er bestreiten, dass sein Idol Richard Wagner das Musikdrama *Tristan und Isolde* komponiert hat? Wenn Nietzsche anzweifelt, dass das Tatsachen sind, dann wäre das, was wir für wirklich oder real halten, nur eine *Konstruktion*?

Das öffnet ein Einfallstor für eine Menge kritischer Zwischenrufe. Der Haupteinwand ist nicht schwer zu erraten: Wenn unsere Welt eine Konstruktion sein soll, dann kann man wie Pippi Langstrumpf sagen: »Ich mache mir die Welt, wie sie mir gefällt.« Fake News oder alternative Fakten wären dann als solche gar nicht mehr zu bezeichnen. Totalitäre Regime könnten behaupten, dass ihre Gesellschaften keineswegs inhuman organisiert seien. Jeder Mensch hätte ein Recht, auf seine Welt-Konstruktion zu bestehen, niemand wäre berechtigt, sie zu kritisieren. Kritik wäre ebenso eine Konstruktion, nur eben eine andere.

Diskussionen, in denen heute der Begriff des Konstruktivismus verwendet wird, um ein solches womöglich auf Nietzsche zurückgehendes Denken, demzufolge es keine Tatsachen gebe, zu attackieren, weisen auf jene Gefahren hin. Wer anzweifelt, dass es Tatsachen gibt, öffnet jeder Beliebigkeit Tür und Tor. Ignorieren oder leugnen nicht mit Vorliebe Tyrannen Tatsachen? Zensieren und fälschen nicht totalitäre Regime mit ihren Ideologien die Wirklichkeit, um unliebsame Wahrheiten zu verheimlichen?

Nun gab und gibt es in der Tat radikale Konstruktivsten, die die Vorstellung einer Wirklichkeit eben »nur« für eine Vorstellung, eine Kognition, halten.[56] Und es wäre ein Fehler, die Argumente eines Heinz von Foerster, Humberto Maturana und Francisco J. Varela nicht ernst zu nehmen. Doch diese häufig sehr stark mit der Biologie argumentierenden Philosophen, deren Denken sich stets an der Grenze zur Hirnforschung befindet, sind mit dem aktuell verwendeten Begriff des Konstruktivismus keineswegs gemeint.

Vielmehr soll eine philosophische Tradition getroffen werden, die von Nietzsche über Martin Heidegger zu Denkern und Denkerinnen der sogenannten Postmoderne oder Dekonstruktion verläuft.[57] Diese wird mit Philosophen und Philosophinnen wie Jacques Derrida oder auch Judith Butler verbunden. Da wird dann eine Polemik konstruiert, die eher mit dem Kampf um Marktanteile oder öffentliche Aufmerksamkeit zu tun hat als mit einer redlichen Auseinandersetzung. Die Intentionen jener Philosophen und Philosophinnen werden verzerrt, um eine eigene vermeintlich überlegene philosophische Position zu etablieren.

Um Nietzsches Gedanken, es gebe keine Tatsachen, sondern nur Interpretationen, zu verstehen, muss man genauer hinsehen, worauf der Denker in der zweiten Hälfte des 19. Jahrhunderts philosophisch reagiert. In welchen Kontext gehört dieser Gedanke, der als solcher gewiss bizarr erscheint? Wenn wir ihn betrachten, wird er uns schon weniger befremden. Ob wir ihn teilen, ist dann immer noch eine andere Frage.

Im 19. Jahrhundert stellen sich in der Wissenschaftsgeschichte Weichen, die noch heute richtungsweisend sind. Für die europäische Philosophie waren sie entscheidend. Denn in der ersten Hälfte des 19. Jahrhunderts galt Hegels »System« zumindest in Kerneuropa als ein gesamtwissenschaftlicher Höhepunkt. Es schien, als vermochte dieses System der Wissenschaft überhaupt einen Rahmen zu vermitteln: einen Rahmen, in dem sich die Einzelwissenschaften nicht nur spezialisieren, sondern darüber hinaus Teile eines von der Philosophie bereitgestellten Ganzen sein konnten.

Das ändert sich im weiteren Verlauf des Jahrhunderts. Naturwissenschaftliche Erkenntnisse und technische Fortschritte nämlich widerlegen die weitgehend idealistische Philosophie. Philosophen wie Fichte, Hegel oder der populäre Schelling gehen – grob gesagt – davon aus, dass das Denken in der Lage ist, das ideenmäßige Gerüst der gesamten Wirklichkeit in einer rein sprachlichen Anstrengung, in Begriffsarbeit, zu erkennen. Mit der Entwicklung neuer Messinstrumente, überhaupt feinerer Technologien wird schnell klar, dass in der Naturwissenschaft mit dem bloßen Denken nicht viel auszurichten ist. Die Wissenschaften beginnen sich auszudifferenzieren.

Die Industrielle Revolution verstärkt diesen Vorgang. Ist die Philosophie zumindest bis zu Hegels Tod im Jahre 1831 fähig, mit den Naturwissenschaften darüber zu streiten, welcher Zugang zur Wirklichkeit der wahre ist, so vermag in der zweiten Hälfte des Jahrhunderts kein Philosoph mehr einen Gesamtentwurf der Wirklichkeit zu liefern, in dem die Naturwissenschaft eine systematisch untergeordnete Position einnimmt. Im Gegenteil, die Naturwissenschaft beginnt, eine eigene, den Philosophen mehr und mehr unverständliche Sprache zu sprechen. Kein Wunder, dass die beiden im Rückblick größten Philosophen der zweiten Jahrhunderthälfte, Schopenhauer und Nietzsche, mit der institutionellen Wissenschaft nichts mehr zu tun haben.

Was früher eine Frage des unstofflichen Geistes war, wird nun zum Material gegenständlichen Forschens. Der Zoologe Carl Vogt, ein Student des berühmten Chemikers Justus Liebig, erklärt 1847 in seinen *Physiologischen Briefen*, »dass die Gedanken in demselben Verhältnis etwa zu dem Gehirne stehen, wie die Galle zu der Leber oder der Urin zu den Nieren«.[58] Das lief natürlich darauf hinaus, dass im menschlichen Körper so etwas wie eine Seele nicht auffindbar sei. Theologen protestierten lautstark, doch Vogt ließ sich davon nicht beirren.

In den 1852 erschienenen *Bildern aus dem Thierleben* folgert er: »So wäre dem einfachen Materialismus Thür und Tor geöffnet – der Mensch so gut wie das Thier nur eine Maschine, sein Denken das Resultat einer bestimmten Organisation – der freie Wille demnach aufgehoben? [...] Wahrlich, so ist's. Es ist wirklich so.«[59] Das waren im Grunde keine ganz neuen Erkenntnisse, auch im 18. Jahrhundert hatten Philosophen wie La Mettrie (*L'Homme machine*) Ähnliches behauptet. Doch nun, im späteren 19. Jahrhundert, nahmen diese Gedanken eine andere Dynamik an.

Das ist besonders zu sehen, wenn die Wichtigkeit Charles Darwins betont wird. Seit der Veröffentlichung von Carl von Linnés *Systema Naturae* (1735) verstand es sich für die Naturforscher von selbst, den Menschen primär als ein Naturwesen zu betrachten. Naturwissenschaftlich gedacht gab es keinen wesensmäßigen Unterschied mehr zwischen Tieren und Menschen. Davon gehen übrigens auch Immanuel Kants Äußerungen über die verschiedenen »Rassen des Menschen« aus. Darwin, der mit seiner Evolutionstheorie wissenschaftshistorisch einen großen Schritt über Linné hinaus macht, teilt mit ihm selbstverständlich den Gedanken, dass Tier und Mensch auf dieselbe Art und Weise zur Natur gehören.

Das führt bei Darwin in dem 1871 in Deutschland erschienenen Werk über *Die Abstammung des Menschen* zu Beschreibungen wie der folgenden: »Die Ähnlichkeit der *Pithecia satanas* – mit seiner glänzenden schwarzen Haut, seinen weissen rollenden Augäpfeln und seinem auf der Höhe gescheitelten Haare – mit einem Neger in Miniatur ist fast lächerlich.«[60] Der *Pithecia satanas* ist der sogenannte Satansaffe. Äußerungen wie diese gibt es im Kapitel »Rassen des Menschen« vielfach.

Auch wenn Darwin es nicht sagt, ist er mit ziemlicher Gewissheit davon ausgegangen, dass jene Ähnlichkeit eine Tatsache sei. Es hätte den Forscher vermutlich überfordert, moralische Probleme in seiner Deutung zu finden; zumal der Mensch ja überhaupt vom Affen abstamme. Aber Darwin ist nicht dabei stehengeblieben, allein anatomische oder phänotypische Vergleiche anzustellen. Als Kind seiner Zeit nahm er die Texte des Eugenikers Sir Francis Galton, seines Cousins, sehr ernst. Der hatte in seiner 1868 publizierten Schrift *Hereditary Genius* (dt. *Genie und Vererbung*, 1910) darüber nachgedacht, was wohl wäre, wenn man die sogenannte »Zuchtwahl« des Menschen sozial-technisch organisieren könnte. Wäre es nicht möglich, Fehlbildungen auszumerzen und den

Menschen höher zu züchten? Für Galton und für Darwin war klar, dass es zwischen »Rasse« und Charakter eine Verbindung gab, auch wenn Darwin zuweilen skeptisch war. Ich brauche nicht zu betonen, dass Galton – wie natürlich auch Darwin – ein hoch angesehener Naturforscher und Anthropologe seiner Zeit war. Er wurde 1909 zum Ritter geschlagen.

Darwin, Galton oder auch Alfred Russel Wallace sind Pioniere der Evolutionstheorie und Anthropologie des späten 19. Jahrhunderts. Ohne Zweifel sahen sie sich in einer Kontinuität mit der Aufklärung des 18. Jahrhunderts. Die später bei Alfred Ploetz entstehende »Rassenhygiene« konnte an ihre Forschungsergebnisse anknüpfen. Diese verschmolz dann mit den wissenschaftshistorisch aus dem Boden sprießenden, institutionell geförderten Untersuchungen zur »Rassenkunde« in der ersten Hälfte des 20. Jahrhunderts. All das verstand sich als tatsachenbasiertes Forschen.

Nietzsche blieb von diesen Diskussionen nicht unberührt, er kannte Galtons Arbeit und ließ sich von ihr zu einigen zeitgemäßen Äußerungen hinreißen. Ploetz kann Nietzsche deshalb enthusiastisch zitieren.[61] Dennoch richtet sich Nietzsches Bemerkung, dass es keine Tatsachen, sondern nur Interpretationen gibt, gegen eine solche alles in die Zuständigkeit der Naturwissenschaft einbeziehende Perspektive. Er bemerkt: »Die Wissenschaft drängt zur absoluten Herrschaft ihrer Methode.«[62] In einer solchen Welt gelten nur noch die Tatsachen; Poesie, Religion und Metaphysik spielen keine Rolle mehr. Dagegen denkt Nietzsche an.

Doch wie? Nietzsche wusste, dass eine bloße Kritik

am positivistischen Absolutismus der Naturwissenschaft wenig bedeutete. Der Philosoph musste seine Kritik in einen größeren philosophischen Rahmen einfügen. Das konnte er jedoch nur, wenn er in der Lage war, in der Naturwissenschaft eine Motivation kenntlich zu machen, die über die Reflexionen der Naturwissenschaftler hinausging. Nietzsche musste den Naturwissenschaftlern erklären können, dass sie im Grunde nicht wussten, was sie taten. Mit anderen Worten: Er musste die Grenzen der Naturwissenschaft sichtbar machen.

Dazu stellte er zunächst fest, dass der Mensch »in den Dingen zuletzt nichts wiederfinde, als was er selbst in sie hineingesteckt«[63] habe. Dieses Wiederfinden heiße Wissenschaft (vgl. in diesem Buch das Gespräch über die Wahrheit mit dem Astrophysiker René Reifarth). Das Erkennen basiert auf Voraussetzungen, die alles Erkennen – was und wie es erkennt – bestimmen. Der Gedanke erinnert an Kant, der bereits betonte, dass die »Bedingungen der Möglichkeit der Erfahrung überhaupt zugleich Bedingungen der Möglichkeit der Gegenstände der Erfahrung« seien. Ich kann nur die Dinge erfahren, die ich erfahren *kann*.

Können wir Dinge nur auf dieser Grundlage erkennen, dann ist uns ein »Factum ›an sich‹« unzugänglich. Denn die Formulierung »›an sich‹« behauptet, eine Tatsache so feststellen zu können, wie sie sich außerhalb jener Bedingungen befindet, die uns einen Zugang zu ihr erst ermöglichen. Denn ohne diese Bedingungen gibt es schlechthin keine Erfahrung. Das »›an sich‹« bedeutet demnach eigentlich einen Zustand vor oder außerhalb unserer Erfahrung. Das ist aber in Bezug auf eine Tatsache, die immer eine Sache unseres Erfahrens ist, unmöglich. Von einem »Factum ›an sich‹« zu sprechen ist also tatsächlich »Unsinn«.

Für Nietzsche kann die Naturwissenschaft es darum nicht mit Tatsachen (an sich) zu tun haben, sondern einzig und allein mit Interpretationen. Wenn die eigentliche Motivation des wissenschaftlichen Forschens nicht in der Ansammlung von Tatsachenwahrheiten liegen kann, weil es die an sich nicht gibt: Was motiviert dann für Nietzsche die Wissenschaft? Nicht nur Wissenschaftler, sondern ebenso Philosophinnen, Moralisten und Theologinnen[64] sind auf der Suche nach einer dynamischen Lebensform. Sie wollen sich als lebendig erfahren, wobei Leben für Nietzsche in einer sich steigernden Aneignung von lebensfördernden Dingen im weitesten Sinne besteht. Dieser dynamische Trieb setzt immer schon voraus, dass ihm die Welt und die Dinge zugänglich sind. Nietzsche nennt diese Voraussetzung auch »Anmenschlichung«;[65] eine Aneignung der Natur und der Welt im Ganzen, insofern es jenseits dieses Menschen weder Natur noch Welt geben kann.

Wenn das Erkennen von Wissenschaftlern, Philosophen, Moralisten, Theologen und auch Künstlern sich zwar in einer Vielheit von Aneignungsweisen und Lebensformen zerstreut, so zeigt sich doch in dieser Zerstreuung und Vielheit für Nietzsche immer nur Eines: der »Wille zu Macht«.[66] Zu leben bedeutet, sich in einer bestimmten Dynamik der verschiedenen Lebensvorgänge anderes anzueignen, und wenn es auch zunächst nur Nahrung ist. Auf höheren Stufen dieser Lebendigkeit verwirklicht sich der Aneignungstrieb in Wissenschaft, Philosophie, Kunst, in allen möglichen Lebensbereichen. Realisiert er sich in diesen Bereichen mit Erfolg, dann genießt der »Wille einen Zuwachs jenes Machtgefühls, welches alles Gelingen mit sich bringt«.[67] Indem Leben Wille zur Macht ist, sucht es in seinen Aneignungen nichts anderes als die gefühlte Steigerung von Macht in Erfolg und Scheitern.

Nun ist aber in einem letzten Schritt noch der Schluss zu betrachten, dass das eigentliche Subjekt, das die an sich unerkennbaren Tatsachen interpretiert, nicht ich als diese besondere Person bin. Dass ich leben will, dass ich mir anderes aneignen und einverleiben will, ist nicht meine Entscheidung, sondern liegt im Charakter des Lebens als Wille zur Macht, den wir übrigens mit allem, was es gibt, teilen. Dann aber ist das interpretierende Subjekt nichts anderes als genau dieser Machtwille. Er ist es, dem ich in meinen Interpretationen der Tatsachen gehorchen muss.[68]

Die Grenze der Wissenschaft ist demnach: Der Naturwissenschaftler meint zwar, er folge allein einer wissenschaftlichen Motivation. Aber eigentlich wird er vom Willen zur Macht angetrieben, der ihn nach Leistung streben lässt. Nicht die Erkenntnis an sich ist sein Ziel, sondern das Machtgefühl, das er wissenschaftlich und sozial aus ihr bezieht. Und wirklich ließe sich fragen, was wir uns in einer Gesellschaft, die nur noch funktionieren will, von unseren verschiedenen Tätigkeiten außer ihrem Gelingen eigentlich erwarten oder versprechen? Geht es dem Philosophen und der Philosophin von heute um Erkenntnis oder um Erfolg? Gewiss würden die meisten antworten: um beides – doch damit haben sie Nietzsche schon bestätigt. Hat er aber die Naturwissenschaft des 19. und 20. Jahrhunderts mit seiner Theorie vom Willen zur Macht philosophisch überholt? Nein. Philosophie und

Naturwissenschaft sprechen seit Jahrhunderten keine gemeinsame Sprache mehr.

Immerhin gehört es zur Geschichte der Naturwissenschaft des 20. Jahrhunderts, dass Werner Heisenberg – übrigens im Gespräch mit Heidegger – die Auffassung, der Mensch stehe mit seinen Theorien wie ein bloßer Betrachter vor einer von ihm unabhängigen Natur, reformierte. In der Quantenmechanik musste er nach der Ausarbeitung der Unschärferelation einräumen: »Die Naturwissenschaft steht nicht mehr als Beschauer vor der Natur, sondern erkennt sich selbst als Teil dieses Wechselspiels zwischen Mensch und Natur.«[69] Diese Neubestimmung des methodischen Ausgangspunkt eines spezifischen Zweigs der Naturwissenschaft wird vermutlich nicht alle ihre Bereiche berührt haben und berühren. Ohne Zweifel ist aber wahr, dass Naturwissenschaft heute und seit langem nur noch möglich ist, indem sie zwischen Mensch und Natur ein ungeheuerliches Instrumentarium von Technologien schaltet. Gewiss ist aber auch, dass uns diese Technologien immer neue und genauere Erkenntnisse ermöglichen.

Bei näherer Betrachtung ist die Aussage, es gebe »gerade Tatsachen« nicht, nur noch halb so radikal. Denn Nietzsche versteht darunter, dass es keine Tatsachen außerhalb ihrer Interpretation gibt. Es gibt keine Tatsache, die für jede und jeden dasselbe bedeutet. Möglich, dass es solche für alle identischen Bedeutungen im Bereich der Logik oder Mathematik gibt, nicht aber unter den Tatsachen. Diese gibt es immer nur in konkreten Beziehungen zu willensgetriebenen Menschen.

Zugleich führt uns Nietzsche mit seinem Angriff auf den Wissenschaftsoptimismus seiner Zeit vor ein bemerkenswertes Problem: Entweder er hat recht, und Darwin kann und muss in seinem kolonialen Zugriff auf die »Rassen des Menschen« in seiner Interpretation der Tatsachen kritisiert werden, oder er hat unrecht, und Darwin erkennt bloße Tatsachen. Im ersten Fall ist von uns gefordert, Darwins Interpretationen durch neue und andere zu ersetzen. Im zweiten Fall könnte es lediglich eine Revision der Tatsachen auf Grundlage neuerer naturwissenschaftlicher Erkenntnisse geben – unabhängig von allen politischen und moralischen Deutungen.

Vierzig Jahre Wahrheitstheater

Keine Frage, die Philosophie hat ein besonderes Verhältnis zur Wahrheit. Nicht dass Wahrheit allein ein philosophisches Thema wäre. Im Gegenteil: Die Wahrheit und vor allem das, was sie mit uns macht, geht über die Philosophie hinaus. Dennoch hat die Philosophie sozusagen – immerhin – ein angeborenes Vorrecht, zu untersuchen, zu erklären, was Wahrheit ist. Denn wo sonst, wenn nicht in der Philosophie, wird *gefragt*, was Wahrheit sei? Ob sie dabei erfolgreich ist und was Erfolg an dieser Stelle heißen kann, sind andere Fragen.[70]

Dass also Philosophen immer wieder vor die Frage jenes römischen Statthalters in Jerusalem – »Was ist Wahrheit?« – gestellt worden sind, gehört zu ihrem Beruf. Dass sie unterschiedlich auf sie antworteten und antworten, liegt – entgegen der allgemeinen Erwartung an Philosophie – im Sinn der Sache. Denn gerade in Bezug auf die Wahrheit erwartet man Eindeutigkeit. Man meint, dass verschiedene Verständnisse der Wahrheit dem Begriff selbst widersprechen. Denn etwas soll eben wahr sein oder nicht – das müsse dann natürlich erst recht für die Wahrheit selbst gelten. So ist es aber nicht.

Probleme, die sich so ankündigen, sollen an anderem Ort besprochen werden. Hier möchte ich nur an etwas erinnern: Es gab eine Phase der deutschen Philosophie, in der es auf forcierte Art und Weise um die Wahrheit ging, in der die Philosophen sich selbst als »Priester der Wahrheit« bezeichnet haben – dann doch wohl in einer Religion der Wahrheit? Die Philosophie wurde geradezu eine heilige Handlung, eine Ekstase des Wahren. Ungefähr vier Jahrzehnte inszenierte sich die Philosophie als Wahrheitstheater. Ihr Anspruch wurde »absolut«.

Theater und Theorie – das gehört vom Wort her zusammen. Für die Erfinder der Philosophie, wie wir sie kennen, für Platon und Aristoteles, war die Verbindung noch greifbar. Im Theater betrachtet man die Götter auf der Bühne, in der Theorie am Himmel. In den gleichmäßigen Bewegungen der göttlichen Planeten erblicken die Philosophen die gleichmäßigen Bewegungen des Geistes. In den konsequent tragischen Bewegungen der Helden auf dem Theater erblicken sie die abgründigen Bewegungen der Affekte. Das Theorietheater des 18. und 19. Jahrhunderts findet in wilderen Zeiten statt.

Das beginnt im Jahre 1789. Da ist in Frankreich der Teufel los. Georges Danton, einer der Hauptrevolutionäre, wird 1794 in Paris guillotiniert. Auch Maximilien de Robespierre, der gerade noch auf dem Marsfeld das Fest des höchsten Wesens organisiert, wird geköpft. Das französische Revolutionsheer marschiert im Rheinland ein. Im armen Polen gibt es Aufstände gegen die Hegemonialstaaten Preußen und Russland. Sie werden niedergeschlagen, und Polen wird in der dritten Teilung liquidiert. In den USA schlachtet man die Ureinwohner, in Südamerika auch.

Zu jener Zeit gibt es in einer dem Herzogtum Sachsen-Weimar-Eisenach zugehörigen ostdeutschen Kleinstadt Jena einen Professor, der in vielerlei Hinsicht so auf sich aufmerksam macht, wie man damals an diesem Ort auf sich aufmerksam machen kann. Es handelt sich um Johann Gottlieb Fichte, offenbar ein temperamentvoller Geist, der sich – eher fälschlicherweise, wie wir heute wissen – als Vollender der Philosophie des von ihm hoch bewunderten Immanuel Kant inszeniert.

Kant, seinerseits weniger temperamentvoll, hatte sich in der *Kritik der reinen Vernunft* ganz explizit mit der Frage *»Was ist Wahrheit?«*[71] beschäftigt. Typisch nüchtern lautet die erste Antwort: »Die Namensklärung der Wahrheit, daß sie nämlich die Übereinstimmung der Erkenntnis mit ihrem Gegenstande sei, wird hier geschenkt, und vorausgesetzt.« Damit bezieht sich Kant auf einen Gedanken, den die Philosophen spätestens seit Aristoteles kennen. Der versteht sich von selbst: Da gibt es eine Blume. Ich erkenne: Eine Blume. Das ist richtig.

Die »Namensklärung« ist also nicht das Problem. Wo liegt es dann? »Man verlangt aber zu wissen, welches das allgemeine und sichere Kriterium der Wahrheit einer jeden Erkenntnis sei.« Das klingt dunkel. Ist nicht in der Definition der Wahrheit als Übereinstimmung der Erkenntnis mit ihrem Gegenstand die Übereinstimmung selbst das Kriterium? Und müsste das nicht in »jeder Erkenntnis« so sein?

Ich kürze die nicht unkomplizierte Verhandlung ab. Das Problem ist folgendes: Dieses formale Kriterium der Wahrheit basiert auf der Widerspruchsfreiheit. Ich kann nicht zur selben Zeit und in derselben Hinsicht Widersprechendes über etwas aussagen: Das ist eine/keine Blume – geht nicht. Wahrheit liegt demnach vor, wenn in einer Aussage widerspruchsfrei Übereinstimmung zwischen einer Erkenntnis und ihrem Gegenstand festgestellt wird. Das kann zu Missverständnissen führen.

Denn Kant macht darauf aufmerksam, dass die »logische Form« der Übereinstimmung so sehr vom Inhalt abstrahiert, dass sie zu widerspruchsfreien Aussagen führen kann, die dennoch falsch sind. Das gilt vor allem für Kants Lieblingsgegenstand »Gott«. Denn wenn Gott der größte Gegenstand überhaupt ist, dann fällt ihm auch die Existenz zu. Zu behaupten, Gott existiert, ist demnach eine wahre, weil widerspruchsfreie Aussage. Nun unterscheidet sich Gott aber von einer Blume. Worin? Niemand hat ihn jemals gesehen.

Das Problem muss gelöst werden. Es ist eine wahre Aussage, dass Gott existiert. Sie ist es aber nur als »logische Form«.[72] Über den Inhalt nämlich wird damit noch nichts gesagt. Kant nennt diese Wahrheitsproduktion durch formale logische Operationen »dialektischen Schein«.[73] Dieser sei nicht zu verhindern, die Vernunft könne nicht anders, als auf ihrer Suche nach Wahrheit Schein hervorzubringen. Allerdings könne sie ihn kritisieren und so eben doch von der Wahrheit unterscheiden – und genau das ist die Absicht der ersten Kritik.

Die Konsequenz dieser Differenzierungen ist, dass nur noch Aussagen über empirisch gegebene Gegenstände in Bezug auf ihre Wahr- oder Falschheit unproblematisch sind. Denn die Übereinstimmung zwischen der Erkenntnis und ihrem Gegenstand lässt sich zureichend feststellen, wenn der Gegenstand in der Anschauung gegeben ist. Dass die Wiese dort grün ist, lässt sich notfalls mit einer Spektralanalyse beweisen. Die Erfahrung ist das eigentliche Kriterium der Wahrheit.

Für die Ideenbande – Fichte, Schelling, Hegel und auch Hölderlin – war Kant der »Moses unserer Nation«,[74] wie ihn Letzterer einmal in einem Brief nannte. Für sie war er der Philosoph, ohne den man nicht philosophieren konnte. Kant war der Anfang, hinter den man nicht zurückfallen durfte. Kein Zweifel, dass die Zeit zwischen 1792 und 1831 die fruchtbarste Phase der Philosophie nicht nur in der deutschen Geschichte gewesen ist. Ihre Protagonisten sind überaus steile Philosophen gewesen; so steil, dass sie Kants Nüchternheit und Vorsicht hinsichtlich der Wahrheit bald über den Haufen rannten.

Bereits in Fichtes erster veröffentlichter Schrift, dem *Versuch einer Kritik aller Offenbarung*, mit der sich der 30-Jährige als Super-Kantianer etablieren will, stellt er fest, dass »Stil und Einkleidung« des Textes eine Kleinigkeit seien, die getadelt werden könnte, doch: »Das Resultat ist Angelegenheit der Wahrheit, und das ist mehr.«[75] Fichte sendet Kant seine ersten Veröffentlichungen zu. Der Alte reagiert freundlich, um in einem Brief aus dem Jahre 1797 doch festzustellen, dass er »die Subtilität der theoretischen Speculation, vornehmlich wenn sie ihre neuern, äußerst zugespitzten Apices [Spitzen] betrifft, gern Andern überlasse«.[76] Kant bleibt kollegial, doch deutlich.

1794 erscheint Fichtes *Ueber den Begriff der Wissenschaftslehre oder der sogenannten Philosophie*. Damit war das Zauberwort in der Welt: »Wissenschaftslehre«. Die Philosophie sollte nicht nur eine Wissenschaft sein, sondern sie sollte vor allem lehren, was eine Wissenschaft überhaupt sei: Sie sollte die »absoluten« Grundlagen für alles Wissen festlegen. In seiner nächsten Schrift, der *Grundlage der gesammten Wissenschaftslehre*, ebenso 1794, macht sich entsprechendes Pathos bemerkbar: »An meine Person denke ich überall nicht: aber für die Wahrheit bin ich entflammt, das werde ich immer so stark und so entscheidend sagen, als ich es vermag.«[77] Klar, wie sollte ein Philosoph sonst Feuer fangen, wenn nicht für die Wahrheit?

Fichte ist offenbar so sehr on fire, dass er im selben Jahr die noch zurückhaltende Bemerkung aus der *Grundlage* bei weitem überbietet. Er legt für alle damals Philosophierenden den Maßstab fest, als er *Einige Vorlesungen über die Bestimmung des Gelehrten* hält. Dort bringt der Philosoph sein grimmiges Schicksal auf den Punkt.

Ich bin dazu berufen, der Wahrheit Zeugniss zu geben; an meinem Leben und an meinen Schicksalen liegt nichts; an den Wirkungen meines Lebens liegt unendlich viel. Ich bin ein Priester der Wahrheit; ich bin in ihrem Solde; ich habe mich verbindlich gemacht, alles für sie zu thun und zu wagen und zu leiden. Wenn ich um ihrer willen verfolgt und gehasst werde, wenn ich in ihrem Dienste gar sterben sollte – was thät ich dann sonderliches, was thät ich dann weiter, als das, was ich schlechthin thun müsste?[78]

Der Philosoph ist ein Märtyrer der Wahrheit, er legt für sie mit seinem Leben Zeugnis ab; aber nur insofern, als es sich um die Philosophie dreht. Seltsam bleibt die Dissonanz zwischen den Sätzen: »Ich bin ein Priester der Wahrheit; ich bin in ihrem Solde«, denn seit wann ist ein Priester ein Söldner? Immerhin setzen ein Söldner oder Soldat ihr Leben eher aufs Spiel als ein Priester, der für gewöhnlich ein durchaus gesichertes Dasein pflegt. Und doch kennen wir Priester, die Kanonen segnen und predigen wie Maschinengewehre. Auf dem Wahrheitstheater führt man vorzüglich Tragikomödien auf.

Der Wahrheitsfunke, der bei Fichte den Geist in Flammen aufgehen ließ, sprang über. Friedrich Wilhelm Joseph Schelling, der sich später »von« nennen wird, ist knapp 20 Jahre alt und betritt die Bühne mit Schriften, die die Fichte'sche Fackel übernehmen. 1795 publiziert er bereits sein zweites Buch mit dem Titel *Vom Ich als Princip der Philosophie oder über das Unbedingte im menschlichen Wissen*. Dort heißt es in der Vorrede:

Zugleich räume ich solchen Lesern recht gerne ein, daß diejenigen Systeme, die nur immer zwischen Erde und Himmel schweben, und nicht muthvoll genug sind, auf den letzten Punkt alles Wissens hinzudringen, vor den gefährlichsten Irrthümern weit sicherer sind, als das System des großen Denkers, dessen Spekulation den freiesten Flug nimmt, alles aufs Spiel setzt, und entweder die ganze Wahrheit in ihrer ganzen Größe, oder gar keine Wahrheit will; dagegen bitte ich sie hinwiederum zu bedenken, daß, wer nicht kühn genug ist, die Wahrheit bis auf ihre ganze Höhe zu verfolgen, zwar den Saum ihres Kleides hie und da berühren, sie selbst aber niemals erringen kann, und daß die gerechtere Nachwelt den Mann, der, das Privilegium tolerirbarer Irrthümer verachtend, der Wahrheit frei entgegenzugehen den Muth hatte, weit über die Furchtsamen hinaufsetzen wird, die, um nicht auf Klippen und Sandbänke zu stoßen, lieber ewig vor Anker lägen.[79]

All das muss ununterbrochen zitiert werden, um das Aroma, in dem damals philosophiert wird, aufkommen zu lassen. Der »große Denker« setze »alles aufs Spiel«. Er will »entweder die *ganze* Wahrheit in ihrer ganzen Grö-ße, oder gar keine«. Außerdem – eine Selbstverständlich-keit damals – ist der Philosoph »Mann« und die Wahrheit offenbar Frau, denn es geht nicht darum, nur »den Saum ihres Kleides hie und da zu berühren«, sondern sie zu »er-ringen«. Später wird Nietzsche das Bild aufnehmen und mehrfach darauf hinweisen, dass die »Wahrheit vielleicht ein Weib« sei. Ich werde darauf zurückkommen.

Abgesehen davon, dass die Rede von einer »*ganzen* Wahrheit« eigentümlich ist – sind doch halbe Wahrhei-ten genau genommen gar keine –, setzt Schelling Fich-tes neuen Ton in der Philosophie konsequent fort. Kants Nüchternheit ist ein alter Hut. Nun geht es um Alles oder Nichts – man wäre beinahe geneigt zu sagen: *die* typisch deutsche Alternative, die in der Geschichte so manche Höhen, allerdings auch einen ungeheuerlichen Abgrund zu verantworten hat.

Die Alles-oder-Nichts-Rhetorik (war es nur Rhetorik?) nimmt allerdings erst an Fahrt auf. Es sind nicht nur Schel-ling und Fichte, die das Wahrheitstheater in Brand setzen, sondern ebenso Philosophen wie Friedrich Heinrich Ja-cobi, der bereits erwähnte Dichter aller Dichter Friedrich Hölderlin, Literaturkritiker wie die Schlegel-Brüder, äthe-rische Genies wie Novalis – oder Georg Wilhelm Fried-rich Hegel, der sich noch hinter der Kulisse versteckt.

Dann, 1807, betritt er die Szene. Sein Auftritt ist ein Erdbeben. Schelling, der meint, inzwischen die Hauptrol-le zu spielen, muss einsehen, dass er sich bitter geirrt hatte. Vor Hegels *Phänomenologie des Geistes* erblasst Schellings Denken vorläufig. Als hätte sich Hegel Napoleon, den er in Jena herumreiten sieht, zum Vorbild genommen, galoppiert der Philosoph wie eine »Weltseele zu Pferde« über die Bühne des Wahrheitstheaters: »Die wahre Gestalt, in welcher die Wahrheit existiert, kann allein das wissenschaftliche System derselben sein.«[80] Klar, und dieses System liefert nun nicht mehr Fichte oder Schelling, sondern er selbst, Hegel.

Fairerweise muss man sagen, dass er weniger pathetisch als Fichte und Schelling daherkommt. Während die beiden sozusagen weit ausschreitend und mit großen Gebärden das Publikum begeistern, erinnert Hegel an alte philosophische Tugenden: »Indem die wahre Gestalt der Wahrheit in diese Wissenschaftlichkeit gesetzt wird – oder, was dasselbe ist, indem die Wahrheit behauptet, an dem *Begriffe* allein das Element ihrer Existenz zu haben«[81]... Das Haus der Wahrheit sei die Wissenschaft. In ihm soll der Begriff wie die Goldmarie bei der Frau Holle arbeiten, oder, nüchterner, Hegel erkennt, dass die Wahrheit des Begriffs in seiner Arbeit besteht. Man begreift nicht etwas einfach so wie in einer persönlichen Offenbarung, die Gedanken-Hähnchen fliegen einem nicht wie im Schlaraffenland in den Mund, sondern das Begreifen und Verstehen ist ein hartes Brot, das man, nach einem Wort von Goethe, mit Tränen isst.

Und selbst wenn Hegel auch »das Wahre« als einen »bacchantischen Taumel, an dem kein Glied nicht trunken ist«,[82] bezeichnen kann, so bleibt selbst dieser »Taumel« eine »ebenso durchsichtige und einfache Ruhe« –, als würde sich Hegel an den ersten Bühnenstar des Wahrheitstheaters, an Sokrates, erinnern, von dem Platon behauptet, dass er von allen am meisten trinken konnte und doch die Nüchternheit selbst blieb. Vielleicht erkannte sich

Hegel in dieser Eigenart wieder, wird doch berichtet, dass er selbst ein Trinker war, der keine ekstatischen Auftritte kannte. In der *Phänomenologie des Geistes* schmiedet dieser philosophische *Deus ex machina* Sätze, die fortan und bis ins 20. Jahrhundert hinein die Philosophen und Philosophinnen in Zu- und Widerspruch bewegen werden:

> Das Wahre ist das Ganze. Das Ganze aber ist nur das durch seine Entwicklung sich vollendende Wesen. Es ist von dem Absoluten zu sagen, daß es wesentlich Resultat, daß es erst am Ende das ist, was in Wahrheit ist; und hierin eben besteht seine Natur, Wirkliches, Subjekt oder Sichselbstwerden zu sein.[83]

Die Wahrheit erscheint immer am Ende, an einem Ende, das das Ganze beschließt. Das gilt für das Wahrheitstheater in jeder Hinsicht. Was wäre der *Faust* ohne den *Chorus Mysticus*, ohne die Verklärung des doppelt beseelten Wahrheitssuchers? Was wäre James Camerons *Titanic* ohne den Untergang des Schiffes? So auch die echte *Titanic*. Das denken wir als Hegelianer und Hegelianerinnen, als Theoretiker und Theoretikerinnen eines Theaters, auf dem nach Hegel allerdings noch ganz andere Helden ihren Auftritt hatten.

Als der Großmeister des Geistes 1831 starb, war *dieses* Stück in der Tat zu Ende. Und doch ist auf gewisse Weise kein Stück jemals zu Ende. Man kann es immer wieder neu aufführen, anders inszenieren. Nicht dass jede Philosophie ein Theater ist – man müsste sonst das Theatralische in der Theorie zum dominierenden Merkmal der Philosophie erheben, was durchaus verführerisch klingt –:

Die Tragikomödie der deutschen Philosophie zwischen 1792 und 1831 scheint uns immer wieder neu zu fesseln; vielleicht weil uns nichts fremder geworden ist, als ein Denken um Alles oder Nichts.

Die Wahrheit des Testosterons

»Leute, die menstruieren.« J. K. Rowling, berühmt für ihre *Harry Potter*-Romane, Autorin noch anderer, durchaus erfolgreicher Kriminalromane, hat diese Formulierung, die sie der Überschrift[84] eines Artikels entnommen hat, der auf einem Entwicklungshilfeportal im Internet veröffentlicht wurde, in einem Tweet erstaunlich bitter kommentiert: »›People who menstruate.‹ I'm sure there used to be a word for those people. Someone help me out. Wumben? Wimpund? Woomud?« Die lautmalerische Annäherung an »Women« sollte wohl didaktisch sein. Natürlich menstruieren Frauen, Frauen menstruieren natürlich.

Darauf ergoss sich ein Shitstorm über die Autorin. Warum? Weil sie trans Menschen ignoriert habe. Schließlich kann eine trans Frau durchaus nicht menstruieren, wie ein trans Mann es eventuell kann. Man könnte noch hinzufügen, dass Mädchen vor der Pubertät und Frauen in der Menopause ebenfalls nicht menstruieren, unter Umständen aber doch als Frauen bezeichnet werden oder sich dem weiblichen Geschlecht zuordnen wollen. Doch um das Letzte geht es in der Diskussion mit Rowling nicht.

Bevor ich mich dem eigentlichen Problem zuwenden möchte, ein Wort zu Rowlings Inszenierung. Die Reaktion der trans Community und der mit ihr Verbundenen war selbstverständlich heftig. Rowling wurde alles Mögliche an den Hals gewünscht. Das verletzte und sollte verletzend sein. Sie hat dann in einem Blog ausführlich dazu Stellung genommen. *Ein* Aspekt der Diskussion besteht darin, dass trans Menschen immer noch eine marginalisierte Minderheit darstellen, während Rowling mit ihren Millionen von Followern, als Galionsfigur mindestens einer Generation, die breiteste Mitte der Gesellschaft besetzt. Rowlings Tweets sind Tweets der Macht. Dass sie das nicht reflektiert, suggeriert eine Harmlosigkeit, die ihrer Prominenz nicht gut ansteht. Eine mögliche Rowling-Apologie, die darauf verweist, dass »man das doch wohl noch sagen dürfe« – die also die Redefreiheit verteidigt –, übersieht die dem Medium Twitter innewohnende Verzerrung dieser selbstredend geltenden Freiheit. Ob der amerikanische Präsident oder ich etwas twittern, ist nicht das Gleiche.

In der Sache scheint Rowling mit ihrer Bemerkung das Faktum eines biologischen Geschlechts behaupten zu wollen. Frauen menstruieren, das ist ein Index des weiblichen Geschlechts. Genauso könnte man behaupten, dass Männer mehr Testosteron haben als Frauen und sie deshalb mehr zu Kampf und Krieg tendieren als die zur Mäßigung und Zurückhaltung neigenden Frauen. Was wäre dagegen einzuwenden?

Als Judith Butler 1990 das Buch *Gender Trouble*, das 1991 mit dem Titel *Das Unbehagen der Geschlechter* ins Deutsche übersetzt wurde, publizierte, wusste sie höchstwahrscheinlich nicht, dass der Text Epoche machen sollte. Der Untertitel der deutschen Übersetzung, »Gender Studies«, wurde nachgerade zum Namen einer neuen wissenschaftlichen Disziplin. Kaum ein philosophisches Buch der letzten 30 Jahre hat eine Bedeutung erlangt wie dieses. Und das hängt auch damit zusammen, dass seine Hauptthesen heute zur Allgemeinbildung gehören.

Dabei ist das Buch selbst keineswegs ein programmatischer Text, sondern eine sehr komplexe und kritische Auseinandersetzung der Autorin mit anderen, durchaus weniger populären Hauptfiguren auf dem Feld der Diskurse, die sich mit Sexus und Gender beschäftigt haben. Es ist ein philosophischer Text im besten Sinne, methodenbewusst, mikro- und makroskopisch argumentierend, an starken Thesen interessiert, ohne trivial zu werden. Man braucht für seine Lektüre die typisch aufmerksame Geduld, die beim Lesen philosophischer Texte nötig ist.

Eine Hauptthese des Buches ist, dass das, was wir im binären Geschlechterverhältnis zwischen Mann und Frau für gewöhnlich, normal oder sogar natürlich halten, eine kulturelle Konstruktion sei, die einem Machtdiskurs entstamme, der sich über die Jahrtausende so und nicht anders etabliert habe. Dass sich in diesem Machtdiskurs ein vor allem heterosexuell gelesenes Männerbild (»Patriarchat«) als leitend und führend durchgesetzt hat und noch durchsetzt, ist Tatsache. Butler verfolgt auch eine feministische Agenda.

Dass man sich nun durchaus nicht so natürlich und einfach als »Mann« oder »Frau« entwirft, wenn man einen Penis oder eine Vulva hat, bezeugen vor allem trans Menschen. Das Haben eines Penis reicht ganz offenbar nicht hin, um sich als Mann zu fühlen. Im Übrigen kennt schon die patriarchale Tradition das Phänomen, dass manch ein Mann eher »weiblich«, manch eine Frau eher »männlich« erscheint. Doch das kann man nur sagen, wenn man weiß, was ein Mann und eine Frau – sein sollen. Woher aber weiß man das?

Butler will also mehr. Im Letzten geht es um eine Dekonstruktion der Geschlechterbinarität schlechthin. In der Analyse der kulturellen Mann- und Frau-Konstruktionen gehen die alten binären Erklärungsmodelle unter, es handelte sich um historische und keineswegs natürliche Bestimmungen. Mit Butler wäre zu lernen, dass wir die Frage, was überhaupt »Geschlecht« als Sexus heißen und sein kann, erst verstehen, wenn wir bedenken, was »Gender« bedeutet. Die Karten werden neu gemischt, und ein anderes Spiel beginnt.

Rowling betont in dieser Diskussion, dass es ein biologisches oder, wie Butler es fasst, anatomisches Geschlecht gibt. Sehen wir einmal von den philosophischen Feinheiten der Argumentation in den Fragen nach Sexus und Gender ab, erscheint die Bemerkung beinahe banal: Es gibt ein anatomisches Geschlecht! Das ist eine Tatsache! Wer würde bezweifeln, dass es Penisse und Vulven gibt?

In Butlers Text ist die Anwesenheit des anatomischen Geschlechts selbstverständlich keine Selbstverständlichkeit. Sie weiß, es ist problematisch zu behaupten, dass alles schlechthin immer schon kulturell konstruiert sei. Sollte Butler den Unterschied zwischen X- und Y-Chromosomen leugnen, den Einfluss des Testosterons ignorieren wollen? Wie steht es mit der Tatsache der Zuchtselektion in der Evolutionstheorie – gäbe es die überhaupt ohne anatomische Geschlechterbinarität? Schon klar, Butler ist Philosophin, doch auch für eine solche ist es nicht leicht, die Existenz und Legitimation von Biologie und Anatomie auszulöschen. Anders gesagt: Gerade eine stark argumentierende Philosophin müsste in der Lage sein, die Existenz von Biologie und Anatomie innovativ zu berücksichtigen.

Klar ist aber auch, dass ihre Hauptthese, dass das Geschlecht, wenn wir es als Gender, als eine aus vielen Quellen (wie der Sprache) sich speisende Konstruktion verstehen, mit einer brutal als Tatsache behaupteten Biologie ihre Probleme haben muss. Wer der Naturwissenschaft den kleinen Finger reicht, hat oft schon seinen ganzen Arm verloren. Rowlings grobe Auslassung mit lautmalerischen Scherzen kann Butler nicht das Wasser reichen, doch es ist nicht zu verkennen, dass das anatomische Geschlecht in der Gender-Theorie kein Problemchen ist.

Butler scheint in *Gender Trouble* mit ihrer Absicht, das »anatomische Geschlecht« insgesamt in den Gender-Konstruktionen aufzuheben, manchmal an die Grenze zu gelangen: »Wenn ›der Leib eine Situation ist‹, wie Beauvoir sagt, so gibt es keinen Rückgriff auf den Körper, der nicht bereits durch kulturelle Bedeutungen interpretiert ist. Daher kann das Geschlecht keine vordiskursive, anatomische Gegebenheit sein. Tatsächlich wird sich zeigen, daß das Geschlecht (sex) definitionsgemäß immer schon Geschlechtsidentität (gender) gewesen ist.«[85] Das klingt so, als gäbe es die Tatsache der Biologie nicht.

Ich bin mit einer Familie befreundet, die zwei Kinder hat, eine zehnjährige Tochter und einen siebenjährigen Sohn. Die Eltern kennen die Erkenntnisse der Gender-Theorie und stehen ihr offen gegenüber. Es gibt eine Sympathie für und ein Interesse an der queeren und diversen Kunstszene, wie sie sich in bestimmten Großstädten entfaltet. Ich würde lügen, wenn ich mich in unseren schönen und leidenschaftlichen Diskussionen nicht zuweilen als old white male fühlen würde.

Nun ist der Sohn im Spiel mit seiner Schwester wie auch mit meiner Tochter hier und da als zu aggressiv aufgefallen. Er hat offenbar ein Interesse an ostasiatischen Kampfsportarten, am Einsatz und der Bewegung des Körpers im Allgemeinen. Ebenso die Mädchen wollen sich bewegen, wenn auch nicht in Hinsicht auf Kampf und, ja, Gewalt. So weit ist das Setting einer sehr gewöhnlichen sexuellen Differenzierung vorhanden: Der Junge will kämpfen, die Mädchen wollen malen oder reden oder Pferde.

Überraschend fiel dann in einem Gespräch der Begriff des Testosterons. Überraschend, weil ein biologisches Faktum im ganzen Kontext queerer und diverser Ansichten fremdartig erscheint. Meine Freunde wollten den Kampfdrang ihres Sohnes auf der Basis des Testosterons, das bei den Mädchen weniger vorhanden sein muss, wenn nicht legitimieren, so aber doch erklären. Da sie nun nicht zu Repressionen neigen, unterstützen und fördern sie die testosteronende Kampffreude prinzipiell. Was aber bleibt dann noch übrig vom Hauptgedanken der Gender-Theorie, dass das Geschlecht als *sex* »immer schon« Geschlecht als Gender, als kulturelle Konstruktion, sei?

Zurück zu Butler. Was sagt sie eigentlich in jenem oben zitierten Gedanken? Der Körper oder Leib erscheint stets in sozialen oder historischen Situationen, es gibt schon einen Diskurs über ihn, wenn er auftaucht. Deshalb gibt es kein »vordiskursives« biologisches Geschlecht. Will sagen: Es gibt vor und außerhalb der Sprache keine Biologie. Das ist richtig. Ist aber auch korrekt, dass daraus folgt, dass jede Rede von einer biologischen Sexualität schon eigentlich eine Gender-Bedeutung verwendet?

In Bezug auf mein Beispiel würde das bedeuten, dass bereits die Aussage, der Junge würde aufgrund seines Testosterons zu Sport, insbesondere zu Kampfspielen, neigen, auf einer kulturellen Konstruktion basiert. Hier nun, lieber Leser und liebe Leserin, ist eine gewisse Haarspalterei wohl unausweichlich. Manchmal haben Argumente diese unangenehme Eigenschaft, sich bei kleinen Unterschieden aufzuhalten. Denn zu fragen ist nun, ob auch die Feststellung eines durch das Testosteron verursachten allgemeinen Bewegungsdrangs bereits eine kulturelle Konstruktion oder nur eine Beobachtung darstellt?

Natürlich trifft zu, dass eine solche Beobachtung ebenfalls einen bestimmten Diskurs voraussetzt, und zwar den der Theorie. Es war Foucault, der uns vielmals und gerade in Bezug auf die Sexualität zeigte, wie wenig neutral Wissenschaft funktioniert. Trotzdem scheint mir, dass die Beobachtung: Es gibt Testosteron, dieses sogenannte Hoden-Steroid, das bestimmte Wirkungen zeigt, aber noch keine soziale oder kulturelle Konstruktion enthält. Wenn ich beschreibe, dass eine der Wirkungen des Testosterons darin besteht, dem Körper einen gewissen Bewegungsdrang zu vermitteln, dann spielt dabei der gesellschaftliche Diskurs noch keine Rolle. Soziale und kulturelle Konstruktionen setzen vielmehr erst dort ein, wo diese Wirkung des Testosterons als ein Begehren nach Kampf interpretiert wird.

Insofern hat Butler völlig recht: »Die Rückkehr zur Biologie als Grundlage einer spezifischen weiblichen Sexualität oder Bedeutung widerspricht der feministischen Prämisse, daß die Biologie kein Schicksal ist.«[86] Das Testosteron ist kein Schicksal in dem Sinne, dass der Mann ein Kämpfer und Krieger sein muss, weil er nicht anders kann. Das bedeutet nicht, dass es gar kein wirkendes Testosteron gebe. Es bedeutet vielmehr, dass wir seine Wirkungen interpretieren und gestalten können. In diesem Sinne ist Butlers Theorie der mitunter kurzsichtigen Polemik einer J. K. Rowling meilenweit überlegen.

Sicher, die Schriftstellerin sagt nichts Absurdes: Körper bestehen aus Materie. Doch selbst daraus folgt noch keineswegs, dass sie einer unberührbaren vorsozialen und -kulturellen Natur zu gehorchen haben. Menschliche Körper gibt es heute nur als Objekte eines medizinisch-biologischen Dispositivs; das beginnt schon mit der Krankenversorgung und endet bei der Patientenverfügung. Auch der Wunsch, seinen Körper geschlechtsangleichenden Maßnahmen zu unterziehen, reflektiert die Bedingungen dieses Dispositivs. Ohne den Aufwand einer hoch entwickelten Technologie wäre diese Konstruktion der Materie unmöglich. Ohne die Macht des medizinisch-biologischen Dispositivs kein Geschlecht.

»Alle Politiker lügen«

Stellen wir uns vor, eine Regierung hätte die Möglichkeit, den vielleicht maroden Zustand des Staates und seiner Gesellschaft durch Lügen und Täuschen zu verbessern. Und diese Täuschung sei – bei Aufrechterhaltung der Presse- und Meinungsfreiheit – undurchschaubar. Wäre diese Regierung nicht geradezu verpflichtet, ihr Volk zu täuschen? Dürfte sie die Möglichkeit, ihm Gutes zu tun, sein Leiden zu lindern, ignorieren – aus moralischen Gründen?

Das könnte die Frage gewesen sein, die sich Hannah Arendt stellte, als sie betonte, dass »Lügen zum Handwerk nicht nur der Demagogen, sondern auch des Politikers und sogar des Staatsmannes« gehöre. Das sei ein »bemerkenswerter und beunruhigender Tatbestand«.[87] Keine Frage, dass die Philosophin an ein weitverbreitetes Urteil oder Vorurteil erinnert. Gerade in Deutschland scheint das Stereotyp des »Alle Politiker lügen« weitverbreitet zu sein; so weitverbreitet sogar, dass der wahrscheinlich mächtigste Politiker, der Deutschland jemals regierte, ja über es herrschte, beim Volk so erfolgreich war, weil er alles andere als Politiker sein wollte.

Das Thema ist alt. Es ist Sokrates, der in Platons großem Dialog über die beste Verfassung für die Stadt von einer edlen oder vornehmen Täuschung spricht, mit der man die Befehlenden oder sogar die ganze Stadt zu ihrem Vorteil überreden könnte.[88] Er denkt dabei an einen Mythos, eine Erzählung also, der und die den Zusammenhalt der Gesellschaft fördern könne. Und sind uns nicht auch gerade heute solche Erzählungen bekannt, mit denen gewisse

Politiker und Politikerinnen die Stimmung in ihren Ländern verbessern wollen, um so den persönlichen Einsatz des Einzelnen in der Gesellschaft anzuspornen? Was ist dagegen einzuwenden?

Diese nicht nur rhetorische, sondern darüber hinaus ästhetische Dimension des Politischen ist uns vertraut. Längst sind der Politiker und die Politikerin keine Figuren mehr, die es sich erlauben können, die Welt der Medien zu ignorieren. Bilder haben immense Bedeutung erlangt, und die Inszenierung bis in Modeaccessoires hinein ist womöglich wichtiger als politische Aussagen. Auch da sind Massenmedien mächtig: So scheinen Politiker inzwischen gezielt Dinge auszusprechen, die sie womöglich persönlich ablehnen, mit denen sie aber Anhänger und Anhängerinnen mobilisieren können. Als Donald Trump 2016 über das Leben der Stars sagte: »You can do anything … Grab 'em by the pussy. You can do anything.«, war der Aufschrei groß. Doch gerade die nicht unwahrscheinliche Scheinheiligkeit, die eben dieser Spruch offenlegte, verschaffte ihm Stimmen. Ob Trump persönlich wirklich so dachte, spielte dabei keine Rolle.

Vermutlich kann kein Politiker und keine Politikerin auf der Welt dieses virtuelle Element der Politik ignorieren. Selbst in Ländern wie China oder, mehr noch, Nordkorea ist die kontrollierte und kontrollierende Inszenierung unübersehbar. Gerade dort, in diesen mehr oder weniger sozialistischen Gesellschaften, in denen Gleichheit in allen Belangen verordnet wird, sind die Nachklänge von Maos Personenkult unüberhörbar. Was eine westliche Betrachterin befremdet, scheint in diesen Gesellschaften Stimmung zu machen. Wie kann ein Kim Jong-un beliebt sein oder verehrt werden? Das ist übrigens kein neues Phänomen: Im antiken Rom unter den Kaisern Augustus und Tiberius bekam das Volk *panem et circenses* (Brot und Spiele im Zirkus), um sich nicht allzu sehr mit Politik zu beschäftigen. In der Corona-Pandemie könnte die Fortsetzung der Spiele der Fußball-Bundesliga übrigens ganz ähnlich gewirkt haben.

Aber umso täuschungsbereiter die Politik schlechthin zu sein scheint, desto wichtiger könnte die Wahrheit werden. Arendt stellt fest, »daß man der Staatsräson jedes Prinzip und jede Tugend eher opfern« könne »als gerade Wahrheit und Wahrhaftigkeit«.[89] Das liegt auf der Hand. Indem sich die Politik im Element des Scheins und der Täuschung bewegt, wird die Wahrheit, die Anerkennung bestimmter Tatsachen, immer unverzichtbarer. Warum sonst haben totalitäre oder auch nur despotische Systeme so große Apparate erfunden, deren einzige Aufgabe es war, bestimmte Tatsachen aus der Welt zu schaffen? Aber auch in demokratischen Systemen etablieren sich Öffentlichkeiten, in denen zwar das Allermeiste sagbar bleibt, doch bestimmte Aussagen gesellschaftliche Konsequenzen nach sich ziehen. Wie in totalitären Systemen scheinen Männer und Frauen bereit zu sein, sich selbst zu canceln, wenn es dem großen Ganzen dient. Die Disziplinierungen in Ost und West sind verschieden, doch beide wirksam. Ausgesprochene Tatsachen sind politisches Dynamit.

»Tatsachen und Ereignisse, die unweigerlichen Ergebnisse menschlichen Zusammenlebens und -handelns«, seien nämlich »die eigentliche Beschaffenheit des Politischen«,[90] sagt Arendt. Wenn es schon fraglich ist, welches

Verhältnis die Politik zu diesen Tatsachen und Ereignissen hat, dann ist es vor allem die Aufgabe der Geschichtswissenschaft – und vielleicht überhaupt der Geschichten, die wir uns erzählen –, sie zu dokumentieren und so vor dem Vergessen zu schützen. Dass gerade die deutsche Gesellschaft und ihre leider manchmal zu offensichtlich verordnete Erinnerungskultur davon abhängig sind, braucht nicht eigens betont zu werden. Würde sich Auschwitz tatsächlich als Lüge erweisen, wie manche sich anscheinend wünschen, wäre das politische Selbstverständnis mindestens zweier Generationen nicht nur erschüttert, sondern zerstört.

Die Bedeutsamkeit der Erinnerung an tatsächliche Geschehnisse ist daher kaum zu überschätzen. Bei aller scheinbaren Inaktualität der Vergangenheit – und alle Tatsachen und Ereignisse gehören immer schon zu ihr – ist ihre eigentliche Gegenwart unübersehbar. »Daß Menschen Zeugnis ablegen«,[91] dient der notwendigen Vergegenwärtigung eines Vergangenen, aus dem wir lernen können, wer wir sind oder sein wollen. Vor allem fordert sie den Meinungsstreit heraus und strapaziert ihn. Die Tatsachenwahrheit ist deshalb »von Natur politisch«, weil sie mit politischen Meinungen kollidieren kann. Diese Kollision ist für das Politische unausweichlich.

»Tatsachenwahrheit« stelle »wie alle Wahrheit einen Gültigkeitsanspruch«, der »jede Debatte« ausschließe. Dabei mache »die Diskussion, der Austausch und Streit der Meinungen« »das eigentliche Wesen allen politischen Lebens aus«.[92] Das ist für Arendt eines der Hauptprobleme der politischen Sphäre. Nach ihr ist das eigentliche politische Vermögen nicht das Wissen, sondern das Meinen.

Zwischen der Wahrheit und der Politik gibt es eine unüberbrückbare Kluft, da die Wahrheit keine Möglichkeit zum Streit bietet. Eine Regierung, deren Politik sich nach Expertinnen richtet, ist problematisch, da sie letztlich aufhört, ein politisches Organ zu sein. Die Corona-Pandemie hatte so eine entpolitisierende Wirkung; Diskussionen, für die es keine Zeit mehr gab, wurden durch Verordnungen ersetzt.

Das ist es übrigens, was Arendt in *Vita activa* etwas grob den »Sieg des Animal laborans«[93] nennt. Er ist dadurch charakterisiert, dass »die Tatsache des Lebens absolut vorherrschend wurde«.[94] Für den modernen Menschen sei »das Leben der Güter höchstes«.[95] Nun übernimmt die »Gesellschaft in ihrem Endstadium«[96] die politische Sphäre vollkommen. Der Raum für kollidierende Meinungen ist abgeschafft, Sozialtechniker und Systemtheoretiker planen und steuern das gesellschaftliche Geschehen, in dem der Kampf ums Dasein verfahrenstechnisch normalisiert wird. Es ist ein durchaus bemerkenswerter Gedanke, dass es »Sozial-Politik« eigentlich gar nicht geben dürfte.

Der politische Raum ist für Arendt einer, in dem sich Meinungen auseinandersetzen. Doch Meinungen stoßen nicht nur auf andere Meinungen, sondern ebenso auf Tatsachen. Und Tatsachen – das ist eine überraschende Wendung – seien »genauso wenig evident wie Meinungen«.[97] Alles, was je geschah, »könnte auch anders sein, und dieser Kontingenz sind keine Grenzen gesetzt«.[98] Tatsachen, wie dass das »Dritte Reich« den Zweiten Weltkrieg verloren hat, gehorchen keiner Notwendigkeit. Es hätte auch anders kommen können. Nun wird niemand über diese Tatsache streiten. Doch Arendt nennt eine andere, über welche vielleicht immer noch gestritten werden könnte, nämlich »daß Frankreich unter die Sieger des Zweiten Weltkriegs zu rechnen«[99] sei. Frankreich zur Siegermacht zu erklären war eine politische Entscheidung, die die militärischen Tatsachen überging.

Die Politikerin, die sich moralisch davon distanziert, Frankreichs Rolle unter den Alliierten nicht zu interpretieren, die schlicht die Tatsache, dass Frankreich nicht zu den Siegern gehörte, bestätigt, hat ihre Aufgabe missverstanden. Die »Wahrhaftigkeit« sei »nie zu den politischen Tugenden gerechnet worden, weil sie in der Tat wenig zu dem eigentlich politischen Geschäft, der Veränderung der Welt und der Umstände, unter denen wir leben, beizutragen hat«.[100] Hätte Lenin die Oktoberrevolution gewagt, wenn er sich als ein tugendhaft handelndes Individuum verstanden hätte? Oder ist nicht gerade – anders gesehen – die Politik dort am schrecklichsten, wo man Wahrhaftigkeit auf ihre Fahnen schreibt? Jedenfalls war es nicht unklug, Frankreich zum Sieger zu erlügen.

Müssen wir also mit Arendt eine Politik der guten Täuschung befürworten? Hätte ich die Möglichkeit, zwischen einer notfalls auch zur kalkulierten Täuschung tendierenden und einer moralisierenden Politik zu entscheiden, würde ich die erste wählen. In der Realität wird sich die Alternative ohnehin niemals in Reinform darbieten. Arendt spricht übrigens wenig über das Verhältnis von Moral und Politik, obwohl oder vielleicht auch weil ihr gesamtes politisches Denken von bestimmten moralischen Grundentscheidungen begleitet wird. Doch in ihrem hier ausgelegten Aufsatz über *Wahrheit und Politik* zitiert sie an einer Stelle Dostojewskis *Brüder Karamasow*, die »berühmte Klosterszene«.[101] Dort fragt der Vater den Staretz, jenen von Aljoscha bewunderten Mann, wie er das ewige Leben erwerben könne: »›Die Hauptsache ist, belügen Sie sich nicht selbst.‹«, antwortet der Mönch.

Arendt übernimmt diese Maxime und kommentiert, »daß der Wahrheit mit dem Lügner besser gedient« sei »als mit dem Verlogenen, der auf seine eigenen Lügen hereingefallen ist«. Dann wäre das größte Problem der politischen Sphäre keineswegs eine Politik der Lüge, sondern eine der Verlogenheit. An diesem Punkt wird deutlich, dass Arendt das Lügen nicht deshalb ablehnt, weil es etwa unmoralisch wäre, Menschen zu täuschen. Vielmehr bleibt sie im Kontext der platonischen edlen und vornehmen Täuschung, wenn sie die Lüge als die bloße Kehrseite der Wahrheit betrachtet –, was sie ist. Arendt bezeichnet zwar allein die Lüge als »Verletzung der Welt«, doch sie könnte gewiss dasselbe von der Wahrheit sagen, wenn diese – wie im »Sieg des Animal laborans« oder auch in Form des Drohpotenzials einer »Hölle«[102] – in den politischen Raum der Welt einbricht und diesen erstarren lässt.

Es ist demnach klar, dass Arendt das Lügen als politisches Mittel ablehnt. Doch anders als bei der Lüge bleibt der Schaden der Verlogenheit eher im Verborgenen. Lügen können auffliegen, die Verlogenheit kennt unendliche Mittel der Mimikry, sie lässt sich kaum entschlüsseln. Wenn die »Veränderung der Welt« zu den Aufgaben der Politik gehört, dann ist die Verlogenheit, die sich um sich selbst dreht, ohne dass die Betrachter verstehen könnten warum und inwiefern, ihr größtes Hindernis. In einem gewissen Sinne ist die Verlogene eine, die den Unterschied zwischen Wahrheit und Lüge verwischt.

Arendt hat einmal zu bedenken gegeben, dass der »ideale Untertan eines totalitären Regimes nicht der überzeugte Nazi oder der überzeugte Kommunist« sei, »sondern das Individuum, für das es keinen Unterschied mehr zwischen Realität und Fiktion, zwischen wahr und falsch«[103] gebe. Es war eines ihrer Lebensthemen, diese Verlogenheit – Gleichgültigkeit gegen die Wahrheit als Problem – in der Politik zu erfassen. Von hier aus führt ein direkter Weg zur viel kritisierten, dennoch oder gerade deshalb bemerkenswerten Formulierung von der »Banalität des Bösen«. Dass der überzeugte Nazi oder der überzeugte Kommunist ein weniger idealer Untertan der totalen Herrschaft gewesen sei, kann nur dann stimmen, wenn sie noch etwas anderes ist als ein weltanschaulich begründetes Regime der Wahrheit (vgl. das Kapitel »Terror der Wahrheit«). Vielleicht kann es totale Herrschaft nur in dem Maße geben, in dem sie Freiräume für Verlogene schafft.

Alles in allem ist es für Arendt weder möglich, einer Politik der Lüge noch einer der Wahrheit zu folgen. Es gehe vielmehr darum, die Kluft zwischen den beiden offen zu halten: »Politisches Denken und Urteilen bewegt sich zwischen der Gefahr, Tatsächliches für notwendig und daher für unabänderbar zu halten, und der anderen, es zu leugnen und zu versuchen, es aus der Welt zu lügen.«[104] Meinung als politisches Mittel der Auseinandersetzung bleibt demnach flexibel dafür, Tatsachen zu wissen und sie dennoch nicht als *ultima ratio* zu fixieren. Meinung ist Offenheit fürs politisch Mögliche, für eine mögliche Politik, die Tatsachen anerkennt, indem sie sie deutet.

Die Zeugin

Am Anfang der europäischen Geistesgeschichte stehen zwei Gerichtsverhandlungen – und zwei Hinrichtungen. Sokrates und Jesus – der erste wird angeklagt, die Jugend verdorben zu haben und die athenischen Götter nicht zu beachten, der zweite soll sich zum »König der Juden« aufgeschwungen haben, um gegen die römische Besatzungsmacht zu rebellieren. Beide Anklagen entsprechen nicht der Wahrheit. Und doch wurden die Angeklagten zum Tod verurteilt.

Sokrates verteidigt sich gegen den Vorwurf, er habe auf dem Marktplatz gegen ein Honorar mit den jungen Männern geredet – ein Vorwurf, der im platonischen Kosmos, in dem der Philosoph ein Honorar für sein Denken verachtet, schwerwiegt. Sokrates macht darauf aufmerksam: Es sei offenbar und jeder wüsste, dass er kein Geld habe. Er betont, dass seine Ankläger es nicht geschafft haben, einen Zeugen aufzustellen, der ihren Vorwurf belegen könnte. Er aber habe einen »hinreichenden Zeugen für die Wahrheit« seiner Aussage, seine Armut.[105]

Jesus geht auf die Anklage ein, er sei ein König. Er sei in der Tat einer, »dazu geboren und dazu in die Welt gekommen«, für die »Wahrheit Zeugnis« abzulegen. Jeder, der »aus der Wahrheit« (Joh 18,37) stamme, höre auf seine Stimme, auf ihr Wort. Doch um welche Wahrheit geht es? Er selbst, Jesus, ist ja die Wahrheit (Joh 14,6). Die Wahrheit legt also für sich selbst Zeugnis ab. Jesus zeugt für sich selbst.

Sokrates und Jesus verwenden dasselbe griechische

Wort μαρτυρέω (*martyréō*) für Zeugen oder μαρτυρία (*martyría*) für Zeugnis. Der Zeuge ist demnach ursprünglich der Märtyrer. Der Märtyrer zeugt für das, was er glaubt oder denkt, mit seinem Leben. Jesus stirbt allen darin am Kreuz voran. Wenn Christen unter der römischen Verfolgung gezwungen wurden, ihrem Glauben abzuschwören, um den Kaiser als Gott anzuerkennen, sind sie für ihr Bekenntnis gestorben. So sehr aber Jesus' Beispiel Nachfolger gefunden hat, so einzigartig blieb das Zeugnis des Sokrates. Es scheint keine philosophischen Märtyrer zu geben, obwohl Denker und Denkerinnen zu allen Zeiten Einschränkungen wie Armut in Kauf genommen haben.

Wenn es Schlüsselfiguren der Wahrheit gäbe, dann wäre eine davon mit Sicherheit der Zeuge oder die Zeugin. Da gibt es nämlich nicht nur den Zeugen vor Gericht, sondern ebenso den Zeitzeugen. Während es beim ersten vor allem um die Feststellung einer möglichen Schuld geht, ist die Aufgabe des Zeitzeugen offener. Er ist eine wichtige Figur in der Entstehung von Geschichte überhaupt, in der Bildung eines historischen Gedächtnisses, und das meint immer auch einer historischen Identität.

Wenn es in der Strafprozessordnung (§ 57) heißt: »Vor der Vernehmung werden die Zeugen zur Wahrheit ermahnt ...«, dann kann man das wörtlich nehmen. Der juristische Zeuge wie auch der Zeitzeuge stehen in einem besonderen Verhältnis zur Wahrheit. Sie wird vorausgesetzt. Die Zeugin wäre keine, wenn sie sich nicht auf die Wahrheit beziehen würde. Dennoch wird dieser Bezug vor Gericht in einem performativen Sprechakt noch einmal genau festgestellt. So kann die Zeugin vereidigt werden, »mit oder ohne religiöse Beteuerung«. Da wird dann vom Richter gesagt (§ 64): »Sie schwören (bei Gott dem Allmächtigen und Allwissenden), dass Sie nach bestem Wissen die reine Wahrheit gesagt und nichts verschwiegen haben.« Worauf der Zeuge antwortet: »Ich schwöre es (so wahr mir Gott helfe).« Der performative Aspekt der Vereidigung besteht nicht nur in dem Schwur, dass man zu gegebener Zeit die Wahrheit sagen werde, sondern darin, dass schon der Schwur »wahr« sein muss. Denn es ist selbstverständlich möglich, dass der oder die Schwörende im Akt der Vereidigung – lügt. Diese Lüge ist ein Meineid, althochdeutsch ein falscher, frevelnder Eid.

Die Zeugin schwört öffentlich, die Wahrheit zu sagen. Es gibt Sprechakte wie das Schwören oder auch das Versprechen, die ohne Wahrheitsbezug nicht zu verstehen sind. Wer etwas schwört, etwas verspricht, beansprucht Wahrheit. Da berührt die Frage nach der Wahrheit die Moral. Sowohl die bezeugende als auch die versprechende Person müssen – wenn ihre Tätigkeit der Wahrheit entsprechen soll – *wahrhaftig* sein.[106] So wie ihre Aussagen mit der Wirklichkeit übereinstimmen müssen, müssen sie mit sich selbst, ihrem Gewissen, übereinstimmen. Die lügende Zeugin ist nicht nur ein Widerspruch in sich, sie ist eine besonders drastische Lügnerin.

Der historische Zeuge wird weder vereidigt, noch schwört er. Dennoch hat er eine Verantwortung. Er weiß, dass nur durch ihn echte Erinnerung an Vergangenes möglich ist. Wir brauchen die Zeitzeugen, um Geschichte zu haben. Gewiss gibt es Dokumente jeglicher Art (Gegenstände, Aufzeichnungen, Fotos, Filme etc.), die zur Geschichtsbildung beitragen, doch erst die Zeugnisse derer, die »dabei waren« und davon erzählen können, ja, die

117

erzählenden Zeugen und Zeuginnen selbst, ermöglichen ein lebendiges Verhältnis zur Geschichte.

Der Historiker Raul Hilberg, der bedeutende Texte zur Erforschung der Shoah geschrieben hat, fasst einmal in einem Aufsatz, in dem er die Methode seiner Arbeit durchleuchtet, die verschiedenen für die Historikerin wichtigen Zeugnisse zusammen. Da gebe es die »Zeugenaussagen in Rechtssachen oder vor Gericht«, die »Interviews bestimmter Personen«, die »Oral history« und die »Lebenserinnerungen«.[107] Unser Wissen von der Shoah ist auf diese vier Quellen, in denen es überall um das Zeugen und Bezeugen geht, angewiesen.

Das Beispiel für die hervorragende Wichtigkeit der Zeugen angesichts der Geschichte ist Claude Lanzmanns »monströser Film«[108] Shoah von 1985. Der Regisseur – Freund und mehr von Simone de Beauvoir und Jean-Paul Sartre – nennt seinen Film selbst so. Das ist er nicht nur deshalb, weil er neun Stunden lang ist, sondern weil er Dinge zeigt (monstrum kommt von monstrare, das heißt »zeigen«), die auf etwas verweisen, das zu schrecklich ist, als dass es selber gezeigt werden könnte. Dabei sieht Lanzmann davon ab, Originalaufnahmen von der Judenvernichtung (die ohnehin nicht existieren) zu präsentieren oder sie gar, wie László Nemes in seinem ebenfalls verstörende Film Son of Saul von 2015, zu inszenieren. Vielmehr reist er mit den Zeugen zu ehemaligen Orten der Vernichtung, um sie dort zu interviewen. Oder er spricht mit den an diesen Orten lebenden Menschen, die sich an die Geschehnisse erinnern und so ebenso zu Zeuginnen werden.

Dabei beschreibt Lanzmann in einem Interview eine

Erfahrung, die womöglich überhaupt zum Zeugen gehört, ohne die das Zeugnisablegen nicht verstanden werden kann. Das Gespräch mit dem Friseur Abraham Bomba aus Tel Aviv hat im Film ein besonderes Setting. Bomba schnitt in Treblinka, und zwar in der Gaskammer, jüdischen Frauen vor ihrer Vergasung das Haar ab. Lanzmann bat ihn, während des Gesprächs in einem Tel Aviver Friseursalon einem Freund das Haar zu schneiden. Da geschieht es, dass Bomba beginnt, sich selbst in Treblinka zu verkörpern. Bombas Körper erinnert sich seiner Bewegungen, seiner Gesten. Lanzmann nennt das eine »Inkarnation der Wahrheit«.[109]

Der Zeuge wird *gleichsam* für einen Moment der, der er damals gewesen ist, als sich ereignete, was er bezeugt. Das hat traumatische Züge, da der Körper wiederholt, was das ganze Leben bestimmt und, ja, zeichnet. So bricht Abraham Bomba nach einer Zeit in Tränen aus. Die Erinnerung daran, Frauen in der Gaskammer kurz vor ihrer Ermordung das Haar abgeschnitten zu haben, ist zu schmerzhaft. Lanzmann aber sucht in seinem Film genau diesen Moment, an dem erst die ganze Wahrheit zum Vorschein kommt, nämlich die, dass die Shoah ein unvergessliches Trauma, eine nie verheilende Wunde ist. Erst die fragile Wieder-holung des Verdrängten, des Leids, der Scham, wird zum Zeugnis.

Genau und doch auch anders als vor Gericht bezeugen die sich Erinnernden die Wahrheit nicht für sich selbst, sondern *für uns*. Wir brauchen die Zeugen, wie die Zeugen uns brauchen. Zuhören ist wichtig, es ist der Ort, an dem der Zeuge und die Zeugin existieren. Genau das ist es, was Lanzmanns Film zeigt, wobei der Regisseur keineswegs nur zuhört, sondern darüber hinaus die Befragten an den Punkt führt, an dem sie dem Unmöglichen jener erinnerten Wirklichkeit – seinem Schmerz – nicht mehr standhalten können: »Denn alles Empfinden ist ein Zeigen, aber alles Zeigen ist auch ein Empfinden.«[110] Was die Wahrheit und Wirklichkeit der Shoah ist, entzieht, verbirgt sich, wenn wir eine Art Moral von der Geschicht erwarten. Lediglich der Einblick in den Schmerz lässt uns erahnen, was geschah. Vernünftige Erklärungen gibt es nicht: »Die Wirklichkeit ist unverständlich, sie ist die wahrhaftige Gestalt des Unmöglichen.«[111] Im Film *Shoah* bezeugen Menschen, wie dieses Unmögliche in ihr Leben einbricht und es zerstört. Der Zeuge und die Zeugin der Shoah zeigen es uns. Das ist beinahe ein Widerspruch in sich. Die Shoah ist daher ein Ereignis, an dem selbst das Bezeugen und das Zeugnis fast unmöglich werden.[112]

Der Zeuge versetzt sich allerdings nicht wirklich in das Ereignis zurück. Das ist nicht nur deshalb nicht möglich, weil es noch keine Zeitreisen gibt, sondern weil die Vergangenheit sich immer in einem unauflöslichen Schatten befindet. Das beeinflusst die Zuverlässigkeit von Zeugen, ohne dass ihnen deshalb ein Vorwurf zu machen ist. Iwan Demjanjuk, ein Soldat der Roten Armee, wurde 1988 in Jerusalem zum Tode verurteilt, weil fünf Zeugen, fünf Überlebende aus Treblinka, ihn eindeutig als »Iwan den Schrecklichen« identifizierten. Dieser soll in Treblinka bei der Massenvernichtung der Juden schreckliche Verbrechen begangen haben. Das stellte sich als Irrtum heraus, so dass Demjanjuk 1993 freigesprochen wurde (er wurde aber später für eine andere Tätigkeit im Vernichtungslager Sobibor verurteilt). Zeugen können sich irren.

Manchmal erreicht der investigative Journalismus eine so hohe Qualität, dass er den Zeugen und dem Zeugnis zu ähneln beginnt. Jenseits der nicht unüblichen hypernarzisstischen Selbstinszenierung von Journalisten und Journalistinnen können hartnäckige Nachforschungen verborgene Verbrechen an den Tag bringen und Wahrheiten schaffen, die die Welt ein wenig gerechter machen. Anabel Hernández ist eine investigative Journalistin aus Mexiko, die seit Jahren in Europa lebt, um Anschlägen zu entgehen – von mexikanischen Drogenkartellen ebenso wie von der mexikanischen Regierung. Denn sie berichtet über die illegale Verstrickung eben dieser beiden Parteien im Drogenhandel.[113] Im Jahre 2000 wurde ihr Vater in Mexiko-Stadt entführt und ermordet. Es ist weniger der Bericht als die Nachforschung selbst, die zum Zeugnis wird: einem persönlichen Einsatz für die Wahrheit, in dem das eigene Leben aufs Spiel gesetzt wird.

Es ist nicht einfach, die Wirklichkeit korrekt wiederzugeben. Das liegt nicht nur daran, dass die Sprache sehr selten dem Reichtum der Nuancen des Wirklichen entsprechen kann. Es liegt mehr daran, dass die Präsenz eines Ereignisses einzigartig und unwiederholbar ist. Die Zeugin ist daher nicht nur ein Mensch, der Vergangenes berichtet. Sie gehört vielmehr selbst zu dieser Vergangenheit, ist Teil jener Wirklichkeit, die auch sie nicht mehr zum Leben erwecken kann. Doch wenn sie es versteht, die vergangene Präsenz zu vergegenwärtigen, sie zu »verkörpern«, wie Lanzmann sagt, dann wird das Zeugnis mehr als nur eine Wiedergabe der Wirklichkeit: Es wird zu einem Aufblitzen der Wahrheit.

Dieses Mehr ist das Kennzeichen des Zeugnisses. Von

ihm können wir lernen, dass Wahrheit mehr ist als die Wirklichkeit. Worin dieses Mehr besteht, ist nicht leicht zu sagen. Vielleicht verbirgt sich in jeder Wirklichkeit eine Wahrheit, die wir für gewöhnlich nicht zu erkennen vermögen. Doch wenn ein Ereignis bezeugt wird, schält sich die Wahrheit aus der Wirklichkeit heraus, hebt sich von ihr ab, geht für einen Augenblick über sie hinaus. Dafür steht der Zeuge ein, wenn nicht mit seinem Leben, so doch mit seiner Stimme.

Zuletzt: Sollten dann nicht der Philosoph und die Philosophin die ersten Zeugen der Wahrheit sein? Vielleicht. Doch dazu bedürfte es eines anderen Verhältnisses zur Philosophie. Für die Philosophie Zeugnis abzulegen würde gewiss nicht heißen, sie zu verherrlichen, sie gar als eine einzige Bezeugung der Wahrheit darzustellen. Ihre Zeugin sein hieße auch nicht, clevere Texte zu produzieren oder eitle Interviews zu geben. Sokrates, der – schlicht gesagt – uns allen ein Vorbild sein sollte, war nicht nur ein Philosoph, der überall dem stärksten Gedanken die Ehre gab, der womöglich sogar für ihn gestorben ist, sondern er war auch ein undurchschaubarer Ironiker. Er wusste, dass das Wahrheitszeugnis selten ist.

Gespräch über Wahrheit mit dem
Astrophysiker René Reifarth

René Reifarth = RR
Peter Trawny = PT

PT: Ich möchte Ihnen danken, dass Sie mir die Gelegenheit geben, mit Ihnen über das Problem der Wahrheit zu sprechen. Ich würde gern wissen, welche Rolle es in Ihrer Forschung als Astrophysiker spielt. Ich habe einen großen Respekt vor der Astrophysik, vor der Erforschung des Kosmos. In der Antike waren die Sterne ja auch für Philosophen sehr bedeutende Körper. Sie betrachteten sie allerdings als *göttlich*. Könnten Sie bitte zunächst einmal von Ihrer Forschung in allgemeinerer Hinsicht berichten?

RR: Der Bereich, in dem ich arbeite, ist die experimentelle Astrophysik. So heißt meine Fachrichtung und auch meine Professur. Wir beschäftigen uns damit, wie Dinge funktionieren, die wir am Nachthimmel irgendwo im Kosmos beobachten. Was könnten physikalische Erklärungen dafür sein, dass diese Dinge so funktionieren, wie sie funktionieren? Ein Beispiel ist die Sonne: Wir sehen die Sonne. Da gibt es eine Erfahrung, die wir schon als Kind machen, sobald wir das Fenster öffnen: Wir strecken unsere Hände aus, und es wird warm, die Sonne scheint irgendwie Energie, Licht zu produzieren. Das ist zunächst einmal die Beobachtung, und was wir jetzt versuchen, ist, zu erkunden oder eine Erklärung dafür zu finden, was im Inneren der Sonne passiert, so dass die Sonne diese Energie produzieren kann. Das ist die Grundfrage. Nicht nur bei der Sonne, sondern auch bei anderen Sternen, bei anderen Phänomenen versuchen wir, die zugrundeliegende Erklärung, die im Inneren der Sterne liegt, zu finden. Das versuchen wir – deswegen experimentelle Astrophysik – mit Experimenten auf der Erde zu überprüfen oder zum mindesten einmal die möglichen Ideen, die ein ganz weites Feld abdecken, durch Tests auf der Erde einzuschränken. Indem wir testen: Was passiert, wenn Protonen, die einen der Hauptbestandteile der Sonne ausmachen – die Sonne besteht zu 75 Prozent aus Protonen und den Elektronen dazu –, zusammenstoßen? Wie oft passiert da irgendetwas anderes, außer dass sie sich abstoßen wie Billardkugeln auf einem Billardtisch? Wie oft verschmelzen, fusionieren sie, wie häufig geschieht das? Passiert das alle paar Jahre mal, alle 10 000 Jahre, alle Milliarden Jahre? So etwas versuchen wir, als Funktion verschiedener Bedingungen nachzumessen. Man kann Protonen im Experiment ja verschieden schnell aufeinanderschießen. Auf diese Art und Weise können wir eine Idee davon bekommen, wie heiß es im Inneren der Sonne oder im Inneren von Alpha Centauri ist. Oder was im Inneren des Jupiters für ein Druck herrscht. Oder wie lange es dauert, bis der Jupiter oder der Mars seine Monde, die um ihn herumfliegen, zerlegt und die dann auf den Mars herunterbröseln. Solche Dinge wollen wir vorhersagen unter Anwendung von Modellen, die wir vorher getestet und an den vorhandenen Daten abgeglichen haben.

PT: Von der Sonne haben wir alle irgendeine Anschauung, wenn Sie aber – für den Laien – ganz wilde Phänomene im

Weltraum, sagen wir, Neutronensterne oder Schwarze Löcher untersuchen, auf welche Daten beziehen sie sich da eigentlich? Woher bekommen sie überhaupt Daten?

RR: Eigentlich ist es nicht anders als bei der Sonne, um eine schnelle Antwort zu geben. Bei der Sonne haben wir den Eindruck, dass wir so viel von ihr wissen oder dass wir so leicht an die Informationen herankommen, weil wir von Kindesbeinen an gewohnt sind, über die Sonne zu reden. Aber letzten Endes ist die Sonne 150 Millionen Kilometer entfernt; da ist noch kein Mensch hingeflogen. Wir waren noch nicht einmal auf einem anderen Planeten. Wir waren nur auf einem kleinen Mond, der nicht 150 Millionen Kilometer, sondern nur 400 000 Kilometer entfernt ist. Das ist das Weiteste, wo wir einen Menschen hingebracht haben. Das heißt: Wir schauen uns hier von unserer Erde aus die Sonne an. Wir versuchen, etwas darüber zu lernen. Wir forschen, wie schnell eine schwarze Fläche heiß wird, wenn ich sie in Richtung der Sonne halte. Dann haben wir eine Idee davon, wie viel Energie von der Sonne auf der schwarzen Fläche ankommt. Daraus können wir ableiten, wie viel Energie die Sonne, unter der Annahme, dass sie in alle Richtungen gleichzeitig abstrahlt, insgesamt produziert. Und genau das Gleiche können wir mit dem Neutronenstern machen. Wir schauen uns den Neutronenstern mit einem Teleskop an und schauen, wie schnell ändert sich, färbt sich die Photoplatte oder färbt sich der ccd-chip, wie viele Photonen sieht mein Fotoapparat pro Sekunde. Wenn wir jetzt die Entfernung wissen, können wir ausrechnen, wie viele Photonen da pro Sekunde produziert werden. Und schon weiß ich, wie hell der Neutronenstern ist, wenn ich in der gleichen Entfernung wäre. So geht das dann weiter, so hangelt man sich weiter. Daher kann man dann fragen, wie viel Energie produziert die Sonne und, na ja, wo kommt die überhaupt her? Wahrscheinlich wird heutzutage jeder Mensch, der einmal in der Schule war, sagen, die Sonne fusioniert Wasserstoff. Aber wenn sie einmal 120 Jahre zurückgehen, dann war das überhaupt nicht klar. Es war eine völlig offene Frage und konnte nur indirekt beantwortet, durch Messungen auf der Erde verständlich gemacht werden. Da fragte man: Könnte es sein, dass die Sonne so etwas macht wie wir in unserem Ofen? Der verbrennt ja Holz. Die Sonne besteht zum großen Teil aus Wasserstoff, vielleicht gibt es da auch Sauerstoff. Wasserstoff und Sauerstoff kann man verbrennen, das können wir auf der Erde auch machen. Sie kennen das sogenannte Knallgasexperiment. Könnte diese Energie ausreichen, um die Sonne, so lange wie die Erde schon besteht, mehrere Milliarden Jahre nämlich, mit Energie zu versorgen, mit dem Energiefluss, mit der Leistung, die wir jetzt sehen? Da heißt die Antwort: Nein. Die einzige Energiequelle, die wir auf der Erde gefunden haben, die das leisten kann – und das wissen wir noch nicht lange –, muss Kernfusion sein.

PT: »Das muss Kernfusion sein ...« Das heißt, dass wir sagen, es gibt Wasserstoff und Sauerstoff auf der Erde, und jetzt setzen wir einmal voraus, dass es das auch im Weltraum gibt. Damit beginnen Forschungen, die diese Idee dann bestätigen, weil es andersherum ja nicht möglich ist. Mit anderen Worten, wir suchen im Weltraum immer schon das, was wir kennen?

RR: Da muss man ein wenig aufpassen. Das ist in der Tat eine Gefahr, in der man sich als Wissenschaftler befindet. Wenn ich schon ein Bild habe und mir das nur noch bestätigen lasse, mache ich ein Fehler. Dann lässt man manchmal auch Hinweise weg, die zeigen, dass das Bild gar nicht stimmt. Man muss versuchen, seinen Kopf freizuhaben. Aber klar, das ist so, wenn ich mir ein Bild mache, wenn ich es testen will, dann denke ich, dass das überall so gilt wie bei uns. Das ist die nullte Näherung. Wir nehmen an, dass es auf dem Mond genauso aussieht wie bei uns, auf dem Mars auch. Dann muss ich genauer hinschauen und fragen: Ist das wirklich so? Danach mache ich dann Tests: Sehe ich Kohlenstoff wie auf anderen Sternen, sehe ich Wasserstoff? Doch, ja, die Antwort besagt, dass die allermeisten Sterne genauso wie unsere Sonne sind. Das sehen wir, wenn wir in den Weltraum schauen.

PT: Das ist dann das gute alte Wahrheitsverständnis, zu finden und zu sagen, was die Tatsachen sind. – Setzt das aber voraus, dass es keine kosmischen Extremereignisse wie eine Supernova geben kann, bei der man sagen müsste, dass wir davon überhaupt keine Vorstellung haben?

RR: Es ist in der Tat sehr oft so, dass man überhaupt keine Vorstellung von den Geschehnissen hat. Vor 150 Jahren hatten wir überhaupt keine Idee von dem, was in der Sonne passiert. Die einzige Erklärung, die die Menschen damals hatten, war, dass wir vielleicht den Abstand zur Sonne falsch gemessen haben. Wenn der Abstand viel kleiner ist, dann muss die Sonne für die gleiche Energie, die bei uns ankommt, viel weniger verbrennen – und dann wäre das auch okay gewesen. So ist es sicherlich auch heute: Wir haben da Phänomene am Himmel, für die wir noch keine gute Erklärung haben. Ein Beispiel: Wir detektieren Teilchen, winzige Teilchen, Atome, aus denen auch wir bestehen. Die kommen andauernd auf die Erde heruntergeprasselt. Viele kommen von der Sonne, andere woandersher. Wir fragen uns, wie schnell die sind, wie viel Energie die in sich haben. Und da gibt es Teilchen, die so viel Energie in sich haben wie Ihr Auto, wenn sie auf der Autobahn 100 Kilometer schnell fahren; ein einziges Teilchen wohlgemerkt, ihr ganzes Auto hat dann 10^{26}, 10^{27} davon. Diese Energie steckt in einem einzelnen Teilchen. Wir detektieren so ein Teilchen und haben bis jetzt noch keine wirklich gute Idee, wie diese Teilchen so verdammt energiereich werden, welcher Mechanismus dazu führt, dass die so viel Energie in sich haben. Und das ist nur *ein* Beispiel. Wir haben immer wieder Phänomene, für die wir vielleicht eine Idee haben. Die müssen wir dann prüfen. Werden die anderen Ergebnisse mit dieser Idee konform gehen oder nicht? Gibt es einen Widerspruch mit anderen Messungen? Wenn es einen gibt, dann müssen wir die Idee verwerfen.

PT: So funktioniert dann das Verhältnis von Theorie und Experiment.

RR: Ja, Experiment, Datenlage, Theorie, Idee – wie man es bezeichnen will. Wir müssen immer wieder überprüfen, ob die Idee, die wir haben, mit den Daten nicht im Widerspruch steht: Wir haben die Idee, dass die Sonne im Inneren Sauerstoff und Wasserstoff verbrennt. Ja, diese Idee ist möglich, die hatten die Leute vor 200 Jahren. Aber wir wissen inzwischen, dass die Erde mindestens vier Milliarden Jahre alt ist. Das kann man an Gesteinen feststellen. Wenn die Erde aber mindestens vier Milliarden Jahre alt ist, dann muss die Sonne auch so alt sein. Und hinzukommt, dass die Sonne 150 Millionen Kilometer weit weg ist. Man hat das durch Venus-Transits messen können. Und diese drei Dinge, die passen jetzt nicht mehr in *ein* Bild. Die Erde ist vier Milliarden Jahre alt, die Sonne ist 150 Millionen Kilometer entfernt, und die Energiequelle ist chemische Reaktion – die drei passen nicht zusammen, das führt in einen Widerspruch. Welche der drei Annahmen nun falsch ist, kann man *a priori* nicht sagen. Das muss geprüft werden. Und das geht jetzt in die Richtung unseres Themas »Wahrheit«. Welche der drei Annahmen ist denn nun wirklich falsch? Im Prinzip kann man nun jede einzelne testen. Da gibt es verschiedene Varianten. Nun stellt man fest, dass wir an den ersten beiden – Erde ist vier Milliarden Jahre alt, Sonne 150 Millionen Kilometer entfernt – nicht mehr viel drehen können, das ist fraglos so.

PT: Das heißt also, Hypothesen falsifizieren.

RR: Korrekt. Das erinnert mich an ein Missverständnis von Menschen, die nicht in der Wissenschaft arbeiten. Es handelt sich dabei auch um ein Kommunikationsproblem. Wenn Sie in die Schule gehen, dann lernen Sie meistens typischerweise die Newton'sche Mechanik. Sie hören etwas von Kräften. Wenn eine Kraft auf einen Körper wirkt, dann wird der Körper beschleunigt. Aber dieser Begriff »Kraft« ist eine Hilfsgröße, die wir uns schaffen, um zu beschreiben, was da passiert. Wir können uns auch irgendwelche Messeinrichtungen bauen, um zu beschreiben, was wir Kraft nennen. Aber dass da eine Kraft sein soll, das ist zunächst einfach nur ein Modell, um beschreiben zu können, was wir beobachten. Eigentlich können wir nur die Wirkung der Kraft beobachten. Wenn ich jetzt einen Körper fallen lasse, dann wird er zur Erde hin beschleunigt, oder die Erde bewegt sich unter dem Einfluss einer Kraft um die Sonne herum, und ich kann zeigen, dass es eine Kraft geben muss, weil die Erde sich auf einer Kreisbahn bewegt usw. Dass ich das Modell, den Begriff, »Kraft« einfüge, das ist eine Variante, um das vorher Genannte zu tun. Später kam Einstein, der hat vieles davon noch einmal ganz anders beschrieben, der hat zum Beispiel gesagt: Naja, eigentlich – zu diesem Kraftmodell gehört auch die Euklidische Geometrie, das, was man so kennt, der Satz des Pythagoras, $a^2 + b^2 = c^2$, oder die Winkelsumme im Dreieck ist 180 Grad, das ist eben eine gewisse Geometrie, die seit den Griechen auf die Ebene übertragen wird –, und Einstein sagt nun: Statt diese Euklidische Geometrie plus die Newton'sche Mechanik zu nehmen, die beide bei gewissen Grenzfällen Probleme machen, ziehe ich das Ganze von Anfang an anders auf. Einstein hat so eine Geometrie erlaubt, die nicht mehr euklidisch ist. Den Unterschied sieht man daran: Wenn ich drei Punkte in der Ebene nehme, dann ist die Winkelsumme zwischen den dreien 180 Grad, wenn ich aber diese drei Punkte auf die Oberfläche eines Globusses lege, und ich peile immer zum nächsten Punkt, die Punkte liegen aber auf dem Äquator, dann ist ja schon die Winkelsumme zwischen diesen Punkten 180 Grad. Wenn ich die drei Punkte also auf eine Kugel lege, dann ist die Innenwinkelsumme mehr als 180 Grad. Man kann aber auch etwas nehmen, wo sie kleiner ist. Einstein ist nun so weit gegangen, dass er, um die Bewegungen der Planeten um die Sonne zu erklären, mit dieser Geometrie das Konzept der Kraft nicht mehr braucht. Jetzt kann man fragen: Was ist denn die Wahrheit dahinter? Keine Ahnung. Wir beobachten nur, dass sich die Planeten um die Sonne bewegen, aber warum sie das tun, kann man nicht sagen. Wir nehmen daher ein Modell, um leichter vorhersagen zu können, was passieren würde, wenn wir den Planeten auf die halbe Strecke bringen, oder was passieren würde, wenn wir den Planeten ganz weit wegbringen.

PT: Das bedeutet, dass Sie doch vielmehr mit Rechnungen, mit Mathematik, mit Formalisierungen als mit Begriffen beschäftigt sind. Denn was sich der gewöhnliche Mensch unter Kraft vorstellt, kann doch in diesen Operationen kaum eine Rolle spielen?

RR: In der Tat ist es so, dass viele Begriffe, die wir im Alltag benutzen, in der Physik anders benutzt werden. Das liegt daran, dass wir in der Physik zunächst einmal einen Begriff sehr exakt festlegen müssen, bevor wir über das Problem reden können. Und typischerweise werden wir irgendeine Größe mit diesem Begriff belegen. Sobald wir das getan haben, stimmt nicht mehr jede Alltagsaussage mit der Aussage überein, die ich mit dem physikalischen Begriff machen kann. Kraft oder Leistung sind solche Begriffe, sie werden im Alltag auf Phänomene angewendet, die wir in der Physik nicht meinen. Ein ähnliches Problem gibt es mit dem Begriff der Wahrheit. Wenn ich von wahr und falsch spreche, dann ist das sehr exakt davon abhängig, was ich damit meine. Ich muss festlegen, was ich überhaupt wissen will.

PT: Würden Sie damit sagen, dass Wahrheit in sich ein vieldeutiger Begriff ist – oder würden Sie sagen, dass aufgrund der Exaktheit der Definition vor allem die Naturwissenschaft weiß, was Wahrheit ist?

RR: Bis zu einem gewissen Grad ist es mir egal, was Menschen und Gruppierungen jenseits der Wissenschaft vom Begriff der Wahrheit halten oder wie sie ihn verwenden. Die meisten umgangssprachlichen Interpretationen von Wahrheit sind in der Wissenschaft jedenfalls sinnlos.

PT: Bei dem, was Sie gerade gesagt haben, bei den Modellen oder auch bei Wahrheitstabellen, handelt es sich um Wahrheit im logischen Sinne, logische Wahrheit, die zwischen wahr und falsch unter- und entscheidet, selbst noch in der üblichen Anwendung von Fuzzylogik. Wenn es das nicht gäbe, würde doch die ganze Forschung, die ganze Erforschung des Weltalls, nicht funktionieren?

RR: Ohne Logik, logische Wahrheit, geht es gar nicht. Ich sage den Studierenden im ersten Semester immer wieder, was wir hier machen, ist: Stellen Sie sich vor, Sie gehen in den Garten, und da war eine Party. Sie sehen die Asche von einem Lagerfeuer. Nun wollen wir wissen, was genau die Leute an diesem Lagerfeuer gemacht haben. Und dann sehen Sie da geschmolzenes Glas im Lagerfeuer, und daraus können Sie schlussfolgern: die Temperatur des Lagerfeuers muss mindestens so hoch gewesen sein, dass Glas schmelzen kann. Danach sehen Sie irgendwelche Kupferoxyde, demnach wurde Kupfer hineingetan ... Wo und wie hangeln wir uns weiter? Das geht auch im Großen so: Wir nehmen an, und wir beobachten es ja auch am Himmel, dass, wenn sich Sterne bilden, sich auch die zugehörigen Planeten bilden. Der Stern und seine Planeten bilden sich aus dem Material, das vorher von anderen Sternen kam. Wenn wir uns also heute anschauen, woraus wir bestehen, woraus die Erde besteht, dann können wir wissen, und wir wissen es auch, dass das irgendwann einmal von Sternen kam, die heute schon gar nicht mehr als Stern existieren.

PT: Sie erinnern an den Satz »We are made of star-stuff.« von Carl Sagan.[114] – Wichtig ist, dass bei all dem, was Sie beschreiben, auch so Sachen vorausgesetzt werden wie Kausalität.

RR: Absolut.

PT: Kausalität ist nun auch die Erklärung dafür, dass in der Astrophysik nicht nur Vorhersagen gemacht werden, sondern dass sie auch immer weiter zurückgehen kann, bis zur Hypothese des sogenannten Big Bang. Ist der konstitutiv für die Astrophysik? Oder brauchen Sie den eigentlich nicht?

RR: Es kommt darauf an, welche Fragen Sie stellen, wie weit Sie zurückgehen wollen. Diese Idee des Big Bang klingt so dramatisch, dabei kommt einem die aber gewissermaßen auch ganz natürlich. Der Hintergrund ist folgender: Edwin Hubble und sein Team haben entdeckt – ich benutze jetzt einmal absichtlich eine Interpretation, die im Rahmen der ART (Allgemeinen Relativitätstheorie) nicht mehr so beschrieben wird: Je weiter ich in die Ferne schaue, desto schneller bewegen sich alle Objekte von uns weg. Das kann man beobachten. Wenn ich morgen schaue, sind die wieder ein bisschen weiter weg. Wie war es aber gestern? Waren die da näher? Und vorgestern? Und jetzt kann ich einfach so weit zurückrechnen, bis die bei mir sind. Und sie haben sogar noch etwas mehr gesehen. Sie haben gesehen, dass es eine Linearität gibt. Bei doppeltem Abstand bewegen sich die Gegenstände auch doppelt so schnell von uns weg. Das erinnert an einen Hefeteig mit Rosinen, der auseinandergeht. Wenn die Rosinen am Anfang einen kleinen Abstand hatten, dann müssen die jetzt hier sein, und wenn die am Anfang schon einen großen Abstand hatten, muss ich die doppelte Strecke weit laufen, will besagen, dieser homogen aufgehende Hefeteig mit Rosinen ist exakt das, was wir als Weltall sehen. Na, und jetzt schauen wir halt so weit zurück, bis der Abstand null ist, dann sind Sie beim Big Bang.

PT: Ich habe die Frage nach dem Big Bang gestellt, weil sie mit Carl Sagan an die Frage erinnert haben: Woher kommen wir? Woher kommt der Kohlenstoff, der Wasserstoff? Alles kommt irgendwoher. Das erinnert einen an die Aristotelische Grundüberlegung: Ich gehe – wie bei Hubble – immer weiter zurück. Ich kann aber nach Aristoteles nicht unendlich zurückgehen, weil ich da zu nichts käme. Das gibt es für den griechischen Philosophen nicht. Daher komme ich auf irgendein Erstes und Letztes. Das ist dann das, was Aristoteles den »unbewegten Beweger« nennt. Der fungiert als der erste Anstoß einer Bewegung. Den nennen wir jetzt Big Bang. Da kann ich fragen: Wie gehen Sie damit um, dass man an dieser Stelle immer noch weiterfragen könnte, was hinter dem Big Bang steckt? Da wären wir vielleicht bei einer Wahrheit, die über den logischen Wahrheitsbegriff, über den wir gerade gesprochen haben, hinausgeht.

RR: Ich würde zunächst eine andere Überlegung voranstellen, die vielleicht zeigt, warum dieser Big Bang eine solche Sonderstellung hat. Wenn man 1000 Jahre zurückgeht oder meinetwegen auch zu den Griechen – da hatten die Menschen einfach noch nicht die Möglichkeit, hatten nicht die Daten, sich zu überlegen, was war denn vor einer Million, einer Milliarden Jahre? Da hatten sie weder die Ideen dazu, noch hatten sie die Möglichkeiten, ihre Ideen zu überprüfen. Was sie annehmen konnten, war: Es ist immer alles konstant. Das war die nullte Näherung. In gewisser Weise sind wir aber heute doch einen ganzen Schritt weiter, denn wir haben verstanden, dass sich auf der Erde im Verlaufe der Milliarden Jahre die Kontinente bewegen, dass bei weitem nicht alles konstant ist. Nur die 100 Jahre, die wir einzelnen Menschen so leben, die sind relativ konstant, obwohl wir jetzt die Temperatur hochgehen sehen. Also: Wir verstehen schon sehr viel mehr von den letzten 10 000 Jahren, als die Griechen verstanden haben, wir verstehen viel mehr von den letzten paar Milliarden Jahren.

PT: Das heißt, dass wir keinen Grund haben, von einer absoluten Grenze des Wissens zu sprechen.

RR: Das würde ich so sagen, und, ich glaube, viele würden es unterschreiben. Das ist schon so, dass unsere aktuelle Physik beim Big Bang endet, dass wir nicht wissen, welche physikalischen Gesetze da herrschen, wir brauchen andere Modelle. Daher kann man da auch sehr viel spekulieren: Davor war der liebe Gott, davor war das liebe Großmütterchen. Auch in der Physik gibt es einige Ideen für das, was davor war, wenn Sie Stephen Hawking lesen, da gibt es auch inzwischen eine kurze Geschichte von vor der Zeit (lacht), von vor dem Big Bang oder so. Ernsthaft: Es gibt Ideen, aber wir haben noch keine Variante gesehen, um zu sagen, dass eine die beste ist, weil sie besser zu den Beobachtungen passt als andere Ideen. Das ist unser Problem im Moment.

PT: Da würden Sie nicht diesen Schritt machen, den ihr Kollege Heino Falcke macht, der auch in Interviews, die auf YouTube zu sehen sind, davon spricht, dass Physik und Theologie vereinbar sind, sich nicht widersprechen?[115] Sie würden da keinen anderen Wahrheitsbegriff einführen, sondern beim naturwissenschaftlichen, logischen bleiben?

RR: Ja. Ich bin nicht sicher, ob das stimmt, aber einer der größten Unterschiede zwischen Wissenschaft und Religion ist, dass Wissenschaft irgendwelche Modelle, Wahrheit, oder wie man das auch immer nennt, hat, wenn ich aber einen Datensatz finde, der zu dieser Idee nicht mehr passt, dann wird sie verworfen, dann wird sie erweitert, verändert, angepasst. Nichts ist für immer gültig. Etwas mag zwar im Moment gültig sein. So gab es einmal Wissenschaftler, die der Meinung waren, dass die Erde nur ein paar tausend Jahre alt war. Das stimmte mit der Religion überein. Doch dann haben wir gemerkt, dass das nicht zu gewissen Steinen, die wir finden, passt. Diese Steine müssen älter sein, also muss auch die Erde älter sein. Dann geht halt die Wissenschaft weiter. Wir müssen uns der neuen Situation anpassen, die alte Erklärung hat so nicht gestimmt. Das waren Annahmen, die wir nicht beweisen konnten, jetzt sind neue Daten da, jetzt wissen wir, die Erde ist ein paar Milliarden Jahre alt. Und diesen Punkt, diese Flexibilität, die haben typischerweise die Religionen nicht. Sie passen sich an neues Wissen nicht an.

PT: Ich verstehe. Klar, man kann sich fragen, welchen Grund wir haben, diese Methodik, die sie gerade beschrieben haben, als ganze über Bord zu werfen, um an diesem Punkt die Religion beginnen zu lassen. Warum bringen wir da eine Macht – eine Wahrheit – ins Spiel, für die die Naturgesetze nicht mehr gelten, die sich gewissermaßen völlig außerhalb solcher Modelle, außerhalb jeglichen Wissens, das wir haben, bewegt? Ich verstehe durchaus, dass man das nicht mitmachen möchte. Ich greife aber noch einmal das Bild von der Grenze auf: Sie sagen zu Recht, dass wir die Grenze des Wissens immer weiter vor- oder zurückschieben, eines Tages werden wir weiter als bis zum Big Bang zurückdenken können. Aber der religiöse Mensch könnte dann sagen, dass es dennoch immer eine Grenze des Wissens geben wird, selbst wenn unser Wissen immer wachsen wird.

RR: Absolut richtig. Das bedeutet aber nicht, dass wir Gott brauchen und, noch mehr, dass er jenseits dieser Grenze mit Notwendigkeit existiert. Sie können Gott zwar immer ins Spiel bringen. Wir können seine mögliche Anwesenheit nicht widerlegen. Aber alles, was wir überprüfen und nachmessen können, lässt sich wunderbar auch ohne Gott erklären. Gott ist demnach eine überflüssige Hypothese, die wir im Namen von Ockhams Rasiermesser durchstreichen können.

PT: Man könnte hier also unterscheiden: Von der Astrophysik her gibt es keinen Anlass, hinter unserer Grenze des Wissens Gott zu vermuten. Und die, die das tun, machen das doch auch aus sehr menschlichen Gründen, weil sie es nicht aushalten, ohne eine sie liebende übermenschliche Macht leben zu müssen. Tun diese Menschen auf ihre Weise nicht genau das, was die Wissenschaft auch macht, nämlich in einer rein menschlichen Perspektive zu verbleiben? So wie der Big Bang ein menschliches Modell ist, ist doch Gott ebenso nach dem Antlitz des Menschen geschaffen?

RR: Genau. Das ist doch das Problem. Wenn ich die menschliche Perspektive verlasse und mir einer die Sicht auf die Grenze von jenseits der Grenze erklärte, dann wäre das doch wieder eine menschliche Perspektive. Wenn ich von einer Perspektive von jenseits der Grenze spreche, dann ist das aporetisch, denn entweder weiß ich nicht, was das ist, oder ich weiß es, doch dann verbietet es sich, vom Jenseits zu sprechen.

PT: In einer gewissen Hinsicht finden wir diese Anordnung schon in Platons Höhlengleichnis. Gibt es eine Befreiung aus der absoluten Täuschung, in der wir Höhlenbewohner leben? Denn für Platon gibt es innerhalb der Höhle keine wahre Erkenntnis. Die Frage enthält ein Problem: Wenn ich in einer absoluten Täuschung lebe, dann ist es unmöglich für mich, sie als eine solche zu durchschauen. Durchschaue ich sie aber, weil es eine Wahrheit jenseits dieser Täuschung gibt, dann ist die Wahrheit doch hier in der Höhle bei mir, und von der Täuschung kann keine Rede mehr sein.

RR: Ja, so ist es, das geht in die gleiche Richtung, wie danach zu fragen, ob es da noch eine Erklärung von außerhalb, jenseits von dem gibt, das wir sehen können. Es ist eigentlich gleichgültig, eben weil die Erklärung das Jenseits in ein Diesseits verwandelt. Wenn ich mir aber die Frage stelle, was denn wichtig für mein Leben ist, dafür, dass wir das Klimaproblem lösen, dafür, dass ich einen schnellen Zug bauen kann, dass ich in einer Welt lebe, die mit der vor 10 000 Jahren, wo ich noch in der Höhle saß, unvergleichbar ist, da ist es mir völlig egal, ob es da noch einen Gott gibt, der versteht, was wir noch nicht verstehen. Wir müssen hier und jetzt verstehen, was wir sehen, und wenn wir diesen Pragmatismus anwenden, dann brauche ich nichts mehr.

Professor Dr. René Reifarth leitet die Arbeitsgruppe Experimentelle Astrophysik am Institut für Angewandte Physik des Fachbereichs Physik der Goethe Universität Frankfurt am Main.

Was Tatsache ist, ist keine Tatsache –
Teil 3. Perspektive und Affekt

Es ist wahrscheinlich eine dieser unbeantwortbaren philosophischen Fragen, ob es erst eine Tatsache gibt und dann eine Deutung oder ob beide eine Einheit bilden, demnach nicht scharf voneinander zu trennen sind. Jedenfalls sprechen Tatsachen niemals nur für sich ... Doch warum eigentlich? Warum gibt es keine absolute Tatsache, die für alle Menschen dieselbe ist und dasselbe bedeutet? Die Antwort können wir bei vielen Philosophen und Philosophinnen finden, bei Nietzsche, bei Heidegger und auch bei Hannah Arendt. Ich bleibe beim Erstgenannten.

Ein Beispiel: Ich erhalte die Diagnose einer schweren Erkrankung. Das ist eine lebensentscheidende Tatsache, an der sich besonders zeigt, wie wenig wir in der Lage sind, Tatsachen zu leugnen. Die Diagnose, die übrigens selbst und in einem gewissen Rahmen eine Interpretation ist, ist unausweichlich; ich kann sie nicht negieren, höchstens verdrängen. Doch auch das Verdrängte bleibt und wird sich früher oder später wieder bemerkbar machen. Aber selbst diese scheinbar besonders eindeutige Tatsache gibt es nicht ohne Deutung.

Zunächst einmal gehört zu ihr, dass einzig und allein ich von dieser Tatsache betroffen bin. Gewiss könnten mir nahestehende Personen sehr an ihr interessiert sein und eine emotionale Reaktion zeigen. Doch ein Spezifikum dieser Reaktion besteht gerade darin, dass einzig und allein ich der unmittelbar Leidende bin. Das ist so, weil zur Tatsache eine *Perspektive* gehört. Der Bezug zu einer Krankheit – und vielmehr noch zum Tod, einer sehr eigentümlichen Tatsache, vielleicht der einzigen, von der niemand berichten kann und die immer in der Zukunft liegt – ist ein einzigartiger, weil sie nur mich als Einzigen tatsächlich angeht. Er macht sich daher in einem bestimmten *Affekt* bemerkbar.

Nietzsche hat deshalb »anstelle der ›Erkenntnißtheorie‹ eine *Perspektiven-Lehre der Affekte*«[116] auszuarbeiten versucht. Tatsachen begegnen wir immer aus einer spezifischen Perspektive. Diese braucht durchaus nicht nur subjektiv oder persönlich zu sein. Wie ich eine Tatsache sehe und dann deute, kann in vielerlei Hinsichten von kollektiven Gesichtspunkten abhängig oder beeinflusst sein. Das geschieht vermutlich viel häufiger, als wir denken. Zudem sind die Perspektiven von bestimmten Affekten oder Emotionen oder Stimmungen berührt. Es kann auch sein, dass die Tatsache selbst Affekte, Emotionen oder Stimmungen auslöst. Weil diese Perspektivik zu meinem ganzen Leben gehört, kann Nietzsche von einem »perspektivischen Charakter des Daseins«[117] sprechen.

Das lässt sich an weiteren Beispielen belegen. Es ist eine historische Tatsache, dass ein gewisser Jesus von Nazareth, ein jüdischer Wanderprediger oder Weisheitslehrer, während der Statthalterschaft des Pontius Pilatus in Jerusalem hingerichtet, und zwar gekreuzigt, wurde. Es ist ebenso eine historische Tatsache, dass in der Zeit des sogenannten »Dritten Reichs« zwischen 1933 und 1945 in Deutschland ungefähr sechs Millionen Juden und Jüdinnen in Konzentrations- und Vernichtungslagern ermordet worden sind. Die Juden nennen dieses Ereignis Shoah, die Nicht-Juden Holocaust.

Was die Kreuzigung jenes Wanderpredigers betrifft, so habe ich von ihr gesprochen wie eine Historikerin, ein Wissenschaftler. Für sie und ihn ist Jesus von Nazareth eine schwer greifbare Figur der Geschichte, weil außerhalb der christlichen Texte kaum etwas von ihm berichtet wird. Vielmehr, als dass er Christus genannt und gekreuzigt wurde, gibt es nicht zu wissen. Für einen Christen und eine Christin haben diese Daten eine ganz andere Bedeutung. Jesus von Nazareth *ist* Jesus Christus, der gekreuzigte und auferstandene Sohn Gottes. Beide haben auf dieselbe Tatsache eine unterschiedliche Perspektive, die jeweils von verschiedenen Affekten bestimmt wird.

Für den Historiker wie für die Gläubige befindet sich Jesus in dieser Spannung, ein offenbar besonderer Mann und / oder Gottes Sohn zu sein. Das eine wie das andere ist die Interpretation einer Tatsache, kein bloßer Mythos und keine bloße Fiktion übrigens (wie Mickey Mouse). Die Tatsache »Jesus« wird also je nach kulturellen und sozio-kulturellen Perspektiven unterschiedlich interpretiert. Für einen Muslim ist Jesus von Nazareth ein Prophet, für eine Jüdin vielleicht ebenso. Für einen Atheisten oder eine Historikerin ist er ein hingerichteter Wanderprediger. Für einen japanischen Shintoisten ist er womöglich bedeutungslos.

Die Shoah ist für das Judentum der Welt ein zentrales Ereignis seiner Geschichte. Sho'ah. Das Wort kommt in der folgenden Sentenz des Alten Testaments oder des Tanachs vor: »Und was wollt ihr tun am Tag der Heimsuchung und beim Sturm, der von weither kommt?« (Jes. 10,3) Diese Heimsuchung und dieser Sturm sind mehr als nur ein Trauma, das Deutsche diesen Menschen angetan haben. Die Gründung des Staates Israel ist ohne sie, diese Heimsuchung, nicht zu verstehen. Jüdische Identität, ob säkular oder orthodox, gibt es daher auch heute noch nicht ohne die Shoah. Ebenso ist sie für Deutsche immer noch ein tiefer Einschnitt in ihre Geschichte.

Für Nicht-Juden (und Nicht-Deutsche) ist die Shoah, dieser Massenmord an sechs Millionen Menschen, etwas anderes. Für Chinesen ist sie ein fernes Ereignis der europäischen Geschichte. In einem Land, in dem die »Große Proletarische Kulturrevolution« (Mao Zedong) selbst Millionen von Menschen den Tod brachte, ist die Shoah kein Unheil, sondern »nur« ein Massenmord unter vielen. Ihr Einfluss auf die deutsche Identität meiner Generation dürfte für eine Chinesin derselben Generation eher unverständlich sein, so wie mir die Bedeutung des Tian'anmen-Massakers von 1989 zuletzt abstrakt bleiben wird.

Schließlich könnte ich noch fragen, ob nicht natürliche Objekte wie Berge oder Stürme Tatsachen sind, die ohne Interpretationen wahrgenommen werden.[118] Es hat den Anschein, dass wir alle einen Berg als den Berg sehen, der er tatsächlich ist. Wie steht es aber mit dem Berg und Vulkan Fuji in Japan? Kann ich ihn wie eine Japanerin sehen? Haben wir alle dasselbe Verhältnis zu dem Hurricane Katrina, der 2005 New Orleans verwüstete? Weder über den Fuji noch über Katrina können wir ohne Interpretation sprechen. Das gilt für alle natürlichen Gegenstände, die immer in einer bestimmten Umwelt oder Umgebung wahrgenommen werden – und wenn diese Umgebung ein Chemielabor ist. Man kann zwar durchaus sagen, dass die naturwissenschaftliche Perspektive zu einem enormen Maß von Reduktion und Abstraktion fähig ist. Der Geologe vermag vielleicht im Fuji eine Anhäufung verschiedener Gesteinsarten zu erkennen. Doch dann gehört gerade diese Perspektive und ihre Interpretation zu seinem Metier. Von ihr zu behaupten, sie sei die einzig mögliche oder wahre, ist Unsinn.

Überall bestimmen Perspektive und Affekt die Interpretation der Tatsachen.

Ich meine aber...

Meinung – das Wort scheint es mit seiner Bedeutung ganz genau zu nehmen, denn die Meinung dürfte immer »meine« sein. »Meiner Meinung nach ist COVID-19 nur eine Erfindung, dazu gemacht, uns auf die kommende Diktatur einzustimmen.« Die Meinung hat diesen Fokus auf die Meinenden. Daher ist es manchmal sogar schwierig herauszufinden, ob es mehr darum geht, dass jemand eine eigene Meinung haben möchte oder dass er mit seiner Meinung zu einer Diskussion beitragen will.

Während die Meinung diesen persönlichen Bezug schon im Wort mitnennt, ist das Wissen von solchen Beschränkungen – denn es ist eine Beschränkung auf mich selbst, wenn ich das Meinige besonders betone – ganz frei. Die Gegenstände des Wissens haben nichts an sich, das nur auf mich und mein Denken verweise. Selbst wenn ich etwas weiß, was noch niemand weiß, ist es doch möglich, dass alle es wissen können. Daher hat die Wissenschaft das fragwürdige Pathos, stets unpersönliche Resultate hervorbringen zu wollen; als wären die Wissenschaftler lediglich spezialisierte Maschinen. Der Nobelpreis für Physik oder Chemie spricht eine andere Sprache, weil er doch bestimmte Individuen ehrt. Dennoch bleibt richtig, dass die Leistung einer Nobelpreisträgerin in der Biologie keine Meinung darstellt, sondern ein Wissen, das prinzipiell jedem Menschen zugänglich ist.

Nun geht es in Diskussionen jedweder Art um Meinungen, die geäußert werden, um zu überzeugen. Warum ist das so? Weil es beim Wissen nur dann Diskussionen gibt, wenn das Gewusste zu interpretieren ist. Eine Gleichung wie 2 × 2 = 4 dagegen lässt ebenso wenig Raum zur Diskussion, wie die von 2 × 2 = 5. Dass der Sturm auf die Bastille am 14. Juli 1789 stattgefunden hat, kann so wenig bestritten werden, wie dass das letzte selbst veröffentlichte Album der Beatles *Let It Be* heißt. Wenn ich aber meine, dass Paul Celan der letzte Dichter ist, der es verdient hat, ernst genommen zu werden, dann kann das nur diskutiert werden; und ich muss bereit sein, mich vom Gegenteil überzeugen zu lassen. Denn wozu sollte ich diese meine Meinung sonst diskutieren wollen?

Hier scheint sich aber ein Problem anzukündigen. Wenn Meinung kein Wissen ist und auch keines werden kann, wie kann dann eine Diskussion überhaupt ein Ende finden? Und wenn ich in einer Diskussion einer bin, der über ein in der Diskussion besprochenes Wissen verfügt, wie kann ich dann überhaupt diskutieren? Im ersten Fall fände die Diskussion kein Ende, im zweiten wäre sie abrupt vorbei, ja sie bräuchte eigentlich gar nicht erst beginnen.

Platon ist der erste Philosoph, der sich dem Problem ausführlicher gewidmet hat. Vorher hatte bereits ein gewisser Parmenides dafür argumentiert, dass es Wissen nur von einem sich in jeder Hinsicht nicht verändernden Seienden geben könne; alles, was sich irgendwie wandelt, was in dieser Hinsicht Nicht-Seiendes genannt wird, könne nur Gegenstand einer flüchtigen Meinung sein.[119] Darauf hörte Platon, als er in seinem großen Dialog über die beste Verfassung der Stadt Meinung von Wissen und Unkenntnis unterschied.[120] Meinung gibt es da von den sich verändernden Gegenständen. Ich mag einen jungen Mann ungeheuerlich schön, ihn aber als Greis abstoßend finden. Um jedoch diese Meinung überhaupt haben zu können, muss ich im Vorhinein das Schöne selbst kennen oder wissen, seine Idee. Diese aber verändert sich nicht, bleibt immer mit sich selbst identisch. Davon trennt Platon nun noch etwas Drittes ab, nämlich das Verhältnis zu dem, was schlechthin verborgen bleibt. Davon kann es nur ein Nicht-Wissen geben.

Für Platon und seinen Lehrer Sokrates ist nun klar, dass das Wissen das eigentliche Vermögen der Philosophen ist. Die Vielen, will heißen, die gewöhnlichen Leute wollen schöne Sachen bestaunen, sie wohl auch besitzen und verbrauchen. Sie halten sich bei Meinungen auf. Die Philosophen aber lieben das Wissen selbst. Die einen nennt Sokrates daher Meinungs-, die anderen Weisheitsliebende. Er führt diesen Unterschied deshalb ein, weil er in einem nächsten Schritt den verdutzten Gesprächspartnern erklärt, dass allein deshalb, weil die Philosophen das Wissen selbst lieben, sie auch die Könige der Stadt werden müssen; ein geradezu verhängnisvoller Gedanke, der in der Geschichte der Philosophie seltsame Blüten getrieben hat.

Einmal abgesehen von der Königsrolle der Philosophen: Für Sokrates gibt es eine Politik der Wahrheit und des Wissens. Ja, überhaupt kann es ohne Wissen und Wahrheit gar keine Politik geben. Und warum auch nicht? Wenn es in der politischen Sphäre um die Verwirklichung der Gerechtigkeit geht *und* es ein Wissen von ihr gibt, dann ist die die beste Politikerin, die über dieses Wissen verfügt. Das ist für Sokrates der Philosoph, der König der Stadt. Dass er selbst diesem Titel keineswegs entsprochen hat, hat er ohne Zweifel gewusst.

Zwei Jahrtausende und zwei totalitäre Herrschaftssysteme später bezieht sich Hannah Arendt auf eben jenen Sokrates, um ihn ganz anders zu deuten. Für sie war es nicht der wirkliche Sokrates, der die Philosophen krönen wollte, sondern Platon, den die Athener enttäuscht hatten, als sie seinen Lehrer hinrichteten. Sokrates, so meint Arendt, ist eigentlich ein anderer Philosoph, einer, der die Meinung keineswegs disqualifizierte, sondern gegen das Wissen stärkte. Meinte Sokrates nicht sogar, er wüsste, dass er nichts wüsste?

Arendt erkannte durchaus die Wichtigkeit des Dialogs über die beste Verfassung der Stadt an, doch sie favorisierte frühere Texte, in denen sich Sokrates nicht zum König, sondern zu einem hässlichen Insekt machte, das die Stadt aufstörte wie die Bremse das Pferd.[121] Damit konnte sich die Denkerin, die selbst die Position des Parias, der Außenseiterin, des Randständigen so oft als eigentlich philosophischen Ort bezeichnet hat, identifizieren. *Dieser* Sokrates, dachte Arendt, hatte die Meinung über das Wissen gestellt.

Denn, so Arendt, es gehöre »nicht Wahrheit, wohl aber Meinung zu den unerläßlichen Voraussetzungen aller politischen Macht«.[122] Und so zitiert sie einen der amerikanischen Gründerväter, James Madison, mit dem Satz: »Jede Regierung beruht auf Meinung.« Anders als für Platon ist für Arendt die sich schnell und oft verändernde Welt der einzige Bereich, in dem politische Entscheidungen getroffen werden können. Diesem Fluss der Ereignisse könne nur das Meinen entsprechen. Zudem war sich Arendt bewusst, dass Meinungen dazu neigen, sich voneinander zu unterscheiden. Während einem die Wahrheit im Grunde keine Wahl lässt, muss sich die Meinung diesem Pluralismus der Ansichten stellen und Menschen von sich überzeugen.

Sokrates' »Annahme« sei es daher gewesen, »dass sich die Welt jedem Menschen verschieden eröffnet, je nach seiner Stellung in ihr, und dass die ›Gleichheit‹ der Welt, ihre Gemeinsamkeit [...], ihre Objektivität [...] sich daraus ergibt, dass sich ein und dieselbe Welt jedem anders eröffnet«.[123] Anders als eine Politik der Wahrheit beruht die Politik der Meinungen nicht auf einem Dialog der Seele mit sich selbst, sondern auf Dialogen zwischen verschiedenen Seelen.

Arendt weiß, dass mit dieser Bevorzugung der Meinung vor der Wahrheit aber jenes oben beschriebene Problem noch nicht gelöst ist. Schön und gut: »Eine absolute Wahrheit, welche für alle Menschen gleich wäre und insofern keinerlei Beziehung zur Individualität hätte, kann es für uns Sterbliche nicht geben.«[124] Zu verschieden sind unsere Perspektiven und unsere Bedürfnisse, unsere Herkunft und unsere Fähigkeiten, als dass wir alle die *eine* Wahrheit anerkennen könnten. Platon aber, so viel können wir sagen, hatte die Meinung auch deshalb der Erkenntnis der Wahrheit, dem Wissen, untergeordnet, weil nicht zu sehen ist, wie ein Meinungspluralismus jemals zu einer Entscheidung kommen kann. Denn: Wozu soll man sich entscheiden, wenn nicht zu einer Wahrheit? Droht nicht in einem potenziell endlosen Meinungsstreit das, was die Politologinnen Dezisionismus nennen, eine beliebige Entscheidung, nur um den Streit zu beenden?

Man darf dieses Problem nicht gering schätzen. Eines der von Hitler ständig wiederholten Argumente gegen die

Weimarer Republik war die Entscheidungsunfähigkeit des Parlaments, in dem 1930 15 Parteien vertreten waren. Auch heute noch schielen nicht wenige nach einem Staat wie China, in dem allein durch das Einparteiensystem Regierungsentscheidungen sehr schnell umgesetzt werden können. Selbst in der BRD wurde zu Zeiten der Pandemie eingeräumt, dass demokratische Entscheidungsfindungen im Parlament dem Tempo der steigenden Infektionszahlen nicht standhalten konnten. Klar: Demokratie braucht Meinungsvielfalt, doch wie kommen Diskussionen zu bestimmten – und nicht letztlich doch beliebigen, nur der Majorität genehmen – Entscheidungen?

Arendt findet an dieser Stelle zu einem Gedanken, der Platon und auch Sokrates fremd war. So schreibt sie: »Für uns ist es entscheidend, die Meinung wahrhaftig werden zu lassen, in jeder Meinung Wahrheit zu erkennen.«[125] Meinung sei (für Sokrates) »weder private Illusion noch willkürliche Verzerrung«, »sondern im Gegenteil genau das, worin sich die Wahrheit unweigerlich zeigte«. Man solle so »reden, dass die Wahrheit der eigenen Meinung sich uns selbst und den anderen« erschließe. Wo und wie aber schlägt Meinung in Wahrheit und Wissen um? Durch die klare Artikulation der Meinung? Durch die geübte Überredung und Rhetorik? Wohl eher nicht. Arendt kann nicht zeigen, wie, wo und wann sich in Meinungen Wissen zeigt. Vermutlich war das auch gar nicht ihre Absicht.

Vielmehr dachte sie, dass schon allein das Miteinanderreden eine politische Sphäre bildet, in der viele verschiedene Meinungen Platz finden konnten: »Verständnis – die Fähigkeit, die Dinge vom Standpunkt des anderen aus zu sehen, wie wir es gern ein wenig trivial formulieren – ist die politische Einsicht *par excellence*«.[126] Wenn ich dazu komme, mich bereit erkläre oder mich sogar dafür interessiere, die Meinung des anderen zu kennen und ihr Raum zu geben, dann brauche ich kein Wissen und keine Wahrheit. Es gibt dann eine Gemeinsamkeit des Aufeinanderhörens, die vielleicht sogar politischer ist als die Notwendigkeit, politische Entscheidungen zu treffen. Und dennoch – die Bereitschaft, sich in den anderen zu versetzen und seine Meinungen zu verstehen, gegebenenfalls zu billigen, ist eine, die von unmittelbaren individuellen Bedürfnissen und sogar Nöten absehen kann. In der modernen Gesellschaft und ihren strengen und harten Ansprüchen an den Einzelnen ist eine solche Haltung schlechthin nicht vorauszusetzen. Außerdem zeigt sich in Arendts Auffassung, Meinungen seien »weder private Illusion noch willkürliche Verzerrung«, ein ungerechtfertigter Idealismus. Man weiß, und auch Arendt hätte es schon wissen können, dass sie es nur allzu häufig sind.

Das hat Theodor W. Adorno – in dieser Hinsicht aufmerksamer als die mit ihm verfeindete Arendt – in seinem Aufsatz »Meinung Wahn Gesellschaft« erkannt. Schon der Titel ist sprechend. Adorno wendet sich gegen die Ansicht, dass »Meinungen richtig und falsch sein können«,[127] dass es »auf der einen Seite etwas wie gesunde, normale Meinung« gebe, »auf der anderen solche extremer, exzentrischer, bizarrer Natur«. Hinzutrete dann noch die Vorstellung, »daß die normale Meinung bei der Majorität über die wahnhafte notwendig siege«. Zu Recht verweist Adorno auf die zwanziger Jahre des letzten Jahrhunderts, in denen absurde Ideen vor allem über Juden und Jüdinnen zirkulierten, die dann nach 1933 zur öffentlichen Staatsdoktrin erhoben wurden. Und auch heute, in Zeiten der Corona-Pandemie, beanspruchen Meinungen, die vom Wahn schwer zu unterscheiden sind, gehört zu werden.

Wie Arendt ist nun auch Adorno nicht der Ansicht, dass Meinung und Wahrheit radikal getrennt werden können. Anders aber als Arendt fragt er explizit, wie Wahrheit in der Gesellschaft trotz aller stets auch ins Absurde abdriftender Meinungen hervortreten kann. An dieser Stelle stärkt Adorno die Position des »Gedankens«, der »sich in der Liquidation von Meinung erprobt«.[128] Dieser Gedanke ist nicht schon Platons philosophisches Wissen von den höchsten Gegenständen des Denkens. Vielmehr ist er »Kritik«, ein bestimmter reflektierender Umgang mit Meinungen. Gegen das »Banale«, das »nicht wahr sein« könne, gibt es Kritik als »Agens jenes Prozesses, ohne den Wahrheit nicht« sei. Da müsse der Gedanke »der Meinung auch in sich selbst widerstehen«. Adorno stärkt die Position der Philosophin oder, besser, des Intellektuellen, die und der mitunter auch bereit ist, gegen sich selbst zu denken –, eine Fähigkeit, die der in der Öffentlichkeit oft auftretende Produzent von Meinungen für gewöhnlich nicht kennt.

Doch wie schon Arendt meidet Adorno den Punkt der entschiedenen Affirmation, die in der Politik zuweilen gebraucht wird. Überflüssig zu betonen, dass die »kritische Gestalt des Gedankens«,[129] die notwendig selbstkritisch verfährt, die Stärke einer philosophischen Position mit ausmacht, ungefähr so wie Arendts Hinweis, der Streit der Meinungen fordere die Haltung, sich auch in den Kopf und das Herz des anderen hineinversetzen zu können. Aber die Aufgabe von Regierungen und ähnlichen Institutionen ist es, Entscheidungen zu treffen und durchzusetzen. In dem Prozess, der den Entscheidungen vorausgeht, sind sowohl Arendts als auch Adornos Bestimmungen des politischen Verhaltens essentiell. Beide aber umgehen die Frage, wann ein solcher Prozess an sein Ende geraten kann, wenn eine affirmative Wahrheit nie in Sicht kommt.

Muss man sich also jene Aporie, dass sowohl eine Politik der Wahrheit als auch eine der Meinung unmöglich ist, eingestehen? In dieser Form, wie ich sie formuliere: Ja! Pragmatisch betrachtet, gibt es aber diese Differenzierung von Meinung und Wissen, wie sie die Philosophen seit Platon beschäftigt, in der Politik nicht. In den politischen Diskussionen durchmischen sich Meinungen und Wahrheiten so sehr, dass es nicht selten gar nicht falsch ist, von Halbwahrheiten zu sprechen. In politische Entscheidungsfindungen verwickelte Diskutantinnen sind nie nur Meinende oder Wissende, sondern stets beides zugleich, einerseits beraten von Experten und Spezialistinnen, andererseits motiviert von politischen und auch weltanschaulichen Grundentscheidungen. Was dann am Ende der Diskussion als Resultat herauskommt, ist niemals ganz das eine oder das andere. In einer solchen Vermischung von Meinung und Wissen – vielleicht eine mögliche Definition von Politik – finden sich der Philosoph und die Philosophin oft nicht zurecht, weil sie sich von einer durchschaubaren, klaren Denkform durchaus unterscheidet. Wäre das nicht so, wären die Philosophen und Philosophinnen welcher Denkweise auch immer die

besten Politikerinnen und Politiker. Weil sie aber philoso-
phierten, waren sie es nie.

Terror der Wahrheit

>»Es gibt keine prästabilierte Harmonie zwischen
der Förderung der Wahrheit und dem Wohle der
Menschheit.«
>*Friedrich Nietzsche*

Es war Hannah Arendt, die gegen den alten Geist der Philosophie betonte, dass nicht Wahrheit, sondern Meinung die eigentlich politische Äußerungsform darstellt.[130] Sie dachte an die Gespräche und Diskussionen über politische Entscheidungen, an das Abwägen und, ja, an das niemals Ans-Ende-Kommen dieser Gespräche. Obwohl sie in dieser Hinsicht zu wenig pragmatisch ist, trifft sie sehr wohl das Hauptmerkmal einer pluralistischen Demokratie. Man hört niemals auf, politische Fragen zu erörtern, und sorgt dafür, dass alle, die wollen, an diesen Erörterungen teilnehmen können. Wenn da einer im gewaltigen Namen der Wahrheit erscheint, verstummt das Gespräch. Deshalb fanden Philosophen, die nicht selten meinten, die Wahrheit zu kennen, die Demokratie eher unsympathisch.

Der Einbruch der Wahrheit in die politische Sphäre bedeutet jedoch noch anderes. Die Meinung muss, wenn sie wirklich Meinung und nicht heimlich ein völlig unbegründetes und starres, manchmal wahnhaftes Urteil ist, revidierbar sein. Sie bleibt an ihren Rändern offen, um sich von einer anderen Meinung überzeugen zu lassen. Für Arendt sind diese Offenheit und Bereitschaft ohne

Zweifel eine Eigenschaft der Meinung. Denn durch diese Offenheit unterscheidet sie sich von der Wahrheit, die, einmal ausgesprochen, schlechthin gilt.

Wer die Wahrheit kennt, sieht also keinen Anlass, auf andere Wahrheiten zu hören. Als Besitzer der Wahrheit schließt er aus, dass es noch andere Wahrheiten dieselbe Angelegenheit betreffend geben könne. Das ist in bestimmten Bereichen des Lebens und Denkens auch ganz in Ordnung. Wenn ich Christ bin, kann ich andere Religionen anerkennen, ohne zu glauben, in ihnen die Wahrheit sehen zu müssen, die ich in den Evangelien finde. Wenn eine Wissenschaftlerin in ihren Forschungsergebnissen sich auf Tatsachen berufen kann, muss ich diese Tatsachen anerkennen, kann sie jedoch anders interpretieren. In der Politik kann die Wahrheit allerdings verheerende Folgen zeitigen.

In Paris beginnt im Juni 1793 der von den Jakobinern unter Maximilien Robespierre initiierte Terror (*la Terreur*), die Revolution zu dominieren. Bis Ende 1794 werden zwischen 25 000 und 40 000 Menschen hingerichtet, Opfer der eigens für die Revolution entwickelten und nach ihrem Befürworter (nicht Erfinder) benannten Guillotine. Der von Robespierre in langen Reden geforderte und begründete Terror richtete sich gegen alle möglichen Arten von Konterrevolutionären. Müßig zu betonen, dass sich all das in einem mehr oder weniger rechtsfreien Raum vollzog. Die Entscheidung, wer ein Konterrevolutionär war, oblag den selbst ernannten Revolutionären.

Dabei bezog sich Robespierre oft auf die Wahrheit. So heißt es in einer Rede vom 5. Februar 1794 vor dem Nationalkonvent: »Man muß zum voraus Vorsichtsmaßregeln nehmen und das Schicksal der Freiheit mehr den Händen der Wahrheit, welche ewig ist, als denen der Menschen, welche vergehen, anvertrauen [...].«[131] Jedes Volk habe das Recht, »die Regierung, die das Interesse des Volkes vergessen« habe, zu eliminieren. Hannah Arendt hat in ihrem schönen Buch *Über die Revolution* darauf hingewiesen, dass Robespierre sich vor allem auf die Tugend (*la vertue*) berufen habe, um im Namen des Volkes den Terror auf seine Feinde loszulassen.[132] Er konnte sich dabei auf das Denken Jean-Jacques Rousseaus stützen. Die Tugend zum Zentrum der Revolution zu machen geschah im Namen der Wahrheit. Robespierres mehrfach verwendete Formel: »Die Liebe für das Vaterland und die Wahrheit.«[133] lässt sich so verstehen.

Nicht verwunderlich, dass er die »Gewalt der Wahrheit«[134] bejubelt hat. Sie spreche für die »große Reinheit der Grundsätze der Französischen Revolution und die Erhabenheit ihres Zwecks«. Wahrheit erscheint – wenn wir sie vor dem Hintergrund des politischen Meinungsstreits betrachten – unmittelbar als Gewalt, da sie alles Weiterreden erübrigt und bestimmte Entscheidungen erzwingt. Robespierre sieht die Gewalt der Wahrheit ganz praktisch in der Anwendung des Terrors: »Zwingt durch den Terror die Feinde der Freiheit, und Ihr werdet [...] als die Gründer der Republik recht haben.«[135] Wer die Wahrheit kennt, muss das, was sie fordert, verwirklichen. Der politische Raum wird dann von Notwendigkeit und Zwang beherrscht.

Das fasst Robespierre am Ende der Rede zusammen: »Wir schränken uns heute darauf ein, Euch vorzuschlagen, daß Ihr durch eine förmliche Billigung die moralischen und politischen Wahrheiten, auf welchen Eure innere Staatsverwaltung und die Festigkeit der Republik beruhen müssen, anerkennt [...].«[136] Niemand kann nun vernünftigerweise diese Wahrheiten bestreiten, ohne sich selbst als Konterrevolutionär zu enttarnen. Das war die Strategie, die Robespierre gegen vermeintliche Feinde der Revolution anwendete: Wer widersprach, widersprach der Wahrheit, was unmöglich ist. Ende Juli entschied der sogenannte Wohlfahrtsausschuss, die Exekutive des Konvents, dieser Logik ein Ende zu machen. Robespierre und seine Anhänger wurden unverzüglich ebenfalls guillotiniert.

Ungefähr 130 Jahre später fasste ein anderer Wahrheits-Politiker den Entschluss, seine »Grundsätze« niederzuschreiben: Adolf Hitler. Die Frage, welche Rolle Hitler für das »Dritte Reich« insgesamt gespielt hat, wurde in der Geschichtswissenschaft lange diskutiert. Inzwischen ist der Streit geklärt: Hitler war unersetzlich, zugleich aber auf die ihn stützenden operativen Institutionen angewiesen, die wiederum auf den einzigartigen Charakter Hitlers eingestellt waren.[137] Ohne Hitlers Ideen ist das »Dritte Reich« nicht zu verstehen, wenn es denn überhaupt verstehbar ist.

Wie auch immer. Hitler präsentiert seine »Weltanschauung« in *Mein Kampf* ebenso wie Robespierre seine revolutionären Forderungen im Namen der Wahrheit: »Wir Nationalsozialisten wissen, daß wir [...] als Revolutionäre in der heutigen Welt stehen und auch als solche gebrandmarkt werden. Allein unser Denken und Handeln soll keineswegs von Beifall oder Ablehnung unserer Zeit bestimmt werden, sondern von der bindenden Verpflichtung an eine Wahrheit, die wir erkannten.«[138] Diese Wahrheit wird zuweilen auch als »ewig«,[139] als »Reich des Ewig-Wahren und Idealen«[140] oder gar als »absolute Wahrheit«[141] charakterisiert.

Das macht sich besonders eigentümlich in Hitlers Begründung seines Antisemitismus bemerkbar. Schon der erste Satz des berüchtigten Kapitels »Volk und Rasse«, in dem Hitler seine absurde These zum bisher verborgenen, nur von wenigen erkannten weltgeschichtlichen Kampf zwischen »Ariern« und »Juden« präsentiert, lautet: »Es gibt Wahrheiten, die so sehr auf der Straße liegen, daß sie gerade deshalb von der gewöhnlichen Welt nicht gesehen oder wenigstens nicht erkannt werden.«[142] Eine dieser Wahrheiten sei die »innere Abgeschlossenheit der Arten sämtlicher Lebewesen dieser Erde«; ein Gedanke, mit dem er den »Rassenkampf« legitimieren will.

Dieser beinahe wissenschaftlich anmutende Ton wird von Hitler vor allem in seiner Beschreibung der »Wandlung zum Antisemiten« angestimmt. Auf über zehn Seiten behauptet Hitler, erst peu à peu zu dem Antisemiten, der er später war, geworden zu sein. Der renommierte Historiker Peter Longerich hat dieser Selbstbeschreibung Glauben geschenkt, und warum auch nicht?[143] Auffallend dabei ist, dass Hitler seine »Wandlung« als ein »monatelanges Ringen zwischen Verstand und Gefühl«[144] darstellt, wobei zunächst der Verstand gegen den Antisemitismus sprach. Ihm seien »wieder Zweifel« gekommen »infolge der zum Teil so flachen und außerordentlich unwissenschaftlichen Beweisführung«.[145] Hitler beruft sich demnach auf eine wissenschaftlich argumentierende »Rassentheorie«, die im »Dritten Reich« besondere Relevanz erlangen sollte.[146] Deutlich ist, dass Hitler seine Weltanschauung im Namen der Wahrheit vortrug und die Konsequenz zog, dass, »wenn eine Idee an sich richtig« sei, sie durch »unduldsamen Fanatismus«[147] durchgesetzt werden müsse. Der Zweck heiligt die Mittel. Das führte zur vielleicht größten Katastrophe mindestens des 20. Jahrhunderts.

1949 ist das Gründungsjahr der Volksrepublik China. Die chinesische Revolution war erfolgreich, Mao Tsetung hatte Chiang Kai-shek und die Kuomintang nach Taiwan vertrieben. Es ging nun darum, den Führungsanspruch der Kommunistischen Partei zu begründen und zu inthronisieren. In einem Text aus dem Juni 1949 erklärt Mao: »Wir sind das Gegenteil der politischen Parteien des Kapitalismus.«[148] Dann wird für ihre Abschaffung plädiert. Dafür aber seien »die Führung der KP und die Staatsmacht der Volksdiktatur« die »Voraussetzungen«. Dann heißt es: »Wer diese Wahrheit nicht anerkennt, ist kein Kommunist.« Vielleicht gebe es noch »junge Genossen«, die »diese Wahrheit möglicherweise noch nicht verstehen. Sie müssen diese Wahrheit verstehen, um zur richtigen Weltanschauung zu gelangen.« Die Wahrheit ist die marxistisch-leninistische Weltanschauung, die durch die Kommunistische Partei verkörpert wird.

Im selben Text legitimiert Mao die »revolutionäre Diktatur«, die von der »konterrevolutionären Diktatur der Reaktion«, von der Kuomintang, »lernen«[149] müsse, um die »reaktionäre Klasse« zu vernichten. Im Zuge der 1950 einsetzenden Kampagne gegen die Konterrevolution wurden über eine Million Menschen verhaftet und über 700 000 umgebracht. Damit installierte Mao einen Alleinherrschaftsanspruch der Kommunistischen Partei, der bis heute völlig ungebrochen gilt.

Was bedeutet es, dass sich sowohl Robespierre als auch Hitler und Mao auf die Autorität der Wahrheit beriefen? Die Frage betrifft ein wichtiges Problem. Wahrheit begründet im Politischen und Moralischen einen zwingenden Handlungsanspruch – und sie soll ihn bei allen drei Wahrheits-Politikern in der Tat begründen. Inwiefern aber ist dieser Zwang wirklich ein Merkmal der Wahrheit? Sind wir gezwungen, das, was Robespierre, Hitler und Mao als Wahrheit bezeichnen, auch als Wahrheit anzuerkennen? Und wenn wir nicht dazu gezwungen sind, wie kommt es, dass Menschen darin dennoch Wahrheiten erkannt und sie ganz und gar bejaht haben?

Fragen, die nicht auf die leichte Schulter zu nehmen sind. Zur Beantwortung der ersten kann Hannah Arendt mit ihren Betrachtungen zur totalen Herrschaft beitragen. Dort spricht sie von einer »jeder Ideologie inhärenten Logik des Deduzierens«.[150] Hitler und Stalin hätten »immer eine besondere Vorliebe dafür« gehabt, »ihre Argumentationen mit dem ›Wer A gesagt hat, muß auch B sagen‹ zu unterbauen«. Das sei die »Tyrannei des zwangsläufigen Schlußfolgerns«.[151] Arendt fasst sie als ein allgemeines Merkmal einer jeden Weltanschauung auf.

Gibt es aber diese Tyrannei nicht in jeder Logik, in jeder Beanspruchung von Vernunft? Jürgen Habermas steht mit seiner *Theorie des kommunikativen Handelns* geradezu für die mehr oder weniger klassisch gewordene Formulierung vom »zwanglosen Zwang des besseren Arguments, der die methodische Überprüfung von Behauptungen sachverständig zum Zuge kommen läßt«.[152] Argumente zwingen. Das ist eine ihrer formalen Bestimmungen. Daher gibt es keine andere Möglichkeit, als das

Problem in die inhaltliche Kontextualisierung des Argumentierens zu verlegen. Weltanschauungen formulieren Grundsätze, die alles weitere Argumentieren vorwegnehmen. Wenn einer der Grundsätze Hitlers die These von der »inneren Abgeschlossenheit der Arten sämtlicher Lebewesen dieser Erde« sein soll, dann will er absurderweise daraus die Notwendigkeit ableiten, dass eine »Mischung« von »Arier« und »Jude« zum Verfall vor allem des »Ariers« führe, was diesem wiederum das »Recht« einräumt, den »Juden« zu vernichten.

Diese in sich funktionierende Logik erweckt den Schein der Wahrheit, eben weil sie funktioniert. Dieses Funktionieren bedeutet demnach keineswegs, dass sich die Weltanschauung als eine wahre erweist. Daher kann Arendt in typischer Zuspitzung schreiben: »Der ideale Untertan eines totalitären Regimes ist nicht der überzeugte Nazi oder der überzeugte Kommunist, sondern das Individuum, für das es keinen Unterschied mehr zwischen Realität und Fiktion, zwischen wahr und falsch mehr gibt.« Die Philosophin meint, dass die totalitären Regime nicht so erfolgreich wären, wenn sich nur überzeugte Parteimitglieder für sie engagieren würden. »Echte« Nazis waren im »Dritten Reich« in der Minderheit, die Mehrheit bildete die große Gruppe der Gleichgültigen, die nicht fragen, ob das, was Hitler und Stalin sagen, wirklich wahr ist, sondern sich damit beruhigen, dass alles – inklusive der Weltanschauung – schon irgendwie funktioniert.

Dieses Funktionieren aber scheint Wahrheits-Terroristen wie Robespierre, Hitler und Mao in die Karten zu spielen. Wie das Argument zwingt, so entfaltet das Funktionieren seinen eigenen Sog. Begründet auf einer absoluten Wahrheit ist es nicht einfach, sich ihm zu entziehen. Oder könnte sich genau hier ein Einwand melden, nämlich der, dass es eine absolute Wahrheit für uns Menschen nicht geben kann? Insofern sich ein endliches Leben die Mühe machen muss, alles zu interpretieren, was ihm begegnet, bleibt eine absolute Wahrheit ein Widerspruch in sich. Zudem läuft die Anrufung der Wahrheit auf die Erstarrung und Eliminierung des politischen Raums hinaus. Robespierre hat recht: Es gibt eine Gewalt der Wahrheit, die ihre Interpretationsbedürftigkeit verraten hat.

Das aber führt zum letzten Problem, nämlich dem zu verstehen, wie solche Wahrheiten zu allen Zeiten anerkannt wurden und Menschen ihren Konsequenzen Folge geleistet haben. Ja, wie konnten Robespierre, Hitler und Mao überhaupt selbst diese Wahrheiten glauben? Es wäre ein Fehler zu meinen, Ideologen und Massenmörder würden lügen, nur um sich an ihrer Machtgier zu berauschen. Nichts spricht dafür, dass Hitler die weltanschauliche Begründung seines Antisemitismus insgeheim für Unsinn gehalten hätte. Robespierre, Hitler, Mao und andere Tyrannen meinten ohne Zweifel, dass sie recht und ein Recht hatten, das zu tun, was sie taten. Sie meinten, die Menschheit zu bessern.[153]

Das gilt für jeden und jede, der und die glaubt, es gäbe eine absolute Wahrheit. Eine solche Idee scheint für einen gewissen Typus Mensch attraktiv zu sein. Er unterwirft sich einer Eindeutigkeit, einer Klarheit, von der er eine Reinigung des niemals reinen Lebens erwartet. Da die Idee einer absoluten Wahrheit weder Widersprüche enthält, noch zulässt, zeigt sich für den Ideologen kein Grund, von seiner einmal eingesehenen Wahrheit abzulassen. Und selbst wenn es Widersprüche gibt – die absolute Wahrheit rechtfertigt sie. Gegner entstehen nur deshalb, weil sich die Wahrheit gegen sie wendet. Das Individuum gerät nur zufällig in die Maschine, die es vernichtet; wie es auch nur zufällig zum Vernichter wird; ein ständig gehörtes Argument einer jeden Bürokratie: dass so zufällig, wie der Beamte hinterm Schreibtisch seinen Entscheid exerzieren muss, genauso zufällig der Klient seine Konsequenzen zu tragen hat. Über allen thront ein Abklatsch der absoluten Wahrheit.

Weltanschauungen, die verbrecherische Konsequenzen entfalten, fanden und finden ihre Anhänger und Anhängerinnen. Wir wissen es heute besser – nicht zuletzt auf Grund jener Verbrechen; wobei ich es unterlasse zu fragen, wer dieses »wir« ist. Dennoch bleibt ein fader Beigeschmack, weil selbst ein berechtigtes Besser-Wissen, ein nachdenklicheres, leicht skeptisches Verhältnis zur Wahrheit das mörderische Appellieren an eine absolute Wahrheit, einen Terror der Wahrheit, nicht ausschließen kann. Es bleibt eine Aufgabe des Denkens weiterzufragen: Was an der Wahrheit könnte es sein, das die Entstehung von absoluten Wahrheiten ermöglicht?

Die Logik der Lüge

»Du bist eine Lügnerin!« wird zumeist als ein schmerzhaftes, bitteres Urteil verstanden. Jemand hat jemand anderen wissentlich hintergangen, getäuscht, betrogen. Dazu hat er etwas Unwirkliches, Nicht-Existierendes an die Stelle der Wirklichkeit gesetzt. Die Lüge ist zwar ein Sprechakt, eine bloße Aussage, doch sie schafft eine Wirklichkeit, die nicht existiert. Man lügt, wenn man zu seinem Partner sagt: »Ich war in der Bibliothek«, obwohl man in Wahrheit beim Geliebten war. Schmerzhaft und bitter ist das Urteil, weil zugleich mit der Auflösung der Lüge zutage tritt, dass die Wirklichkeit eine andere war und ist, als man dachte. Die Ent-täuschung ist hässlich.

Jemanden als Lügnerin zu bezeichnen, soll vor allem der moralischen Verurteilung dienen. Das Lügen wird unmittelbar als verwerflich betrachtet. Dabei ist unter anderem vorauszusetzen, dass die an einer Lüge Beteiligten, der Lügner und die Belogene, zueinander in einem bestimmten Verhältnis stehen. Noch der lügende Politiker braucht einen Partner, um seine Lüge zu lancieren. Dabei verändert die Lüge das Verhältnis entscheidend. Ging man vor der Lüge von einer Symmetrie zwischen den Beteiligten aus, so besteht der Zustand des Belogenseins darin, dass ich voraussetze, mich in einer Wirklichkeit, einem Verhältnis zu befinden, die und das nicht mehr existiert. Der vielsagende Appell: »Sag die Wahrheit!« ist auch die Aufforderung dazu, ein bestehendes Verhältnis, eine bestehende Wirklichkeit nicht anzutasten. Dass eine seiner Konsequenzen darin bestehen kann, dieses Verhältnis zu beenden, gehört zur Dynamik des Lügens. Klar aber ist auch, dass wir im Alltag selbstverständlich davon ausgehen, nicht belogen und betrogen zu werden.

Wir gehen davon aus, dass Aussagen, denen wir im Gespräch begegnen, wahr sind. Wahr sind sie, wie der berühmte Mittelalter-Philosoph Thomas von Aquin überaus einflussreich festgestellt hat, wenn unser Denken und seine Aussagen mit den Gegenständen, auf die sie sich beziehen, übereinstimmen. Dabei differenziert er diese Struktur dreifach: In der wahren oder falschen Aussage gleicht sich der Verstand der jeweiligen Sache, auf die sie sich bezieht, an; dann muss es überhaupt eine Sache geben oder eben nicht geben, damit wir uns auf sie in wahrer oder falscher Rede beziehen können; zuletzt gleicht sich die Sache unserem Denken an wie beim Maler, der ein Bild nach seiner Vorstellung malt.

Bei einer Lüge ist es nun so, dass die lügende Person die Wahrheit, die Übereinstimmung seines Denkens mit einer Sache oder einem Sachverhalt, schon vollzogen haben muss, um sie dann entweder zu verheimlichen oder zu verdrehen, was ebenfalls eine Verheimlichung ist.[154] Um meine Freundin zu täuschen und ihr zu verheimlichen, dass ich eine Geliebte habe, sage ich: »Ich habe keine Geliebte!«, indem ich vorgebe, nicht bei ihr, sondern beim Sport gewesen zu sein. Die Wahrheit hieße: »Ich habe eine Geliebte.«

Die Lügnerin befindet sich demnach immer in einer überlegenen Position, einer Position vor allem der Manipulation. Sie weiß immer mehr, sie kennt immer die Wahrheit; eine Wahrheit, die allerdings als solche versteckt bleiben muss, die nur für sie (und in diesem Fall ihren Geliebten) existiert. Die formale Struktur dieses Zusammenhangs von Wahrheit und Lüge zeigt, dass die Lüge stets die Wahrheit voraussetzt, dass die Wahrheit einen logischen Vorrang vor der Lüge hat, den sie selbst dann noch hätte, wenn jemand behaupten würde, dass alles eine Lüge sei. Denn auch noch diese Aussage würde ein Wissen vom Unterschied zwischen wahr und falsch voraussetzen. Jene Manipulation des anderen zugunsten eigener Vorteile aber ist moralisch verächtlich.

Genauer gesagt: Das Verächtliche an der Lüge ist zuerst ihre Täuschungsabsicht. Täuschen ist anscheinend immer schlecht. Dabei brauchen wir noch gar nicht über die Konsequenzen für die Getäuschten nachzudenken, sondern zunächst über die für den Täuschenden. Nach Kant nämlich, diesem Fachmann in Moralproblemen, ist die Lüge »die größte Verletzung der Pflicht des Menschen gegen sich selbst«.[155] Indem ich die Täuschungsabsicht zunächst in mir selbst aufkommen lasse, betrifft die Lüge mich in meinem Selbstverhältnis. Mein Selbstverhältnis basiert wohlgemerkt darauf, dass ich mit mir selbst übereinstimme. Mit mir selbst uneinig zu sein ist ein in jeder Hinsicht unangenehmer Zustand. Kant sagt daher, dass die Lüge den Menschen »in seinen eigenen Augen zum Gegenstande der Verachtung« mache, sie verletze »die Würde der Menschheit in seiner eigenen Person«.[156] Es hat den Anschein, als spiele für Kant der andere keine besonders große Rolle. Warum?

Für Kant liegt alles moralische Handeln am »*guten Willen*«.[157] Gut ist ein Wille, der immer danach strebt, nach einem Vorsatz zu handeln, den jeder Mensch zu jeder Zeit und an jedem Ort als Vorsatz für sein eigenes Handeln übernehmen könnte. Hier liegt eine Übereinstimmung zwischen meinem eigenen und einem allgemeinen Vorsatz in meiner Handlung vor, die ich nach bestem Wissen und vor allem Gewissen eben genau so und nicht anders will. Diese Übereinstimmung oder Einheit in meinem Bewusstsein wird beim Lügen jedoch bewusst zerstört. Als Resultat zeigt sich – bei vielen, aber längst nicht allen Menschen – eine Nichtübereinstimmung mit sich selbst, die wir schlechtes Gewissen nennen.

Kant ist da überaus streng, sogar so streng, dass er eine womöglich öffentlich als gut anerkannte Handlung zu einem Anzeichen des »radikal Bösen«[158] erklärt, wenn ich in Wahrheit nur deshalb so gehandelt habe, um meiner Selbstliebe zu schmeicheln. Ich soll dem Armen von meinem Besitz abgeben, weil es meine Pflicht ist, nicht weil ich öffentlich als großzügiger Spender betrachtet werden will, was ich natürlich verheimliche. Ich soll ein Buch über die Wahrheit nur im Namen derselben schreiben, nicht weil ich mit ihm ins öffentliche Interesse rücken will. Dass ich überhaupt dazu fähig bin, mich derartig zu belügen, mich gut zu denken, wo ich meinem Narzissmus diene, das steht für Kant am Beginn allen Übels.

Kants strenges Lügen-Verbot scheint allerdings dort über sein Ziel hinauszuschießen, wo der Philosoph noch die Leben rettende Notlüge verbietet. In dem kurzen Aufsatz »Über ein vermeintliches Recht aus Menschenliebe zu lügen« erklärt Kant stahlhart, dass jeder Mensch »die strengste Pflicht zur Wahrhaftigkeit in Aussagen habe, die er nicht umgehen kann: sie mag nun ihm selbst oder andern schaden«.[159] Die Folgen einer solchen Pflicht liegen auf der Hand: Selbst der Polizei eines Unrechtsregimes kann ich das Versteck von Verfolgten nicht verheimlichen, wenn ich nach ihm gefragt werde.

Dieser verbohrte Idealismus hat die Kant-Leserin Hannah Arendt zu der überraschenden Aussage gebracht, »daß unsere Fähigkeit zu lügen – aber keineswegs unser Vermögen, die Wahrheit zu sagen – zu den wenigen Daten gehört, die uns nachweislich bestätigen, daß es so etwas wie Freiheit wirklich gibt«.[160] Indem ich den Mit-Organisator der Shoah, Adolf Eichmann, auf der Suche nach sich verbergenden Juden belügen kann, geschieht Freiheit wirklich. Zugleich aber erlaubt es dieselbe Freiheit, mich selbst über den Verfolger zu belügen und die im Keller sich versteckenden Juden und Jüdinnen bis aufs letzte Kind hin zu verraten.

So extrem aber Kants Einstellung auf den ersten und zweiten Blick erscheint, so konsequent ist sie in unserer moralischen Selbstauffassung. Jede Form des Gutseins oder der Besserung betrifft immer zunächst mich selbst. Ich kann mein Lügen nicht dadurch rechtfertigen, dass alle lügen. Denn selbst wenn es so wäre, weiß ich aufgrund meiner Übereinstimmung mit mir selbst, dass ich nicht lügen soll. Auch in juristischer Hinsicht kann ich einen Betrug nicht dadurch legitimieren, dass andere ebenso betrügen oder dass ich von anderen zum Betrug angestiftet wurde. Idealiter stimmt das Recht mit einem inneren Einklang mit mir selbst überein. Die Bestrafung hat auch den Sinn, dem vom rechten Weg Abgekommenen sein schlechtes Gewissen zu nehmen.

Es gibt jedoch einen Zustand, der noch über das jeweilige Lügen hinausgeht: »Ich nenne Lüge: Etwas *nicht* sehn wollen, das man sieht, Etwas nicht *so* sehn wollen, wie man es sieht.«,[161] schreibt Nietzsche, der Kant nicht schätzte, doch einiges mit ihm teilt. Und er fügt hinzu: »Die gewöhnliche Lüge ist die, mit der man sich selbst belügt; das Belügen Anderer ist relativ der Ausnahmefall.« Die Verlogenheit ist noch etwas anderes als die Lüge. Verlogen ist man, wenn man beginnt, in einer Lüge zu leben, sich in ihr einzurichten. Das hat viel mit Ignoranz zu tun, mit Ausweichen und Schönreden. Womöglich war das einer der Gründe, warum sich eine Partei wie die NSDAP in einer eigentlich nicht zum Extremen tendierenden deutschen Gesellschaft so etablieren konnte. Man wollte nicht sehen, was wirklich geschah. Diese Verlogenheit könnte das Schmieröl einer jeden Gesellschaft sein, die sich an eine Wirklichkeit, sei diese in Wahrheit noch so ungerecht, gewöhnt, die also die Ungerechtigkeit zur Gewohnheit werden lässt. Dass das auch für unsere Gesellschaft gilt, ist klar.

Verlogenheit ist demnach schlimmer als die Lüge, weil sie diese sozusagen auf Dauer stellt. Ja, der Verlogene vergisst die Lüge und hält sie für die Wahrheit. Oder: Er interessiert sich einfach nicht mehr für den Unterschied, resigniert vor der Wirklichkeit, die ihn überfordert. Er weicht aus in Meinungen, die er jeder Zeit bereit ist zu wechseln. Seine scheinbar mit Recht geäußerte Devise lautet: »Ich sehe das nicht so!« Mag sein, dass ein ständiges Betonen der eigenen Meinung und ihres Rechts, gelten zu müssen, eine gewisse Verlogenheit voraussetzt, nämlich schlechthin davon auszugehen, dass es gar nichts anderes als Meinungen gibt.

Es wäre demnach falsch, Kants strikter Verurteilung der Lüge nicht ihr Recht zu lassen. Es ist nicht unwahrscheinlich, dass die Lüge als Verlogenheit eine wichtige Ader im Körper der Gesellschaft ausmacht. Demnach konfrontiert sie mich mit dem Anfang des Bösen, weil ich anders handle, als ich will. Denn selbstverständlich will ich gut handeln, niemand oder kaum jemand will vorsätzlich Böses tun. Und doch lüge ich immer wieder. Das wirft ein Licht auf jene Lügen-Beispiele. Es dürfte wohl klar sein, dass die ihre Geliebte mit einer anderen betrügende Liebende nicht eigentlich schaden will. Vielmehr scheint es bei dieser Lüge um Feigheit oder Faulheit zu gehen, sich der Wahrheit zu stellen.

Dennoch hat Kant – wie jeder Philosoph – nicht das letzte Wort. Für ihn ist alle Täuschung, jeder Schein, ein Problem. Doch kommen wir überhaupt ohne sie und ihn aus? Könnten wir eigentlich wirklich in einer lügenfreien Welt leben? Wäre eine Welt voller Ehrlichkeit nicht die Hölle? Nietzsche, an dieser Stelle überzeugter Anti-Kantianer, schreibt: »Die Lüge ist, wenn nicht die Mutter, so doch die Amme der Güte.«[162] Das ist eine überraschende Wendung. Inwiefern können der Lügner und die Lügnerin gütig sein?

Ich stelle mir eine Gesellschaft der Wahrheit vor. Zu jeder Gelegenheit muss ich mir anhören, was die anderen von mir denken. Ständig teile ich ihnen mit, was ich von ihnen halte. Gewiss, dem einen oder der anderen würde ich sagen, dass ich ihn oder sie bewundere, verehre, von ganzem Herzen. Doch den allermeisten würde ich sagen, dass ich sie für selbstgerecht und opportunistisch, eingebildet und dumm, unangenehm und hässlich halte. Gewiss würde mir das Gleiche geschehen. Eine solche Wahrheits-Gesellschaft ist unbedingt zu vermeiden.

Kant feiert und fordert »Offenherzigkeit (die *ganze* Wahrheit, die man weiß, zu sagen)«, »*Aufrichtigkeit (daß alles, was man sagt*, mit Wahrhaftigkeit gesagt sei)«[163] –, und er fordert es, weil die Selbstlüge in seinen Augen moralisches Handeln überhaupt verhindert. Doch wir müssen uns fragen, ob eine solche Forderung, die alle Höflichkeit als Heuchelei enttarnen würde, die den Menschen aufbürden würde, andere in aller Härte so zu sehen, wie sie sind, und es ihnen auch noch mitzuteilen, nicht zuletzt das Leben in einer Gesellschaft unmöglich machen würde.

Denn die moderne Gesellschaft erwartet vom Menschen, dass er sich ihren Funktionen zu seinem eigenen Nutzen unterwirft. Dieser keineswegs offenbare Vorgang ist sehr differenziert und komplex, so differenziert und komplex, dass die Funktionierenden das gesamte – übrigens liberalistisch organisierte – System hinauf zu den verschiedenen Eliten (Politik-, Geld-, Bildungseliten) und hinunter zu den Abgehängten der Sozialhilfeempfänger und Obdachlosen letztlich widerstandslos bejahen. In diesem Sinne hat Nietzsche vor Kant recht, wenn er sagt: »*Wir haben Lüge nöthig*, um über diese Realität, diese ›Wahrheit‹ zum Sieg zu kommen, das heißt, *um zu leben* …«[164] Aufrichtigkeit, wie Kant sie versteht, würde diese Gesellschaft zerreißen. Es ist demnach durchaus zu verstehen, dass ein aufrichtiges Verhalten viel eher bestraft als belohnt wird. Diese Bestrafung besteht übrigens nicht so sehr in strafrechtlichen Aktionen, sondern vielmehr in Pathologisierungen wie der, dass es bestimmten Menschen eben an der geforderten Flexibilität im Leben fehle. Diese Fähigkeit zur Dehnung und Beugung wird den Einzelnen gesellschaftlich abverlangt.

Demnach sind alle Formen von Täuschung und Schein, von Lüge und Heuchelei, eine notwendige Bedingung der modernen Gesellschaft. Sie auf Wahrhaftigkeit und Wahrheit zu verpflichten, käme ihrer Selbstzerstörung gleich. Diese ihr eigene Unwahrheit geht natürlich weit hinter die alltägliche Bedeutung von Phrasen und Floskeln, Verstellungen und Oberflächlichkeiten zurück. Sie ist dieser ökonomisch-technisch-medialen Organisationsform eingeprägt. Und selbst wenn Kant diese Form der Gesellschaft noch nicht kannte, hat er doch gesehen, dass ein Leben in der Gesellschaft prinzipiell nicht an moralischen Eigenschaften wie Ehrlichkeit und Wahrhaftigkeit orientiert sein kann. So sagt er einmal, dass das, was uns dazu disponiert, in den scheinbar auf uns zuindividualisierten Funktionen mitzumischen, »Ehrsucht, Herrschsucht und Habsucht«[165] sei.

Seins-Fiktion in der Dichtung

>»In Wahrheit singen, ist ein andrer Hauch.
>Ein Hauch um nichts. Ein Wehn im Gott. Ein Wind.«
>*Rainer Maria Rilke*

Es gehört zu den Kränkungen der Philosophie, dass sie nicht am Anfang steht; sie, die die Wichtigkeit des Anfangs doch so sehr betont. Denn in einer gewissen Hinsicht ist der Anfang ja alles – selbst wenn er mehr und mehr verschüttet wird und sich auflöst, bleibt dieser Prozess noch auf den Anfang bezogen. Der Philosoph, der auf den Anfang reagiert und ihn bekämpft, ist Platon. Und der Anfang selbst ist die *Dichtung*.

Dass Dichtungen im Sinne von vor allem religiösen oder mythischen Erzählungen am Anfang der Kulturen stehen, ist ein universelles Phänomen. Keine Kultur fängt mit einer entwickelten Denkform an, die vor allem Fragen stellt und Probleme sucht. Es wird erzählt, und der Status der Erzählung in ihrem Verhältnis zur Wirklichkeit ist weder reflektiert noch klar. Die ägyptische Hochkultur mit ihrer subtilen Todespoesie kennt keine Philosophie. Als um 800 vor Christus in Griechenland Rhapsoden durch die Städte zogen und das Epos von der großen Schlacht um Troja vortrugen, scheinen die Hörer die Geschichten um die olympischen Götter und Göttinnen nicht als Kunst wahrgenommen zu haben, sondern als Erzählungen, die sich unentwirrbar mit der Wirklichkeit vermischten. Diese Verwirrung ging auf dem Theater weiter. Denn die

Dichter bezogen sich auf Figuren (Agamemnon, Iphigenie, Klytämnestra in der *Orestie* des Aischylos), die bereits vor Troja kämpften oder von anderen uralten Erzählungen her vertraut waren.

Als Platon anfing zu philosophieren, ist er auf eine Welt gestoßen, in der Homer alle politisch und theologisch wichtigen Diskurse mindestens mitbestimmte. Die Gebildeten jener Zeit betrachteten die Philosophen skeptisch. Ihre Bildung bezogen sie nicht von ihnen, sondern aus den homerischen Epen. Als Platon sich in jenem Dialog über die beste Stadt mit der Rolle der Künste in ihr beschäftigt, muss er sich auf Homer beziehen. Doch Sokrates ist gehemmt. Seit seiner Kindheit habe er für Homer Liebe und Scheu empfunden –, um nun gegen ihn argumentieren zu müssen? Homer sei aber nun einmal der Lehrer und Anführer aller Tragödiendichter, weshalb er zu verurteilen sei. Niemand stehe über der Wahrheit. Die Philosophie müsse die für das Wissen giftige Dichtung bekämpfen.[166]

Es gibt verschiedene Argumente, die Platon gegen die Dichtung in Position bringt. Eines davon möchte ich berücksichtigen, weil es den Streit zwischen dem Wahrheitsanspruch der Poesie und Philosophie auf den Punkt bringt. Schon dass das Theater Handlung *darstellt* und nicht Handlung *ist*, soll problematisch sein. Wenn dann ein Darsteller mehrere Personen spielt, einer also mehrere zu sein scheint, ein Mann gar eine Frau darstellt (Frauen durften nicht schauspielern), dann sind der Schein und die Täuschung komplett.[167] In der Dichtung geht es nicht um Wahrheit und Wirklichkeit, sondern um Schein und Täuschung – um *Fiktion*. Der Philosoph wollte die Dichter zwar nicht verbannen, aber nach seinen Vorgaben zensieren. Wahrscheinlich nahm kein Philosoph jemals das Theater ernster als Platon ...

Fiktion – ist das Unwirkliche und damit auch das Unwahre. Etwas, das nur fiktiv ist, hat provisorischen Charakter, existiert nur in Gedanken; wenn es ernst wird, schieben wir es beiseite. Das Fiktive ist auch das Fingierte, und zwar dann, wenn einer das Fiktive nicht bemerkt und es für die Wirklichkeit hält. Man fingiert etwas, um zu täuschen. Die Dichtung und die Kunst überhaupt sind die Quelle des Fiktiven, sie stellen dar, was für den, der nur in Tatsachen denkt, eine Einbildung ist und in Wahrheit nicht existiert. Und doch – Fiktionen existieren, wenn auch anders als reale Gegenstände. Wenn nun die Dichter und Dichterinnen auch noch behaupten, dass genau in diesen trügerischen, halbwirklichen Gebilden eine Wahrheit zu finden sei, die über die Wahrheit der Wirklichkeit hinausgehe, fühlt man sich provoziert, Einspruch zu erheben.

Die Sänger und Dichter lügen,[168] sagt auch Aristoteles, was meint, dass sie etwas mitteilen, was nicht der Wirklichkeit und Wahrheit entspricht. Aristoteles unterscheidet dabei ein theoretisches, praktisches und poetisches Wissen. Während das erste die Wirklichkeit betrachtet und Wahrheiten über sie notiert, das zweite sich in einem guten Handeln niederschlägt, bringt das dritte Dinge hervor, die so noch nicht in der Wirklichkeit existierten. Ein Stuhl oder ein Gedicht, ein Haus oder eine Tragödie – die Poiesis (vielleicht zu übersetzen mit: das Schaffen) produziert ganz allgemein eigenständige Dinge. Dass von dieser Begriffsschöpfung heute einzig die Dichtung, Poesie, geblieben ist, scheint etwas zu betonen, das Aristoteles so noch nicht gesehen hat. Während ein Stuhl sehr deutlich ein wirkliches Ding ist, eine Tatsache sozusagen, ist eine Tragödie oder ein Gedicht keineswegs einfach ein Ding. Goethes *Faust* steht ja nicht bei mir im Regal ... *Faust* fingiert also nur, ein Ding zu sein.

Natürlich war der Hinweis auf die Lüge nicht Aristoteles' letztes Wort über die Dichter und Sänger. Vielmehr schuf er mit seiner *Poetik* – einer Betrachtung der Tragödie und wohl auch der Komödie, wobei dieser Teil der Betrachtung verloren gegangen ist – das Vorbild für das systematische Interesse der Philosophen an der Poesie, der Dichtung, ohne sie wie Platon als Feind zu kennzeichnen. Dass er diese sogar der Geschichtsschreibung vorzog, ist einem seltsamen Argument geschuldet. Während der Historiker einfach alles festhält, was zufällig geschieht, kann der Tragödiendichter eine Handlung darstellen, die sich Schritt für Schritt nach Notwendigkeit entwickelt. Daher sei die Dichtung philosophischer, weil es auch in der Philosophie um die Erfassung des Allgemeinen und Notwendigen geht, nicht um das bloß Zufällige. Das würden wir heute wohl von der Dichtung nicht mehr behaupten. Sie spricht mit und in jeweils singulären Stimmen. Ihr Interesse gilt den Zufällen, dem Einzigartigen. Auch ist unsere Auffassung von der Philosophie eine andere geworden.

Ohne auf den poetischen Charakter der biblischen Texte einzugehen – ein Merkmal, das theologisch immer eher kaschiert wurde, weil man zwar die Tatsache nicht leugnete, dass sie von Menschen verfasst wurden, aber doch nicht zulassen konnte, sie mit anderen, nicht religiösen Dichtungen auf eine Stufe zu stellen –, wurde die Frage, wie sich die Dichtung zur Philosophie und damit zur Wissenschaft verhält, erst wieder am Ende des 18. Jahrhunderts in Deutschland akut. Warum übrigens in Deutschland? Gewiss auch, weil dort die Anknüpfung an die griechische Philosophie und Kultur in wissenschaftlichen Kreisen so stark und beinahe alles beherrschend war. In der Pädagogik oder der Erziehungswissenschaft gibt es bis heute Anklänge an diese Verbindung, die allerdings überaus leise geworden sind.

Im Umkreis der Dichter-Titanen Goethe und Schiller fand die Frage, ob das Denken oder das Dichten wahrer und wirklicher waren, fruchtbaren Humus. So schreibt Novalis einmal: »Die Poesie ist das echt absolut Reelle. Dies ist der Kern meiner Philosophie. Je poetischer, je wahrer.«[169] Und ein paar Jahre später Hölderlin: »Was bleibet aber, stiften die Dichter.«[170] Philosophisch gebildete und vielleicht etwas überkandidelte Dichter wie Novalis und Hölderlin begannen, die platonische Klärung des Verhältnisses von Philosophie und Dichtung wieder umzudrehen. Der Dichter, nicht der Denker, hatte einen direkten Draht zur Wahrheit. In welcher Hinsicht aber sind jene beiden Behauptungen überhaupt plausibel? Warum sollte das Dichten einen unmittelbareren Zugang zur Wahrheit haben als das Denken? Warum ist die Poesie das »absolut Reelle«?

Die Philosophie hat eine Begriffssprache entwickelt, mit der sie ihre Themen analysiert und erklärt. Der Philosoph oder die Philosophin will verstehen, sie wollen die innere Begründungsstruktur eines Gedankens oder auch eines Phänomens durchsichtig machen. Ohne diese Aneignung des Themas kann die Philosophie gar nicht erst beginnen. Damit aber entfernt sie sich von einem Leben, das unmittelbar ergreift, was wahr und falsch ist. Wenn ich jemanden liebe, will ich nicht wissen, was das heißt oder wie das überhaupt möglich ist, sondern ich will diese Liebe auf meine Weise unmittelbar erfahren. Diese Unmittelbarkeit, die ein Element meines Lebens ist, findet in der Poesie, nicht in der Philosophie eine erste und letzte Entsprechung.

Für Novalis und Hölderlin sind Philosophie und Poesie miteinander eng verwandt. Sie wollen sozusagen dasselbe. Doch in der Unmittelbarkeit der Sprache, des Ausdrucks, des Diktierens, stößt die Dichtung weiter vor zur Wahrheit. Sie ist so etwas wie eine Abkürzung des Weges zu ihr; eines Weges, der für die Philosophie nur über subtil gegeneinander abgegrenzte Begriffe verläuft. Dieses Verhältnis zwischen Philosophie und Poesie hat Novalis einmal so beschrieben, dass die erste die Theorie der zweiten sei. Philosophie zeige uns, »was die Poesie ist; daß sie eins und alles sei«.[171] Mit anderen Worten: Die Poesie ist die Wahrheit, die Philosophie ihr Steigbügelhalter. Wahrer ist die Dichtung, gerade weil sie auf Begründung und Argumentieren zu verzichten vermag. Damit trifft sie ein Merkmal unseres Lebens, das in existenziellen Fragen keineswegs argumentiert. Gibt es denn zum Beispiel ein Argument dafür, dass ich so bin, wie ich bin? Überhaupt – dass ich bin?

Heidegger schwankt an dieser Stelle – vermutlich zu Recht – zwischen der Wahrheit des Denkens und des Dichtens hin und her.[172] Was für ihn beide teilen, ist der Bezug zur Sprache als eines Sagens, das sich vom Sprechen unterscheidet. Wir können das Sagen als eine Weise des Sprechens, doch das Sprechen nicht als eine des Sagens betrachten. Das Sagen teilt genau dies und nichts anderes auf genau diese Weise mit. Das aber ist ein Diktat – Dichtung eben. Und das ist es, was die erstaunliche Kraft der Poesie ausmacht. Sie befreit uns von einer abstrakten Haltung, in der wir uns für Sachen interessieren müssen, mit denen wir – wie bei all den technisch-ökonomischen Verwaltungsfragen eines Lebens in Gesellschaft – eigentlich nichts zu tun haben. Das Diktat der Dichtung betrifft mich – oder eben nicht. Es geht einzig und allein um mich und mein Leben. – Wo stellt sich da eigentlich die Frage nach der Fiktion?

Wie seltsam aus der Binnensicht der Dichtung das Verhältnis von Poesie und Wirklichkeit erscheint, zeigt eine Dichter-Anekdote aus dem 20. Jahrhundert. Rainer Maria Rilke hatte 1922 seine Arbeit an den *Duineser Elegien* beendet und damit ein Meisterwerk der modernen Lyrik geschaffen. Ein berühmter Germanist hat sie als »Eigensprache«[173] bezeichnet; eine Sprache, die sich bewusst allgemeiner Verständlichkeit entzieht, indem sie sich an ihren eigentlichen Adressaten richtet: an die »Engel« (»Wer, wenn ich schriee, hörte mich denn aus der Engel/Ordnungen?«, beginnt schon die Erste Elegie).[174] Es scheint unmöglich, diese Dichtung aus irgendeinem Bezug zur Realität zu verstehen. Niemand, der sie liest, würde auf diese Idee kommen.

Bevor die Elegien veröffentlicht wurden, kursierten Handschriften in bestimmten mit dem Dichter bekannten Kreisen. Es existiert ein Brief an Elisabeth Aman-Volkart, den Rilke im Juni 1922 in Muzot geschrieben hat. In ihm bedankt er sich für die Zusendung einer »›Kätzchenkunde‹«[175] und akzeptiert überraschenderweise die Notwendigkeit, in der Zehnten Elegie eine Änderung einzutragen. Dort hieß es zunächst:

> Aber erweckten sie uns, die unendlich Toten, ein Gleichnis,
> siehe, sie zeigten vielleicht auf die Kätzchen der leeren Weide, die hängenden, oder
> meinten den Regen, der fällt auf dunkles Erdreich im Frühjahr. –

Im Brief erkennt er an: »[…] ich bin überzeugt! Es gibt also keine ›hängenden‹ Weidenkätzchen (merkwürdigerweise), und gäbe es irgendeine rare tropische Ausnahme, so könnte ich sie doch nicht brauchen. […] Ich weiß also, was ich wissen mußte, und vertausche im Text ›Weide‹ gegen ›Hasel‹.« Rilke hat demnach ein Interesse daran, in seinem Gedicht keine falschen Tatsachen wie die zu verbreiten, dass es »›hängende‹ Weidenkätzchen« gebe. Wie ist das möglich, wenn doch die gesamte Dichtung der Elegien niemals den Anspruch erheben kann, sich mit Tatsachen zu beschäftigen, geschweige denn, solche darzustellen?

Man könnte nun denken, dass Rilke – wie alle Dichter – sehr wohl meinte, seine Gedichte enthielten Tatsachen, ja sie seien sogar Tatsachen. Doch das würden wir zu Recht bezweifeln dürfen, da die Wirklichkeit der Dichtung nicht mit der der Natur zu identifizieren ist. Rilkes Engel sind wirklich, jedoch nicht so wie die Tatsache einer Krähe auf einem Baum. Andererseits ist das Diktat der Dichtung nicht fiktiv. Die Dichtung täuscht nicht, sie will keine

Wirklichkeit nur inszenieren, sondern Wirklichkeit sein. Was also geschieht in der Dichtung mit dem Unterschied von Tatsache und Fiktion? *Er spielt keine Rolle.* Dichtung – dieser »andre Hauch« – ist ein Diktat von Bedeutungen jenseits der Frage, ob das Gedichtete nun tatsächlich oder fiktiv (etwas) bedeutet. Mit anderen Worten: Wenn wir sonst in unserer Weltorientierung darauf Wert legen müssen, Tatsachen von Lügen zu unterscheiden – und das auch in den allermeisten Fällen können –, befreit uns die Dichtung von diesem Muss.

Das gilt natürlich für Rilkes Dichtung ebenso: Für ihn gibt es keine sinnvolle Differenz zwischen dem Fiktiven und dem Faktischen. Das zeigt das von ihm geprägte Wort des »Weltinnenraums«.[176] Was die Dichtung ausspricht, ist eine im Inneren ständig vollzogene Verwandlung des vermeintlich Äußeren: »Nirgends, Geliebte, wird Welt sein, als innen. Unser / Leben geht hin mit Verwandlung. Und immer geringer / schwindet das Außen.«,[177] heißt es in der Siebenten Elegie. Was uns etwas bedeutet, entscheidet sich demnach nicht dadurch, dass ich die Tatsachen einer vermeintlich allgemein anerkannten Wirklichkeit anerkenne, sondern dass ich das Bedeuten und Bedeutende aus der Unterscheidung von Wirklichkeit und Fiktion befreie. *Freiheit des Bedeutens – das ist sie möglicherweise: die volle Wahrheit der Poesie.*

Und Platon? Man fragt sich, was dieser Liebhaber des Guten und Schönen, der – etwas überspitzt gesagt – noch nicht einmal ein Wort für die Wirklichkeit hatte, mit seiner Kritik des Scheins und der Täuschung in der Dichtung eigentlich bezweckte. Ist nicht seine ganze Philosophie genauso fiktiv wie der Mythos, gegen den sie sich wendet, ja, wie ein Märchen, in dem die Ideen die Prinzen und Aschenputtel, die Wölfe und Großmütter sind? Man erzählt, er habe seine Tragödien verbrannt, als er den Sokrates kennenlernte. Und hat er danach nicht eine Philosophie als Tragödie geschaffen? Es gibt ernst zu nehmende Hinweise dafür. – Klar, wir können nicht bezweifeln, dass die Philosophie eine Tatsache ist, denn gewiss gibt es die Philosophie allein schon in den sich selbst bespielenden Institutionen. Doch ist sie deshalb schon jenes Versprechen, das sie einmal war?

Die neo-moralische Kritik des Scheins

Martin Luther – Nietzsche nennt ihn einmal vielsagend »dies Verhängnis von Mönch«[178] – hatte eine geniale Idee, als er die vier *solus*-Formeln erfand. *Sola scriptura, sola fide, sola gratia* und *solus Christus* sollte der reformierte Christ entstehen, allein durch die Schrift, allein durch den Glauben, die Gnade und Jesus Christus – und nicht mehr, wie im Katholizismus, durch die Kirche. Es ereignete sich eine Reinigung höchsten Grades, an deren Ende der einzelne Mensch allein vor Gott steht, einsam mit seinem für Gott durchsichtigen Gewissen.

Nicht, dass dem Katholizismus diese Situation unbekannt gewesen wäre. Doch sie wird vertagt, verschoben bis zum letzten Gericht. In der Offenbarung des Johannes stehen die Toten vor Gottes Thron (Offb 20,12), und das »Buch des Lebens« wird aufgeschlagen, damit die Toten »nach ihren Werken gerichtet« werden. Dort, im Gericht über die Toten, kommt die Wahrheit über uns ans Licht, und wir werden den zweiten Tod im ewigen Feuersee erleiden. Doch das hat noch Zeit ... Vorläufig können wir noch sündigen.

Luther aber verlegte dieses Gericht vor, machte es geradezu zum Lebensprinzip des Protestanten: »Wohin man nur sieht, überall der hypnotische Blick des Sünders, der sich immer in der einen Richtung bewegt (in der Richtung auf ›Schuld‹, als der *einzigen* Leidens-Kausalität); überall das böse Gewissen, dies ›grewliche thier‹, mit Luther zu reden [...].«[179] Die Wahrheit meines Lebens – ob Protestant oder nicht – ist Sünde, Schuld, schlechtes Gewissen, denn wer wäre ich zu behaupten, ich hätte in meinem Leben nicht Böses getan? So stehe ich als moralischer Mensch mein Leben lang vor Gott als einem Richter, der immer wieder die Wahrheit über mich und meine Handlungen verkündet –, und mir ist klar, dass ich diese Wahrheit erkennen könnte, wenn ich nur wollte.

Vor Gott erscheint die ganze Wahrheit meines Lebens, auch deshalb, weil er die Wahrheit ist (vgl. das Kapitel »Aus dem Nichts«). Vor ihm muss sich gleichsam der Mensch als Mensch canceln. Die Frage ist dabei, wie dieser Mensch mit dem offenbaren Bewusstsein seines Versagens leben kann. Nietzsche beschreibt in der *Genealogie der Moral*, wie aus dieser Luther'schen Cancel Culture des eigenen Gewissens ein Mensch entsteht, der kaum noch zu leben vermag. Klar, zunächst – Nietzsche weiß, wovon er spricht – wurde »das Leben wieder *sehr* interessant: wach, ewig wach, übernächtig, glühend, verkohlt, erschöpft und doch nicht müde«. Die Erwachten sehen das Licht, alles erscheint ihnen neu. Aber schließlich ist das Licht zu hell, wie ein Verdurstender in der Wüste geht man daran zugrunde. So erkennt die Erwachte in sich einen »*Willen zum Nichts*, einen Widerwillen gegen das Leben«. Doch selbst wenn daraus folgt, dass es im Leben um nichts mehr geht, wollen wir »lieber noch das *Nichts*, als *nicht* wollen«.[180]

Für Nietzsche entspringt aus dieser Cancel Culture des Gewissens das, was er »Nihilismus« nennt. Der Mensch, der gerade noch sich selbst super moralisch kontrollierte, wird zum Nihilisten. Und das geht so: Moralisch ist nur derjenige Mensch, der alles Schlechte zunächst bei sich selbst cancelt, der demnach wie die Katze vorm Mauseloch vor seiner eigenen Seele sitzt, um jede sich zeigende Bosheit sogleich zu verschlingen. Doch wer sich unentwegt auf diese Weise der Wahrheit seines Lebens aussetzt, wird – so denkt Nietzsche – zunächst zu einem Pessimisten, der überall Argumente gegen dieses Leben erblickt. Das ist unmittelbar kein Einwand, denn die Pessimistin kann nun gerade darin ihre Lust erfahren, dass das Leben schlecht ist. Aber irgendwann lässt auch diese Lust nach, und der Pessimist will nichts mehr außer das Nichts selbst. War er gerade noch zu seinem selbstquälerischen Gewissen erwacht, hatte er die Wahrheit über sein Leben kennengelernt, bricht all das nun in Nichts zusammen. Jetzt heißt es: »Dass es keine Wahrheit giebt«.[181]

Wir kennen das: Wenn es einem zu viel wird, muss man aufhören, wenn man kann. Zu viel Wahrheit führt zu einem Overkill an schlechtem Gewissen. Man beginnt, zu nörgeln und auf eine unangenehme Weise unzufrieden mit sich selbst zu sein –, man feiert nicht mehr die überraschend intensive Einsicht in die eigene Schlechtigkeit, sondern versucht, den Kater dieses Bosheits-Fests loszuwerden. Eigentlich stimmt es nicht, dass es keine Wahrheit mehr gibt. Es hat sich eher gezeigt, dass einem die Lust auf Wahrheit vergangen ist. Nichts als die Wahrheit ist keine besonders lebenswerte Maxime.

Der Nihilist fällt deshalb eine Entscheidung: »Die Wahrheit ist hässlich: *Wir haben die Kunst,* damit wir nicht an der Wahrheit zu Grunde gehen.«[182] Man muss dieses berühmte Zitat in seiner maximalen Bedeutung interpretieren. Es erinnert nicht nur an einen Punkt im persönlichen Leben von Individuen, sondern ebenso an einen in der Geschichte der Menschheit. Die Moralisierung des Menschen hat ihre Zeit. Eine Epoche seines Lebens ist er super-woke und cancelt alles Mögliche, sogar sich selbst. Doch dann überfällt ihn die Sehnsucht nach einem Schein, der ihm die hässlich gewordene Welt wieder schön macht.

Jetzt heißt es: »Die Kunst ist mehr werth als die Wahrheit.«[183] Kunst ist lebendiger, kreativer als die womöglich noch religiös oder mindestens moralisch motivierte Zerstörungsarbeit der Wahrheit. Die traurigen Ritter der Cancel Culture mögen als Spielverderber vereinzelt erfolgreich sein, doch je erfolgreicher sie sein werden, umso krasser wird die Kunst-Welt den Miesepeter entpowern. An dieser Stelle ist die Kunst jedoch nicht mehr die Tätigkeit, die ein Individuum als Malerin oder Bildhauer oder was auch immer ausübt. Sie ist vielmehr »die Welt als ein sich selbst gebärendes Kunstwerk«.[184]

Die Kunst wird Welt-Gestaltung, wird politisch, übernimmt die Macht. Moralische Zerknirschtheit ist von gestern, der Erhabenheit des Großen gehört die Welt ... Wir kennen die möglichen Konsequenzen eines solchen Gedankens. Hitler, der sich nur im Ruhm-Glanz des gewiss nicht klein denkenden Philosophen Nietzsche sonnen wollte, als dessen Schriften zu lesen, hat vielleicht tatsächlich gedacht, dass das »Dritte Reich« vor allem in Leni Riefenstahls Filmen oder in Albert Speers Germania zu sich selbst gekommen ist.[185] Doch inzwischen haben wir es mit solchen Total-Phantasmagorien nicht mehr zu tun. Nietzsches Kontrastierung von Moral und Kunst spiegelt sich im Heute anders.

Wollte man zwei Tendenzen unserer Zeit ausmachen, die in einem zwar weniger beachteten, aber womöglich doch deutlichen Gegensatz zueinander stehen, dann gibt es auf der einen Seite einen erstaunlichen Moralisierungsschub eines woken Selbstverständnisses, in dem nicht nur auf der Hand liegende und dennoch selten geahndete Diskriminierungen von Minderheiten angeprangert, sondern außerdem vor kurzem noch als ironisch betrachtete Frechheiten humorlos abgewürgt werden. Die Rhetorik dieser Moralisierung des Lebens ist zuweilen naiv und wie beim Begriff der »Cancel Culture« unsensibel, da er an den der »Säuberung« erinnert.

Auf der anderen Seite gibt es zumeist in den siebziger und achtziger Jahren aufgewachsene Menschen, die in einer ästhetischen Lebensauffassung die individuelle Selbstentfaltung ihrer Existenz über moralische Welt-Kontrolle gestellt haben. In solcher Selbstentfaltung wurden gesellschaftlich durchaus vorhandene Täter-Opfer-Verhältnisse unter anderem deshalb ignoriert, weil moralische Kategorien in der auch institutionellen Welt-Gestaltung keine Rolle spielten. Ein keineswegs abgeschaffter Kampf ums Dasein wurde im Erfolg eines spezifischen Lebensstils aufgehoben.

Wenn heute die strukturelle Ungerechtigkeit dieser Welt in neo-moralischen Diskursen thematisiert wird, erinnert sich eine ganze Generation von unbewussten Nietzscheanern an ein Problem, das man in seinem eigenen Leben einfach nur verdrängt hatte. Der schöne Schein verblasst. Plötzlich ist Wahrheit wieder ein Thema ...

Die Verschwörung der Weisen von Zion.
Eine Ersatzwahrheit

Seltsam, zur Kenntnis nehmen zu müssen, dass selbst noch im 21. Jahrhundert sogenannte Medienpromis von einer jüdischen Weltverschwörung sprechen, Hitler zu Angela Merkels Strohmann erheben, weil diese ihn öffentlich nur verdamme, um hinterm Rücken der Öffentlichkeit mit Bill Gates einen apokalyptischen Massenmord zu planen. Zudem hätten die Jüdinnen und Juden die Shoah mitfinanziert, wohl um Deutschland zu vernichten – ein Quatsch, der schon zu Zeiten des untergehenden »Dritten Reichs« aufkam.

Über Verschwörungstheorien und ihre Ursachen wird in letzter Zeit wieder mehr nachgedacht, da auch die Erklärung von Entstehung und Verlauf der Corona-Pandemie von ihnen betroffen war und ist.[186] War der Wildtiermarkt im chinesischen Wuhan oder nicht doch ein Chemielabor Ground Zero? (Eine Parodie auf diese Frage liefert *Southpark*, der zufolge Mickey Mouse und Randy Marsh in China Geschlechtsverkehr mit ein und derselben Fledermaus hatten; Ursache dafür, dass nach Einreise der Herren Mouse und Marsh das Virus in die USA kam ...) Aber selbst ohne die Pandemie waren große Ereignisse aus der Vergangenheit wie 9/11 und erst recht die Weltkriege samt der Shoah stets von Verschwörungstheorien umwoben. Anscheinend triggern große Ereignisse so etwas wie ein Bedürfnis, sie mit größeren Erzählungen zu verknüpfen, vor allem wenn diese Ereignisse sich einer durchgängigen Erklärbarkeit entziehen.

Was geschah am 11. September 2001 wirklich, als in New York das Unmögliche geschah und die beiden gigantischen Türme des World Trade Centers vor den laufenden Kameras der Weltöffentlichkeit einstürzten? Was von dem, was man erfuhr, war wahr, was falsch? Das Ereignis produzierte einen Überschuss an Impressionen und Informationen, so dass es leicht fiel, Dinge miteinander zu verknüpfen und dann aus diesen Verknüpfungen Konsequenzen abzuleiten, die absurd erschienen. Wie weit hergeholt ist es, aus einer Bekanntschaft der beiden Familien Bush und Bin Laden zu schließen, dass die amerikanische Regierung selbst den Befehl gab, die beiden Türme in Manhattan in Schutt und Asche zu legen? Die Erklärung scheint plausibler, als davon auszugehen, dass eine Handvoll verwirrter Islamisten zu einer solchen Attacke fähig sein könnten. Zu unterstellen, »daß gewisse Menschen oder Gruppen an dem Eintreten dieses Ereignisses interessiert waren«, hilft, das vermeintlich Sinnlose durch eine mindestens plausible Erklärung zu ersetzen.[187] Mit diesen Menschen oder Gruppen meint man natürlich nicht die, die unmittelbar am Ereignis beteiligt waren.

Zum Charakter einer Verschwörungstheorie gehört aber nicht nur, dass irgendeine Erzählung die Verursachung bestimmter Ereignisse plausibilisiert, sondern dass zugleich mit ihr ein bestimmter Konflikt heraufbeschworen wird. Der Begriff der »Verschwörung« stammt nicht zufällig aus dem politischen Kontext der Revolte und der Machtergreifung. Das berühmte Gemälde *Der Schwur der Horatier* (1784) von Jacques-Louis David, dem späteren Haus-und-Hof-Maler von Napoleon Bonaparte, hatte ursprünglich nichts mit einer Verschwörung zu tun, wurde aber im vorrevolutionären Frankreich als stillschweigender Hinweis auf das Kommende interpretiert. Eine Verschwörungstheorie ist demnach die phantasmatische Erzählung von einer geheimen Bewegung, die, um die totale Macht zu ergreifen, sich in einer esoterischen Zeichensprache verständigt.

Die wahrscheinlich einflussreichste und in der Tat erstaunlichste Verschwörungstheorie des 20. Jahrhunderts – der Verschwörungs-Prototyp schlechthin – ist die von den *Protokollen der Weisen von Zion*, die Erzählung von einem »Programm der internationalen Geheimregierung«.[188] Erstaunlich daran ist, dass sich das Phantasma hier in einem Text manifestiert, dessen Existenz nicht bezweifelt werden konnte; ein Text, dessen Entstehungsgeschichte selbst ein Moment der Verschwörungstheorie ist, weil von Beginn an zur Debatte stand, ob er echt ist oder eine Fälschung.

Soweit ich sehe, kann man von »vier Stufen« in der Entstehung und Veröffentlichungsgeschichte der *Protokolle* ausgehen.[189] Den Anfang macht ein deutscher Roman namens *Biarritz* aus dem Jahr 1868 von Sir John Retcliffe, der eigentlich Hermann Goedsche hieß. Darin gibt es eine längere Episode, die auf dem jüdischen Friedhof von Prag spielt, wo sich entsprechend bedrohlich beschriebene Juden treffen, um im Kampf mit dem Christentum die Weltherrschaft zu erringen. Die zweite Stufe bildet ein Text von Maurice Joly von 1864 mit dem interessanten Titel *Dialogue aux Enfers entre Machiavel et Montesquieu*,[190] der zwar älter als *Biarritz* ist, doch erst später in die Entstehungsgeschichte eingegriffen habe. In diesem Dialog diskutieren Machiavelli und Montesquieu um die wahre

Politik, ob sie in einer Regierung bestehe, die sich auf die von Montesquieu erläuterte Gewaltenteilung beruft oder in einer rein pragmatischen Machtpolitik à la Machiavelli. Dessen Argumente werden als siegreich dargestellt; sie sind in die *Protokolle* eingegangen. Die dritte Stufe stellt ein verschwundenes französisches Original dar. Dass es ein solches gegeben haben soll, behauptet Henri Rollin in einem Buch, das erst 1939 in Paris erschien. Dort wird gesagt, dass die verschollene Urschrift im Umkreis der Dreyfus-Affäre entstanden sei. Mit anderen Worten: Die *Protokolle* sind eine Fälschung, ohne dass diese etwa auf ein Original verwiese. Auf einer vierten Stufe hat man es mit der Information zu tun, dass die *Protokolle* vom russischen Geheimdienst angefertigt wurden. Das kann nicht bestätigt werden. Wahr ist, dass sie zuerst in Russland im Jahre 1905 und 1911 von einem Sergej Nilus veröffentlicht worden sind. Von dort ausgehend wurden die *Protokolle* ein Bestseller (in meiner Ausgabe von 1935 heißt es »Sechzehnte Auflage. 98. bis 107. Tausend«).

Der Erfolg des Textes wird schnell erklärlich. Er besteht aus 24 *Protokollen*, die Punkt für Punkt festhalten, wie das sogenannte »Weltjudentum«[191] auf sehr rationale Art und Weise Europa kontrolliert, bis dann der »König der Juden«[192] ganz offen die Macht ergreifen wird. Gezeichnet werden die *Protokolle* »von den Repräsentanten Zions des 33. Grades«. Der Ton des Textes ist beinahe sachlich, nüchtern. Nichts weist etwa darauf hin, dass der Inhalt unglaubwürdig, weil zu bizarr ist. Im Gegenteil klingt er ungefähr so, als hätten sich in ihn all jene kulturkritischen Vorbehalte konservativer Intellektueller der zwanziger Jahre auf durchaus kluge Art und Weise eingeschrieben.

Die Entstehung der Verschwörungstheorie hat dabei noch einen besonderen Twist. Bereits im Jahre 1921 war es ein Journalist der Londoner *Times* namens Philip Graves, der herausfand, dass die *Protokolle* ein Plagiat vor allem des Buches von Joly sei. Dann wurde 1933, im sogenannten Berner Prozess, diese Expertise bestätigt. Der Prozess veränderte die Verschwörungstheorie, die zu diesem Zeitpunkt längst um sich gegriffen hatte, an einem Punkt.

Einer, der die *Protokolle* offenbar recht früh kennenlernte, war Adolf Hitler.[193] Der stellt in *Mein Kampf* fest, dass aus der Reaktion der Juden auf die *Protokolle* gerade deren Echtheit zu schließen sei. »Wie sehr das ganze Dasein dieses Volkes auf einer fortlaufenden Lüge beruht«, wird da gesagt, erkenne man daran, dass sie behaupten, die *Protokolle* »sollen auf einer Fälschung beruhen«. Hitler folgert: »der beste Beweis dafür, daß sie also echt sind«.[194] Ein an Verschwörungstheorien oft vorkommendes Phänomen ist, dass gerade der Versuch, sie als solche, nämlich als haltloses Konglomerat von Unterstellungen und Vermutungen darzustellen, zu ihrer weiteren Verbreitung und Verfestigung führt –, als würde der, der sich vehement gegen eine Verleugnung wehrt, gerade dadurch den Beweis für ihre Wahrheit liefern.

Zur ersten Fassung der Verschwörungstheorie, zur Ausgabe von Nilus, gehörte die Erzählung, dass die *Protokolle* auf dem von Theodor Herzl einberufenen ersten zionistischen Weltkongress 1897 in Basel entstanden seien. Das konnte im Zuge jenes Gerichtsverfahrens 1933 nicht belegt werden, woraufhin sich die Verschwörungstheorie erneut veränderte. Es habe nämlich 1897 nicht nur einen Kongress in Basel gegeben, sondern zwei. Neben dem

Zionistenkongress habe auch der »Freimaurerorden *Bne Briss*«[195] getagt. Es sei nun eben nicht die größere Konferenz der Zionisten, sondern dieser Orden die Quelle der *Protokolle* gewesen. Der »Sachverhalt« wird mit Zitaten belegt.

Die Begründung, dass die *Protokolle* keine Fälschung, kein Plagiat sein können, verläuft fast immer gleich. Ähnlich wie schon Hitler in *Mein Kampf* heißt es in meiner Ausgabe von 1935: »Eine Fälschung würde nur dann vorliegen, wenn die Protokolle ein Programm enthielten, das mit den politischen Bestrebungen des Judentums in Gegensatz stünde.«[196] Im Nachwort zitiert der antisemitische Autor Theodor Fritsch dann entsprechend Henry Ford, der in den USA eine Publikation der *Protokolle* veranlasste: »Als man *Henry Ford* fragte, welchen Beweis er für die Echtheit der *Protokolle* besitze, sagt er: ›Nur den einen, daß der Verlauf der Wirklichkeit völlig den hier festgelegten Absichten entspricht‹.«[197] Die *Protokolle* müssen echt sein, weil die Juden und Jüdinnen eben tatsächlich schon drauf und dran seien, die Weltherrschaft an sich zu reißen, was man natürlich nur aus den *Protokollen* und aufgrund von Anzeichen weiß, die im Lichte der *Protokolle* interpretiert werden.

Bekannt ist, dass die Verschwörungstheorie eines die Welt beherrschenden »Weltjudentums« sich nicht nur an den *Protokollen der Weisen von Zion* orientierte. Dass das Judentum die Bühne der ganzen Welt bespielt, könne man tatsächlich an der Politik der »Zionistischen Weltorganisation« ablesen, die 1897 auf dem schon erwähnten Basler Zionistenkongress von Herzl gegründet wurde. Daran dockte Alfred Rosenberg in seiner kommentierten Ausgabe der *Protokolle* von 1923 an, der er ein Motto Chaim Weizmanns – der 1921 Präsident der »Zionistischen Weltorganisation« war und zwischen 1949 und 1952 der erste israelische Staatspräsident sein würde – voranstellte, in dem Weizmann von einer »aufbauenden Kraft« seiner Organisation spricht, die sich »in eine zerstörende verwandeln« könne, »die die ganze Welt in Gärung bringen« werde.[198] Der Zionismus war ohne Zweifel ein internationales Phänomen. Noch heute fällt der Name der Familie (sowie des Bankhauses) Rothschild, um den internationalen Einfluss der Juden vor allem auf dem Gebiet der Ökonomie zu »beweisen«. Dabei ist es auch kein großes Problem, dass revolutionäre Tendenzen in der Welt gleichzeitig auf einen sogenannten »jüdischen Bolschewismus« zurückgeführt werden. Alles passt deshalb zusammen, weil eine Verschwörung im Gange sein muss, die Weltherrschaft mit allen nur erdenklichen und damit sich auch »scheinbar« widersprechenden Mitteln zu erringen. Der Kuddelmuddel, der durch die Vermischung realer und fiktiver Versatzstücke entsteht, ver- und behindert den klaren Blick auf die Wirklichkeit, die in einer Verschwörungstheorie allerdings auch keine Rolle spielen soll.

Wirklichkeits-Immunität macht einen wichtigen Aspekt in der Entstehung von Verschwörungstheorien aus. Man lehnt Wirklichkeit so sehr ab, dass die Ablehnung schon nicht mehr erfahren wird. Doch warum? Dafür wird es viele Gründe geben. Einer könnte der sein, dass Verschwörungstheorien immer dort die Wirklichkeit ersetzen, wo diese als sinnlos erfahren wird. Sinnlosigkeit von Wirklichkeit birgt Angstpotenzial, das verdrängt werden muss. Es kann nicht sein, dass niemand für die

Misere verantwortlich ist. Irgendjemand muss schuldig sein. – Als Deutschland 1918 zum alleinverantwortlichen Verlierer des Ersten Weltkriegs erklärt wurde, gab es Millionen von jüngeren Männern im Land, denen von einem auf den anderen Tag der Sinn ihres Opfers entrissen wurde. Also ist der Kampf ums Dasein doch sinnlos, die Natur kennt keine Moral, von der Schuld oder Verantwortung ausgehen könnten: Der faktisch Stärkere gewinnt; und wenn er nicht auf dem Schlachtfeld gewinnen kann, dann eben in der Politik ..., die in den Händen der Juden liegt. Nun hat das Leben wieder einen Sinn. Einer, der so dachte, war Adolf Hitler.

Du und ich. Ein Brief

An Dich,

da wir uns begegnen, indem Du diese Zeilen liest, ist für einen Augenblick eine Anrede möglich, in der ich Dir etwas mitteilen möchte, das zum Thema dieses Buches gehört. Es verlangt einen anderen Ton, als ich ihn sonst anschlage. Ich wende mich nur noch sehr selten an Dich. Aber ich erinnere mich noch.

Die Tätigkeit des Nachdenkens, des Schreibens, des Lesens wird von Merkmalen bestimmt, die wir wenig beachten. Jemand, der zu einem Buch wie dem greift, das Du in Deinen Händen hältst und gelesen hast, oder jemand, der ein solches Buch schreibt, sieht vermutlich nichts Besonderes darin. Wir denken, schreiben und lesen, ohne uns dabei etwas zu denken. Man macht nicht viel Aufhebens darum. Du kennst das, denn Du bist sehr verschwiegen.

Dennoch findet in jenen Tätigkeiten etwas statt, dem wir selten genug unsere Aufmerksamkeit schenken. Die Besinnung auf Bedeutungen in Sprache und Schrift ist eine Ablösung von den Beziehungen, in denen wir leben. Indem ich nachdenke, schreibe und lese, entsteht zwischen mir und allem anderen eine Kluft. Ich befinde mich bei etwas und darum nicht mehr bei jenem. Das zweite ist die Welt. Und das erste? Wo befinde ich mich, wenn nicht mehr in der Welt?

Ich befinde mich in einem dichten Gewebe von Bedeutungen, in denen ich mich zu orientieren versuche. Diese Bedeutungen schießen dann zu Figuren zusammen, die mir etwas zeigen. Sie bedeuten und verweisen allesamt auf einen Hintergrund, der immer anwesend ist, doch niemals zum Vorschein kommt. Es gibt da etwas, das mich auf der Suche nach meinen Bedeutungen gleichsam anweht, ohne dass ich eine Quelle dieses Wehens, das auch ein Weh sein kann, finden könnte. Ich kann mich in dieses Wehen aber noch weitervertiefen. Kennst Du es?

Ich lasse die Bedeutungen sein und besinne mich auf mich selbst. Schließlich bin ich es, der sie aufgewirbelt hat, der jenes Gewebe zu spinnen versuchte. Wenn ich es zerreiße, bleibe offenbar ich über. Ist aber das, was da übrig bleibt, nicht auch nur eine Bedeutung – »Ich« genannt? Nein, es ist ein Bezug, der etwas verbindet, ohne dass ich zwei Enden dieses Bezugs erkennen könnte. Ich bin nicht zwei, bleibe einer, obwohl ich zu und mit mir *selbst* sprechen kann; *Aufschein eines Geheimnisses.*

Kann ich diesen Bezug zu mir selbst aber noch genauer fassen? Kannst Du mir helfen? Er lässt sich kaum noch als »Etwas« bezeichnen. Er ist eigentlich nichts, ein leichtes Wehen eben, in dem sich aber doch immer abzeichnet, dass ich dieser Bezug bin. Obwohl er übrigens ganz offenbar immateriell ist – denn ich kann ihn wohl mit Drogen und Tabletten beeinflussen, aber nicht greifen –, ist er das Dauerhafteste, das ich kenne. Er war immer, soweit ich mich erinnern kann. Aber dann schlägt dieser Bezug, wie seltsam, immer um, wandelt sich, und in diesem Versunkensein in mir selbst begegne ich – Dir.

In dieser weltlosen Selbstbegegnung begegne ich Dir ... Es ist, als wäre ich Du und Du ich, was sehr vermutlich nur eine Einbildung ist. Und doch – bei genauerem Nachdenken erweist sich dieser sich bewegende Bezug, in dem ich Dir begegne, als das, was ich seit eh und je bin. Seit eh und je – warst Du in mir? Jetzt, in dem Augenblick, in dem ich mich an Dich erinnere, an Dich, die mein Denken und Schreiben berührte, unterbrach, beinahe zerstörte, erscheint mir dunkel: Denken ist Erinnerung an Dich, der Du mich zu dem hast werden lassen, der ich bin. Ich bin niemals ohne Dich. Daher darf ich sagen, dass alles Denken und Schreiben, das Dir gilt, bei aller Verlorenheit in diesem ungreifbaren Bezug, ein Weg zum inneren Selbst ist – Erinnerung eben. Ich erinnere *mich*, indem ich an Dich denke. Ich erinnere *Dich*, indem ich denke.

Erinnerung – ist eigentlich ein anderer Name für Denken, nicht wahr? Das Denken ist ein Versinken in Bedeutungen, die ich war, bin und zu einem großen Teil auch sein werde. Und dieses Innen? – ist jener sich bewegende und ungreifbare Bezug, in dem ich mich kaum noch von Dir unterscheiden kann. Und dabei bist Du doch in Wahrheit mir ganz entzogen, abwesend, unerreichbar. Wie aber könnte ich dieses Buch schreiben, ohne diesem Geheimnis, dass es mich ohne Dich nicht gibt, zu gedenken?

Augustinus, der ein Meister der Selbstbegegnung war – wie kann man sich begegnen? –, hat das einmal so gesagt: »Geh nicht nach draußen, kehr wieder ein bei dir selbst! Im inneren Menschen wohnt die Wahrheit.«[199] Nun war der Mann ein Theologe, ein Heiliger sogar, so dass mit dieser Idee vom »inneren Menschen« (*homo interior*) gewiss auch Gott zusammenhängt. Wo von Wahrheit die Rede ist, muss auch an Ihn gedacht werden. Du würdest bestimmt nicht widersprechen. Aber Du weißt: Er ist der Namenlose.

Denken und Schreiben kommen von selbst an den

Punkt, an dem sich innen eine Wahrheit meldet, die manche Gott genannt haben, in meiner Erinnerung aber eine große Namenlosigkeit bleibt. Sie ist der Punkt, an dem sich, wenn überhaupt, das Geheimnis verdichtet. Du wirst lachen, gewiss! Doch da, in dieser Unmöglichkeit, wird die Wahrheit geschehen, wenn sie geschieht. Aber sie wird dann nicht mehr Wahrheit heißen.

Du lachst, weil Du weißt, dass Du nicht ich bist. Und tatsächlich bist Du sehr anders als ich. Wie oft konnte ich Dich nicht finden, als ich Dich suchte? Das hat Dich nicht interessiert, Du hast es noch nicht einmal bemerkt. Dennoch, scheint mir, kannst Du nicht ganz auf mich verzichten. Oder Du willst es wohl auch nicht. Doch kennen werde ich Dich nie. Unser Verhältnis wird dunkel bleiben.

Ich möchte Dich noch an zwei andere Beispiele erinnern, die diesen Weg ins Innere betonen. Es gäbe übrigens sehr viele solcher Beispiele, aber diese beiden, die sich nahe stehen, sollen genügen. Das erste stammt von dem in diesem Buch schon erwähnten Feuerkopf Johann Gottlieb Fichte: »Merke auf dich selbst: kehre deinen Blick von allem, was dich umgibt, ab, und in dein Inneres – ist die erste Forderung, welche die Philosophie an ihren Lehrling thut. Es ist von nichts, was ausser dir ist, die Rede, sondern lediglich von dir selbst.«[200] Du siehst, dass auch er in Form einer Aufforderung, eines Appells spricht? Fichte, das wirst Du wissen, meint eigentlich dasselbe wie der Heilige. Für Fichte ist das Selbst sozusagen der Apparat, der alles Denken möglich macht. Man findet in ihm die Grundlagen der Logik als das, was uns die Welt und die Natur verstehbar macht. Das schließt aber die ganze Geschichte mit Gott nicht aus. In der inneren Wahrheit verbinden sich die Voraussetzungen des Denkens mit dem Höchsten, das dieses Denken kennt.

Einer, der Fichte genau studierte und verblüffend gut verstanden hat, war Novalis. Über ihn wäre vieles zu sagen. Schon allein, dass er auf die Idee gekommen ist, eine Sammlung von Aphorismen *Blüthenstaub* zu nennen, ist zu bewundern, nicht wahr? Gedanken sind Staub von Blüten ... Also, er schreibt dort: »Nach Innen geht der geheimnißvolle Weg. In uns, oder nirgends ist die Ewigkeit mit ihren Welten, die Vergangenheit und Zukunft.«[201] Du hörst die Nuancen. Es geht nicht um Gott oder die Bedingungen des Denkens, sondern um Welten, die sich ins Vergangene und Zukünftige öffnen. Auch das ist in uns, in mir und wohl auch in Dir.

Ich behaupte, dass wir alle diese nie zu beweisende Tatsache einer innersten Wahrheit kennen. Das ist keine Wahrheit, auf der die Gesellschaft oder welche Firma auch immer aufbauen kann. Keine Wahrheit, die mit irgendeinem Mikro- oder Teleskop festgestellt werden könnte. Auch keine Wahrheit, die mit Argumenten zu stützen oder zu widerlegen wäre. Gewiss, Hirnforscher würden mit der Idee einverstanden sein, dass alle Bedingungen von Wahrheit im Gehirn, also in uns, stecken. Doch das meine ich nicht.

Alles, was wir als Wahrheit nicht nur anerkennen, was uns Wahrheit im eigentlichen Sinne bedeutet, hat mit unserem Innersten zu tun. Ich bin sicher, dass das keine romantische Phrase ist. Warum bin ich mir sicher? Da ich Dich nur deshalb in mir finden und verlieren kann, weil Du wie ich ebenfalls in Dir bist, in Dir mich findest und verlierst. Das ist die exakte Voraussetzung dafür, dass wir

Menschen uns berühren können. Und das ist uns beinahe das Größte.

Nun ist es doch noch sentimental geworden. Aber was soll ich machen? Du kennst mich, nicht wahr? Du versuchst, mich zu verstehen, oder? Und wenn nicht, nicht so schlimm. Aber das ist ein anderes Thema. – Was ich Dir hier mitteilen wollte, war mir wichtig. Ich hoffe, Du wirst den einen oder anderen Gedanken meines Buches anregend finden. Ich weiß, dass das wirkliche Leben etwas anderes ist als Bücherschreiben und -lesen. Ich muss mich mehr kümmern, ich weiß. Aber ist es bedeutungslos, dass Du das hier liest, dass Du hier anwesend bist? Ich denke nicht.[202]

PT

Frau Wahrheit

Ich muss mit Gelehrsamkeit beginnen. Die Geschichte einer problematisierten Wahrheit, die wir Europäer und Europäerinnen uns erzählen, fängt – wenig überraschend – im antiken Griechenland an. Die Ägypter, mit denen die Griechen in kulturellen und wirtschaftlichen Beziehungen standen, kannten keine Philosophie. Was die Griechen irgendwann philosophisch zu befragen und zu untersuchen begannen, könnte man im Ägyptischen als die Maat bezeichnen.[203] Doch dieses allumfassende Prinzip war viel zu sehr in die theokratische Herrschaftsstruktur einbezogen, als dass ein individuelles Befragen ihrer Bedeutung möglich gewesen wäre. Sicher lernten die Griechen in der Mathematik, Astronomie und Medizin von den Ägyptern, doch ägyptische Philosophie gab es nicht; übrigens ein weiterer Hinweis darauf, dass es keine superzeitlichen, superkulturellen Superprinzipien gibt.

Das altgriechische Wort für Wahrheit ist: ἀλήθεια (*alḗtheia*). Es setzt sich aus zwei Wortteilen zusammen. Das ἀ vorn ist das sogenannte ἀ-privativum, ein Präfix der Verneinung, so wie im lateinischen »in« oder im deutschen »un«. Die Verneinung der Abhängigkeit ist die Unabhängigkeit. Die zweite Hälfte des Wortes hängt mit dem griechischen Verbum λανθάνω (*lanthánō*) zusammen, das so viel wie verborgen sein und dann auch Vergessen heißt. Der Name des Flusses Λήθη (*Léthē*) – der Fluss der Vergessenheit – aus den griechischen Hades-Mythen (auch so ein Wort mit ἀ-privativum, nämlich ἀειδής (*aeidḗs*), was unkörperlich, gestaltlos, unsichtbar meint) geht ebenso auf λανθάνω zurück. Wenn man all das berücksichtigt, dann bedeutet das griechische Wort für Wahrheit eigentlich: *Un-verborgenheit.*

Nimmt man diese Tatsache ernst – und das sollte man –, dann entsteht in Bezug auf die Wahrheit ein Bedeutungsfeld, das uns bis heute vertraut ist. Wahrheit wird nicht nur gesucht und gefunden, sondern auch *enthüllt.* Verborgenes wird entschleiert, wird sichtbar gemacht. Das Resultat dieses Vorgangs ist dann die Unverborgenheit. Obwohl im aktuellen Verhältnis zur Wahrheit – vor allem im philosophischen – das Urteilen im Vordergrund steht, ist nicht zu bezweifeln, dass uns ein Enthüllen und Entschleiern der Wahrheit mindestens sprachlich vertraut ist.

Die Griechen beließen es nicht dabei, die Unverborgenheit als philosophisches Thema zu entwickeln. Obwohl sie Unverborgenheit niemals mit Nacktheit identifizierten, haben sie sie in mythologischen Kontexten in den Rang einer Göttin erhoben, nicht in den einer wichtigen zwar, aber immerhin. Aus dem femininen Wort ἀλήθεια wurde die Göttin Ἀλήθεια. Möglich, dass damit eine Tradition gestiftet wurde, die dann irgendwie zum römischen Dichter Horaz (65 bis 8 v. Chr.) gelangte, der in seinen *Carmina*, in den Büchern, die seine Lyrik enthalten, von der Nuda Veritas (Carmina I, 27, 7), von der nackten Wahrheit, spricht.

Damit machte die Bedeutungsgeschichte einen großen Schritt. Die Feminität der Unverborgenheit wurde im Zuge der anthropomorphen Vergöttlichung zu einer Frau, von der notwendig gesagt werden muss, dass ihr Sinn und ihre Sinnlichkeit darin bestehen, enthüllt zu werden. Denn wenn es darum geht, die Wahrheit zu erkennen, dann muss Frau Wahrheit unverhüllt erscheinen. Wie aber kann man sie dazu bringen, sich zu entkleiden? Tut sie es – freiwillig?

Wichtig in diesem Zusammenhang ist ein Gemälde aus dem Jahr 1494/1495 von Sandro Botticelli. Die rätselhafte Malerei *Die Verleumdung des Apelles* geht auf eine Geschichte des Dichters Lukian (120–180) zurück. Sie handelt von der Beschreibung eines verschollenen Gemäldes des antiken Malers Apelles, das, wie der Titel sagt, seine eigene Verleumdung und Enthüllung zugleich darstellt. Man weiß nicht, was Botticelli mit dem Bild bezweckte. Es ist hier nicht der Ort, sich dieser Frage zu widmen, selbst wenn sie sehr interessant ist, denn hat Botticelli sich in dem Gemälde vielleicht mit der Wahrheit der Malerei überhaupt beschäftigt? Egal: Ganz links auf der Darstellung befindet sich eine nackte schöne Frau, die Nuda Veritas. Sie verhüllt sich mit der linken Hand ihr Geschlecht, zeigt mit der rechten gen Himmel. Sie erscheint ganz und gar »unschuldig«, obgleich nicht schamhaft. Sie verkörpert die Enthüllung der Lüge.

Nietzsche konnte sich ganz offensichtlich für den Gedanken einer weiblichen Wahrheit begeistern. »Vorausgesetzt, dass die Wahrheit ein Weib ist –, wie?«[204] – So beginnt eines der faszinierendsten Bücher der jüngeren Philosophie: Nietzsches *Jenseits von Gut und Böse*. Der Autor geht nicht näher auf diese Voraussetzung ein, er erklärt nichts weiter. Warum sollte die Wahrheit eine Frau sein? Hat die Wahrheit ein Geschlecht?

Er ist noch einmal auf diese kühne Behauptung zurückgekommen. Wenig später nur hat er sie im »Epilog« von *Nietzsche contra Wagner* – ist es nicht *der* Epilog zu allem, was Nietzsche geschrieben hat? – wieder aufgenommen: »Vielleicht ist die Wahrheit ein Weib, das Gründe hat, *ihre Gründe nicht sehn zu lassen*? ... Vielleicht ist ihr Name, griechisch zu reden, *Baubo*?«[205] Wieder erklärt Nietzsche nichts.

Der letzte Satz gibt das Rätsel auf. Die Frau als Wahrheit habe »vielleicht« den Namen Baubo. Baubo ist eine Gestalt aus einem griechischen Mythos.[206] Welche Form dieses Mythos' auch immer gemeint sein mag: Baubo ist eine Frau, die ihre Vulva zeigt – Βαυβώ (*Baubṓ*) bedeutet »Schoß« –, die also auf den ersten Blick keineswegs etwas verbirgt. Was mag Nietzsche da gedacht haben?

Das Rätsel scheint nicht unlösbar zu sein. Sollte die Wahrheit tatsächlich darin bestehen, etwas Verborgenes freizulegen, dann hat Frau Wahrheit unbedingt Gründe, »ihre Gründe nicht sehn zu lassen«. Doch die hat sie nur, um sie offenzulegen. Insofern ist Baubo die krasseste Verkörperung des gesamten Vorgangs der Enthüllung: die nackteste Wahrheit, die man sich denken kann, Unverborgenheit eben.

Die ganze Geschichte erreicht das 20. Jahrhundert in einer eigentümlichen, aber naheliegenden Beobachtung des Psychoanalytikers Jacques Lacan, der sich ein berühmt-berüchtigtes Gemälde kauft. Die Geschichte von Gustave Courbets Gemälde *L'origine du monde* (*Der Ursprung der Welt*) ist legendär. Der erste Eigentümer, ein Baron Ferenc von Hatvany, der es 1913 in einer Pariser Galerie erstand, hatte das Bild 1944 in Budapest an die Wehrmacht verloren, nach Kriegsende aber wieder zurückerhalten. 1947 siedelte Hatvany nach Paris über und starb 1958 in Lausanne. Drei Jahre zuvor hatte der noch nicht weltberühmte Psychoanalytiker Lacan mit seiner späteren Frau Silvia, die zu dieser Zeit mit dem bereits legendären Philosophen Georges Bataille verheiratet war, Hatvany das Bild abgekauft.

Lacan transferierte das nur 46 × 55 cm kleine Gemälde in sein Landhaus La Prévôté in Guitrancourt bei Mantes-la-Jolie. Dort hing es in einem verschließbaren Doppelrahmen hinter einem Cachesexe des Malers André Masson, der das Gemälde in einer Art von suggestiver Kalligraphie ankündigte. Lacan spricht und schreibt nicht über das Gemälde. Selbst als er 1964 ein Seminar zu »Blick und Bild« abhält, schweigt er. Es kommt nicht zur Sprache, kann nicht zur Sprache kommen.

1955, das Jahr, in dem Lacan Courbets Gemälde kauft, ist auch das Jahr eines Besuchs bei Heidegger in Todtnauberg.[207] Lacan wollte den Philosophen darum bitten, seinen Aufsatz »Logos (Heraklit, Fragment 50)« aus den *Vorträgen und Aufsätzen* übersetzen zu dürfen. Er wollte ihn in seiner Zeitschrift *La Psychanalyse* veröffentlichen. Heidegger sagt in diesem Aufsatz, dass der λόγος die Wahrheit als ἀλήθεια sei. Die ἀλήθεια aber sei das »Entbergen«, das »Verborgenheit«[208] brauche. Das wechselseitig in sich umschlagende und sich bedingende »Ent-« und »Verbergen« sei die »Unverborgenheit«, die »Wahrheit des Seins«; ein Gedanke, an dem Heidegger sein Leben lang kaute.

Lacan kannte die Geschichte von der Nuda Veritas, die in der griechischen Vorstellung einer sich verhüllenden Göttin beginnt; eine Geschichte, die sich eher in den unbekannteren Regionen der Überlieferungen abspielt. Sich übereinanderschiebende, sich verschlingende Bedeutungen gibt es in Courbets Malerei. *L'origine du monde* zeigt einen entblößten Frauentorso, der sich dem Betrachter unvermittelt entgegenspreizt. Die sachte Öffnung der Vagina wird von der flaumigen dunklen Schambehaarung umrahmt. Erscheint dieser Welturprung von der Mitte des Bildes aus gesehen etwas nach links versetzt, so ist es oben auf dem Gemälde nach rechts versetzt die rechte Brust, die sich in ein weißes Tuch schmiegt, das den Rest des sichtbaren Körpers bedeckt.

Man darf das weiße Tuch nicht unterbewerten. Es könnte den Anschein erwecken, als wäre Courbet nichts Besseres eingefallen, als den Torso eben auf diese simple Weise sehen zu lassen: Man deckt ab, was unwesentlich ist. Das wäre aber in der erotischen Welt der Bedeutung eine Naivität. Das Tuch wiederholt, was die entblößte Vulva präsentiert: eine Verbergung, die einen Sog erzeugt, dem sich der magnetisch Angezogene überlässt. Wie sich die weiße Decke um die Brust, ja um die Brustwarze schmiegt, so tut es der Blick, der in den Bildraum hineingezogen wird.

Keine Frage, dass hier eine fruchtbare Reduktion stattfindet. Es gibt kein anderes Objekt, das den Blick ablenken könnte. Wie durch ein Schlüsselloch sieht der Betrachter, was er sehen soll. Nichts davon ist pornographisch. Die malerische Gestaltung des Körpers, der Haut, des Lichtes auf der Haut, des Haars – das alles ist zu deutlich Malerei, als dass man davon ausgehen könnte, hier gehe es primär um Erregung. Vielmehr geht es Courbet um die erotische Erfahrung – der Kunst.

Bemerkenswert ist nun, dass Courbet im Frauenkörper und in der Grotte – wie im Landschaftsgemälde *Die Felsengrotte der Loue* von 1864 – gleichsam ein Vexierbild sieht.[209] Die Grottenlandschaft, die Öffnung der Grotte ins unterirdische Gebirge, das ihr entströmende Wasser – diese Bedeutungen schieben sich über die Bedeutungen des Frauenkörpers. Gibt es das Spiel von Verbergung und Entbergung, der Wahrnehmung eines Innen im Außen sowie eines Außen im Innen, zugleich in der Anwesenheit eines Frauenkörpers und einer Grotte?

Ich weiß nicht, ob man im Französischen zwischen *montagne* und *montrer* eine ähnliche Verbindung hört wie im deutschen Zusammenhang von Berg und Verbergung. Dass Lacan zwischen Courbets gebirgigem *Ursprung der Welt* und der Unverborgenheit der griechischen ἀλήθεια einen Zusammenhang sehen konnte, braucht nach allem Gesagten nicht zu überraschen. Im Gegenteil, irgendwie war die Wahrheit von Anfang an eine Frau …

Eine interessante Konstruktion, die sich in einer Welt, in der sich das Geschlecht (Gender) von seiner Anatomie (Sex) verabschiedet, als Resultat des männlichen Blicks erweist, der sich – wie so oft – verloren zwischen Fetischisierung und Misogynie hin und her bewegt, kein Maß findet. Denn die Wahrheit sich als einen zu enthüllenden – jungen – Frauenkörper vorzustellen ist eine Fetischisierung, so wie die negative Konnotation der nackten Wahrheit misogyn ist. Der Mann möchte doch wissen, dass die nackte Wahrheit – in beiden Fällen – schrecklich ist.

Simulationen

Philosophen und Philosophinnen langweilen sich nicht selten. Wie hochbegabte Kinder stehen sie »einfachen« Beschäftigungen ihrer Mitmenschen oft verständnislos gegenüber. Das ist aber kein Problem, weil die Langeweile eine Voraussetzung des Philosophierens sein kann, jedenfalls eine Langeweile, die nicht zu Tode langweilt. In dieser Langeweile kommen sie dann auf Gedankenexperimente wie das vom *Gehirn im Tank*.

Man kennt das. Ein Gehirn schwimmt in einer Nährlösung und ist mit einem Computerprogramm verbunden. Das versorgt es mit Impulsen, die es glauben machen, es führe ein Leben wie ein leibhaftiger Mensch. Kann das sein? Immerhin hat dieses Gedankenexperiment zu vielen Filmen geführt, die ausmalen, wie es wäre, wenn das, was wir für die Realität halten, eine einzige Simulation wäre.

Der berühmteste von allen ist wahrscheinlich *Matrix* von den Brüdern Wachowski, die heute die Schwestern Wachowski sind. Der erste Teil von 1999 wuchs sich Anfang der 2000er Jahre zu einer Trilogie aus. Ein Jahr zuvor hatte Peter Weir bereits die *Truman Show* inszeniert. Wiederum ein Jahr vorher hatte Pedro Amenábar für den Film *Abre los ojos* (*Öffne die Augen*) Regie geführt; ein Film, der 2001 unter dem Titel *Vanilla Sky* als amerikanisches Remake herauskam. In letzter Zeit hat die HBO-Serie *Westworld* von sich reden gemacht.

Was im philosophischen Gedankenexperiment das Problem eines radikalen Skeptizismus darstellen soll, wird im Film zum Szenario technischer Dystopien. Was die Philosophen und Philosophinnen im Bild für unbedenklich halten, nämlich ein lebendes Gehirn doch ganz offenbar aus einem menschlichen Schädel herauszuschneiden und es mit elektrischen Anschlüssen zu versehen, scheinen Filmregisseure und andere normale Menschen a priori für eine schreckliche Vorstellung zu halten. Wenn sich die Philosophen dafür interessieren, ob es möglich ist, dass wir in einer falschen Realität leben, in einer Wirklichkeit, die, wie bei Descartes, ein böser Geist uns nur vorgaukelt, dann interessieren sich die Filmemacherinnen für die technische Realisierung einer derart bedrohlichen Täuschung – und ihre katastrophalen Folgen.

Dabei erinnert das Bild des »Gehirns im Tank« an ein anderes klaustrophobisches Setting: Platons Höhlengleichnis.[210] Menschen sitzen von Kind auf in einer Höhle, sind gefesselt, können nur in eine Richtung auf eine Wand schauen. Von hinten brennt ein künstliches Feuer (künstlich insofern, als sich das natürliche Feuer, die Sonne, außerhalb der Höhle befindet). Nun werden hinter dem Rücken der Gefesselten vor dem Feuer von irgendwelchen Entertainern künstlich hergestellte (fiktive) Gegenstände hin und her getragen, die die berühmten Schatten auf die Wand werfen. Da die Entertainer, welche die Gegenstände tragen, miteinander reden, meinen die Gefesselten, dass die Schatten selber sprechen. Der französische Philosoph Alain Badiou hat in seiner Übersetzung des platonischen Textes dieses Gleichnis als Kino ausgelegt.

Platon will diesen Zustand als den des normalen Meinungs-Menschen verstanden haben, der über die sich vor ihm durchaus in Mustern bewegenden Schatten mit den anderen spricht. Platon sagt sogar, dass diese Leute Preise und Belohnungen ausloben würden für den, der am besten erklären kann, was auf der Wand der Schatten passiert. Das ist für ihn das, was wir heute als Naturwissenschaft bezeichnen, als empirische Forschung. Denn für die Gefesselten sind ja die Schatten nichts anderes als die Wirklichkeit. So wird im Siebenten Buch der *Politeia* rhetorisch gefragt: »Auf keine Weise also könnten diese Gefesselten irgend etwas anderes für das Wahre halten als die Schatten?« Ja, sie können nichts anderes für wirklich halten als Schatten – und selbst die sind noch nicht einmal *wirkliche* Schatten.

Der Unterschied zwischen den beiden Bildern der Höhle und des Tanks ist der, dass Platon die Höhle für den gewöhnlichen Zustand des außerphilosophischen Menschen hält, während die Schöpfer des Tanks eine aus der Naturwissenschaft bekannte Verfahrensanordnung des Experiments anlegen. Was wäre, wenn … Obwohl Platon den Begriff der Hypothese kennt, ja, obwohl er wahrscheinlich der Erste ist, der ihn seiner Bedeutung entsprechend verwendet, meint er, dass das Bild der Höhle den wirklichen Zustand des Menschen erfasst: Der Mensch als solcher ist Troglodyt, ein Höhlenbewohner.

Das Problem sowohl in den beiden philosophischen Bildern als auch in den Filmen besteht darin, dass eine totale Simulation einen Widerspruch in sich selbst enthält. Wenn das Computerprogramm jenes Gehirns so ausgestattet wäre, dass es eine perfekte Körper- und Gefühlssimulation ermöglichen würde und ein Leben simulieren könnte, das sich kausal entwickelt, das in einer Gemeinschaft stattfände, in der sich andere Leben ähnlich entwickelten, in einer Welt, in der man vielleicht sogar darüber nachdenken könnte, was wäre, wenn wir alle nur Gehirne im Tank wären, und in der man gegebenenfalls auch simulieren könnte, was Hilary Putnam zur Versuchsanordnung denkt –, dann sehe ich nicht, an welcher Stelle die Simulation sich als eine solche zu erkennen geben könnte. Indem aber die Simulation undurchschaubar wäre, würde der Unterschied zur Wirklichkeit kollabieren. Vielleicht sind wir alle Teil einer gigantischen Simulation, so what? Das Bild einer totalen Simulation ist sinnlos.[211]

Daher geschieht in allen Filmen das, was in Platons Höhlengleichnis beispielhaft ebenso geschieht: Es öffnet sich ein Ausweg zur Wahrheit. So wird bei Platon – aus welchem Grund und von wem auch immer – einer der Gefesselten befreit und mit Gewalt aus der Höhle entführt. Plötzlich entsteht ein Riss in der Wirklichkeit. Der Philosoph erscheint und erklärt den ungläubigen Gefangenen, dass es kein Richtiges im, sondern nur jenseits des Falschen gibt. Doch von diesem Jenseits kann man nun im Diesseits wissen, was natürlich erhebliche Konsequenzen mit sich bringt. Jetzt könnten die Höhlenbewohner beginnen, die Schatten als das zu erkennen, was sie sind: Kopien eines wahren Schattens einer wahren Sonne.

Ähnliches gilt für die genannten Filme. In Amenábars *Abre los ojos* erfährt die Hauptfigur César dauernd Brüche einer Welt, in der sich vor allem seine Geliebten, Sofia und Nuria, unentwegt ineinander verwandeln – obwohl eine der beiden (Nuria) schon tot ist. Als César mit seinem Freund Antonio, misstrauisch geworden, die Kryonik-Firma »L. E.« besucht und man ihm dort eröffnet, dass er in Wirklichkeit eine konservierte Leiche und eingefroren worden sei, was er also erlebe, nur eine virtuelle Realität sei, erweist sich auch das nicht als Ausweg. Keine Frage, die Mitteilung muss Teil der Simulation sein. Eines scheint nun die Simulation nicht simulieren zu können, die Zerstörung des Körpers, den Tod. Also springt César von einem Haus – und öffnet seine Augen ...

In *Matrix* erhält der Hacker Neo, nachdem Morpheus und Trinity auf ihn aufmerksam geworden sind, die Möglichkeit, mit Hilfe einer roten Pille die Matrix – ein mysteriöses Computerprogramm – zu durchbrechen und festzustellen, dass sein Körper sich die ganze Zeit in einer riesenhaften, bienenstockartigen Menschen-Züchtungsanlage befunden hat. Allerdings war es schon bis dahin nötig, Neo mit Nachrichten aus dem Wahrheits-Jenseits zu versorgen, damit dieser skeptisch wurde. Wie César mussten auch Neo die Augen geöffnet werden.

Gleiches gilt für die Truman Show. So lautet der Name einer TV-Show, in der der Produzent Christof seine Idee realisiert, ein menschliches Leben von der Geburt bis zum Tod als Fernsehproduktion zu inszenieren –, ohne dass der Held dieser Show, Truman Burbank, davon weiß. Auch diese Simulation kann nicht von innen erschüttert werden. Solange alles wie geschmiert funktioniert, kann man unmöglich aus ihr heraus. Daher fällt eines Tages ein Scheinwerfer vom Himmel, will heißen, von der Decke des unsichtbaren Fernsehstudios. Das nun geweckte Misstrauen wird noch durch andere Produktionspleiten verstärkt. Am Ende entschließt sich der eigentlich wasserscheue Burbank, mit einem Boot durch einen simulierten Sturm zu segeln, bis er den Rand der Produktionsanlage erreicht und die Wahrheit endgültig erkennt.

Die inzwischen in drei Staffeln ausgestrahlte Serie *Westworld* geht das Thema etwas anders an. In einem Wildwest-Vergnügungspark können Touristen mit sehr hoch entwickelten Robotern, den Hosts, ganz nach Wunsch Schießereien oder Sex haben. Die Maschinen simulieren eine Welt ohne ein Bewusstsein davon, dass es sich um eine Simulation handelt. Doch können sie nicht doch Bewusstsein entwickeln und damit die Simulation als solche durchschauen? Die interessante Pointe der Serie besteht darin, dass die sich ihrer bewusst werdenden Maschinen zugleich erkennen, dass sie »nur« Maschinen sind. Damit läuft die Handlung auf eine wichtige Frage der Künstliche-Intelligenz-Forschung hinaus, nämlich ob Bewusstsein oder Selbstbewusstsein wirklich das einzige Kriterium darstellen, das uns von hoch entwickelten Computern unterscheidet.

Das Gedankenspiel der Simulation besteht in zwei Operationen: Einerseits muss es den Unterschied zwischen wahrer und scheinbarer Welt voraussetzen, andererseits ihn aufheben, in eine Schwebe bringen. In diesem Rahmen kann die Aufhebung verschieden weit ausgebaut werden. Man kann gleichsam platonisch den Ausbruch aus der Simulation inszenieren, man kann aber auch diesen Ausbruch selbst noch simulieren, wobei allerdings die grundsätzliche Voraussetzung des Unterschieds nicht aufgegeben werden kann. Anders gesagt: Selbst wenn das Wahre und Falsche in die Schwebe gebracht wurden, gilt für die Simulation per definitionem, dass es jenseits ihrer selbst eine Wirklichkeit geben muss –, ohne diese Voraussetzung könnte von einer Simulation nicht gesprochen werden.

Daraus folgt, dass der paranoide Gedanke, wir *könnten* in einer Simulation leben, sinnlos ist. Denn solange es keinen Bruch oder Riss unserer Wirklichkeitserfahrung gibt, ist die Frage, ob wir in einer Simulation leben, eben nur der Ausdruck eines Verfolgungswahns, an dem man immer und überall leiden kann. Gäbe es aber einen solchen Riss, wäre die Simulation als solche bereits durchschaut. Daher sind alle Filme, die, selber fiktional, die Fiktion einer Simulation thematisieren, in letzter Hinsicht nicht besonders schwer zu verstehen.

Unser Problem ist darum nicht die Möglichkeit oder gar Wirklichkeit, dass wir in einer Simulation leben (was wir nicht tun, oder?). Auf jeden Fall gilt uns die Wirklichkeit als wirklich. Doch diese Wirklichkeit ist nicht schon wahr. Die Wahrheit hat sich aus der Welt zurückgezogen und beschäftigt nun Professoren der Analytischen Philosophie in Harvard, die ihre steilen Theorien mit neunmalklugen Studenten und Studentinnen durchkauen. Eine wahrheitslose Wirklichkeit setzt den Menschen nun schon seit ein, zwei Jahrhunderten so sehr unter Druck, dass das eine oder andere Subjekt paranoid wird. Was wäre denn aus jenen Höhlenmenschen geworden, hätte niemals einer den Ausweg der Wahrheit gefunden? Vielleicht hätten sie angefangen, an eine Verschwörung der Entertainer zu glauben. Womöglich hätten sie »Weltjudentum!« oder »Lügenpresse!« gerufen, ausweglos in ihre Wirklichkeit verstrickt.

Aus dem Nichts

Ich lebe in einer Wirklichkeit, deren Herkunft und Bestehen von der Wissenschaft erforscht und erklärt wird. Die Entstehung des Planeten, die Entstehung des Lebens, seine Entfaltung, das Auftauchen der Kulturen, ihre Geschichte, die Organisation der Gesellschaft – all das wird in einer Sprache und in einem Denken dargestellt, das auf Kausalität und Rationalität setzt. Wir können über die Wirklichkeit nicht anders denken, als dass wir jeder Wirkung eine Ursache voraussetzen. Wer sagt, es gäbe etwas, das aus Nichts entsteht, hat dieses Denken schon verlassen.

Der christliche Glaube aber verlangt von uns, daran zu glauben, dass schlechthin *Alles aus dem Nichts* entsprang, dass Alles in sieben Tagen von Gott geschaffen wurde.[212] Das war schon zu der Zeit, in der es zum ersten Mal geäußert wurde (vielleicht erst um 50 v. Chr.), eine Zumutung, denn wir kennen Werden und Schaffen nur im Verhältnis von Ursache und Wirkung. Daher ist die Schöpfung aus dem Nichts für uns noch unglaublicher als das Kaninchen, das aus dem Zylinder hüpft. Für das Christentum aber ist die Aussetzung der Kausalität und Vernunft wichtig. Auch die Wunder sprechen diese Sprache – und die Offenbarung überhaupt.

Eine Offenbarung (griechisch Apokalypse) ist das Ereignis der spontanen Enthüllung von etwas Verborgenem. Nichts weist im Vorhinein auf das Offenbarte hin. Plötzlich erscheint das vollkommen Unerwartete. Es ist auch unmöglich, rückblickend zu behaupten, man hätte es wissen können – anders als jemand, der bei einer Alkoholkontrolle auffällt und danach feststellt, er hätte fünf Gläser weniger trinken sollen. Die Offenbarung überwindet die Kausalität, und sie ist irrational, kein Argument kann sie erklären. Die Schöpfung aus dem Nichts ist zwar keine Offenbarung, doch die eine wie die andere ist mit nichts Natürlichem oder Wirklichem vergleichbar. Und gerade diese Unvergleichbarkeit soll die Überlegenheit der religiösen Wahrheit bezeugen.

Das macht das ganze Projekt natürlich angreifbar. Für den Menschen, der sich an Kausalität und Vernunft orientiert, dessen Wirklichkeits- und Wahrheitsverständnis davon abhängt, dass sich alles in dieser Ordnung ereignet, kann nichts aus dem Nichts kommen. Daher haben Religionskritiker versucht, die offene Stelle des Nichts durch etwas Wirkliches zu ersetzen. Ludwig Feuerbach erkannte im »Wesen des Christentums«[213] eine Art von Projektion oder zumindest eine Vergegenständlichung urmenschlicher Eigenschaften wie der Liebe. Die Sehnsucht der Menschen nach einer Welt der Liebe würde dann so groß, dass er sie in der Gestalt Jesu Christi zum Ausdruck bringt. Feuerbach räumt dieser Gott schaffenden Sehnsucht allen möglichen Ernst ein, den man der Liebesbedürftigkeit des Menschen nur einräumen kann –, dennoch bleibt die Religion von der Wirklichkeit getrennt. Dass Gott die Welt (aus Liebe zum Geschöpf, zum Menschen) geschaffen hat, ist eine schöne Erzählung, ein Mythos vielleicht, von Menschen erfunden, wahr ist aber, dass die Materie in einem noch nicht vollständig verstandenen kolossalen kosmischen Ereignis entstanden ist. Also ist der Mensch nicht Gottes Kreatur, sondern stammt von intelligenten Primaten ab.

Aber das Christentum versteht sich *von Anfang an* anders. Die Wirklichkeit der Tatsachen ist nicht die erste und letzte Wahrheit. Die Offenbarung Gottes lässt eine andere, höhere Wahrheit erscheinen. Pontius Pilatus verhört Jesus von Nazareth, dem nachgesagt wird, er behaupte, der »König der Juden« zu sein. Einem römischen Statthalter kann das nicht gefallen, vertritt er doch eine Herrschaft, die Aufruhr und Aufstände niederschlagen muss. Auf die Frage, ob Jesus der »König der Juden« sei, antwortet der: »Du sagst es: Ich bin ein König. Ich bin dazu geboren und in die Welt gekommen, dass ich die Wahrheit bezeuge. Wer aus der Wahrheit ist, der hört meine Stimme.« (Joh 18,37) Daraufhin stellt Pilatus die berühmte, ganz und gar aktuelle Frage: »Was ist Wahrheit?«

Der russische Schriftsteller Michail Bulgakow hat dieses Gespräch in seinem genialen Roman *Meister und Margarita* in eine andere Tonart übersetzt: »Ich, Hegemon, – sagt da Jeschua – lehrte, der Tempel des alten Glaubens würde zerfallen, doch ein neuer Tempel der Wahrheit würde erstehen. Ich redete so, damit es deutlicher wäre.«[214] Darauf Pilatus: »Warum hast du Landstreicher das Volk auf dem Markt empört, indem du von Wahrheit sprachst, von welcher du keinen Schimmer hast. Was ist denn Wahrheit?« Diese Bemerkung hat ein gewisses Gefälle. Offenbar sei es, so Pilatus, »empörend«, von der Wahrheit zu sprechen, als kennte man sie, wüsste, was das ist. Daher bezweifelt Pilatus sogleich, Jeschua würde sie kennen. Doch dann wird ihm klar, dass die Frage doch zu allgemein ausfällt, dass sie ablenkt: »Und der Statthalter dachte: ›Ihr Götter! Ich stelle lauter unnütze Fragen bei dem Verhör... Mein Verstand versagt mir den Dienst ...‹« Jeschua aber antwortet: »Die Wahrheit ist zunächst einmal, dass du Kopfschmerzen hast.« Einerseits scheint diese Wahrheit nichts oder wenig mit dem »Tempel der Wahrheit« zu tun zu haben. Andererseits kann Jeschua nicht wissen, dass Pilatus Kopfschmerzen hat. Außerdem fügt der Verhörte ungeheuerlicherweise hinzu: »Doch deine Qualen sind gleich zu Ende, dein Kopfschmerz legt sich.« Was wunderbarerweise wie aus dem Nichts geschieht.

»Was ist Wahrheit?« Die Frage scheint ins Herz des Ganzen zu zielen. Sind Kausalität und Vernunft die Wahrheit? Oder ist es Gott, der sich aus dem Nichts offenbart? Pilatus, ein hoher Repräsentant des römischen Staates, war vielleicht philosophisch gebildet. Möglicherweise kannte er die philosophische Schule der Skeptiker, für die nichts wahr ist, auch nicht die Bemerkung, dass nichts wahr ist.[215] Möglich auch, dass er sich aus dem Streit zwischen Juden und Jesus heraushalten wollte, also einräumte, dass die einen wie der andere recht haben konnten. Für Nietzsche machte sich in der Frage sogar ein gewisser Spott bemerkbar.[216]

Jesus hatte kein Interesse an Philosophie und Politik. Er ließ sich nicht auf Diskussionen ein. Selbst wenn das Johannes-Evangelium philosophische Bemerkungen enthält (mindestens im Prolog) und das Christentum sich im Laufe seiner Geschichte mit der Philosophie verbunden hat, ist Jesus nirgendwo Philosoph. Im Gegenteil hat sein Auftreten für alle philosophisch Interessierten etwas durchaus Ärgerliches, bezeichnet er sich doch als »den Weg und die Wahrheit und das Leben« (Joh 14,6). Einzig durch ihn komme man »zum Vater«, zu Gott.

»Ich bin in die Welt gekommen, dass ich die Wahrheit

bezeuge. Wer aus der Wahrheit ist, der hört meine Stimme.« – Noch ärgerlicher an all dem ist, dass Jesus überall auf sich selbst verweist. Er ist ein Wahrheitszeuge, weil er selbst die Wahrheit ist. Wie soll man da Nein sagen? Noch ärgerlicher aber ist das Folgende: Seine Stimme höre nur der, der »in« ihm sei. Es ist auffällig, dass im Neuen Testament die Präposition »in« wichtig ist. Die Wahrheit ist kein Gegenstand des Wissens, das »in« uns ist. Vielmehr ist sie nur »in« uns, indem wir »in« ihr sind.[217] Was soll das heißen?

Die Kausalität von Ursache und Wirkung erlaubt der Vernunft, das Entstehen und Vergehen von Dingen Schritt für Schritt nachzuvollziehen. Ich verstehe etwas, wenn mir eine Sache auf diese Weise erklärt oder gezeigt wird. Das interessiert Jesus nicht. Sich ihm anzuschließen, zu ihm zu kommen, das gelingt nicht, wenn wir von ihm erwarten, er solle uns mit Argumenten überzeugen. An den Ort der Wahrheit zu gelangen, »in« ihr zu sein, das schafft man nur durch eine abrupte Bewegung, durch eine Art von Sprung, in einem Augenblick. *Diese* Wahrheit kommt plötzlich aus dem Nichts, offenbart sich ohne Vorwissen und wohl auch Vorahnung. Ich bin »in« ihr oder nicht.

Dass all das phantastisch klingt, wussten die frühen Christen. Sie wussten, wie wir heute, dass normalerweise nichts aus dem Nichts kommt.[218] Mag sein, dass für sie Wunder noch eine andere Plausibilität hatten als für uns. Doch ein gebildeter Christ wie Paulus war gewiss nicht sehr an Wundern interessiert. Es ist daher bemerkenswert, dass er gerade die Provokation, die Wahrheit komme aus dem Nichts, ausdrücklich verteidigte. Paulus sei nämlich, so berichtet die Apostelgeschichte des Lukas, nach Athen gereist und habe dort mit epikureischen und stoischen Philosophen diskutiert. Ihnen habe er erläutert, dass das »Göttliche kein goldenes oder silbernes oder steinernes Gebilde menschlicher Kunst und Erfindung« sei (Apg 17, 29).[219] Das Göttliche, seine Wahrheit, entsteht und vergeht nicht wie etwas Gemachtes. Es kommt nicht von uns, es offenbart sich aus sich selbst.

Jesus von Nazareth – oder auch Christus – ist die Wahrheit! Klar ist, dass damit nicht irgendeine theoretische Wahrheit gemeint ist, die in einer Erkenntnis festgestellt und begründet werden könnte. Vielmehr richtet sich *diese* Wahrheit gegen die Auffassung, dass Wahrheit schlechthin den Bedingungen der Möglichkeit menschlicher Erkenntnis unterliegt. Die Wahrheit Jesu ist nicht eine, die in den Wahrheiten unserer Wirklichkeit der Tatsachen – auch noch irgendwie – vorkommt. Sie ist vielmehr selbst eine ganz andere Wirklichkeit, eine Un-Wirklichkeit im Vergleich mit der, die wir für die einzig mögliche halten.

Sie ist nur zu verstehen, wenn wir einen Aspekt berücksichtigen, der noch nicht genannt wurde: In den Evangelien wird oft dargestellt, wie Jesus mit den Pharisäern, einer Schule des antiken Judentums, über sich selbst und seine Aufgabe diskutiert. Selbst ein Jude, war er daran interessiert, die Seinigen auf seine Seite zu ziehen, sie von sich zu überzeugen. Außerdem wusste er, dass sein Leben in Gefahr war. Einige hatte er bereits zu sich bekehrt. Zu ihnen sagt er einmal: »Wenn ihr bleiben werdet an meinem Wort, so seid ihr wahrhaftig meine Jünger und werdet die Wahrheit erkennen, und die Wahrheit wird euch frei machen.« (Joh 8, 31/32) Jesu Wahrheit ist also die Freiheit. Freiheit wovon?

Von der Sünde. Denn Jesus fährt fort zu erklären, dass derjenige, der »die Sünde tut, Sklave der Sünde« sei. Wenn wir die Wahrheit als Krise verstehen, dann haben wir hier eine ihrer mächtigsten Entscheidungen. Die Sünde ist nicht bloß eine Art von menschlicher Schlechtigkeit, die in Jesus etwa Vergebung und Erlösung findet. Die Sünde ist mehr: Sie besteht in einer schrecklichen Verwicklung mit jener Wirklichkeit, die wir seit langem als die einzige und wahre betrachten, in der wir leben und aus der heraus wir unser Leben verstehen. Schreckliche Verwicklung, weil wir in ihr die Sklaven und Sklavinnen eines ökonomisch-technisch-medialen Apparats bleiben, der schamlos Freiheit mit der sozialen Totalität der Funktion identifiziert. Die Wahrheit Jesu besteht darin, diese Wirklichkeit der Welt auf ihre beschränkten Ansprüche zu begrenzen und über sie hinauszugehen.

Wohin? Da wären wir wieder an diesem Ort, von dem wir im Grunde nichts sagen können. Wir wissen nicht, ob er existiert, ob wir an oder in ihm leben können. Es ist aber ganz sicher, dass Jesus genau dieses Nichtwissen fordert. Die Wahrheit ereignet sich aus sich selbst heraus. Es gibt nichts außerhalb ihrer, das auf sie verweisen würde –, sie ist, so gedacht, tatsächlich ein Wunder. Und das wiederholt dieser Mann auch sonst in seiner Lehre immer und immer wieder. All das, was wirklich wichtig ist, kommt aus dem Nichts: Denn woher kommt sonst – die *Liebe*?

Wer zuletzt lacht, lacht am besten? –
Schlusswort

In Goethes Übersetzung von Denis Diderots *Rameaus Neffe* heißt es: »Ist's nicht wahr, Herr Philosoph, ich bin immer derselbe? Ich: Jawohl, unglücklicherweise. Er: Laßt mich das Unglück noch vierzig Jahre genießen. Der lacht wohl, der zuletzt lacht.«[220] Der ironische Zustand, nämlich sein Unglück eine irre lange Zeit zu genießen, wird einmal enden. Dann werden die Letzten die Ersten sein. Und diese Ersten werden zuletzt lachen. Wir kennen das. Die Geschichten erzählen uns fast unvermeidlich immer dasselbe: Ende gut, alles gut!

Und die Geschichte? Auch sie scheint zum Happy End zu streben. Seitdem Jesus Christus am Schluss des Johannes-Evangeliums seine baldige Rückkehr in Aussicht gestellt hat, ist die Idee in der Welt, dass sich am Ende *die* Wahrheit offenbart. Klar, diese Idee hat sich vielfach säkularisiert. Doch seit der Aufklärung und erst recht seit Hegels Philosophie scheint sich – trotz aller Widersprüche – der Gedanke breitgemacht zu haben, dass die Gegenwart immer klüger und besser sei als die Vergangenheit. Und dieser Gedanke ist nicht der des Meisterdenkers Hegel?

Der spricht am Schluss seiner *Enzyklopädie der philosophischen Wissenschaften* davon, dass die Philosophie erkennt, das ganze Sein durchdrungen zu haben, und daher lernen müsse, sich nicht als eine besondere, sondern als eine »absolute Form« ihres »Inhalts« zu betrachten. Dabei geht ihr auf, dass diese Form – nämlich das Denken – nichts anderes sei als der Inhalt selbst. Denn das Denken hat in Gestalt der Vernunft das ganze Sein imprägniert. Daher kann Hegel im charakteristischen Sound schreiben: »Diese Bewegung, welche die Philosophie ist, findet sich schon vollbracht, indem sie am Schluß ihren eigenen Begriff erfaßt, d. h. nur auf ihr Wissen *zurücksieht*.«[221] Mit anderen Worten: Die Gegenwart erkennt sich selbst als die Transparenz ihres Gewordenseins. Oder noch anders: Indem wir uns heute verstehen, verstehen wir, wie wir die geworden sind, die sich heute verstehen. Wir verstehen die ganze Vergangenheit gleich mit. Wir sind nicht wie Faust »so klug als wie zuvor«, sondern sehr viel klüger.

Was hat das mit der Wahrheit zu tun? Vieles. Ich habe gerade aktuell den starken Eindruck, dass viele Diskussionen von einer Position aus geführt werden, die voraussetzt, moralisch-politisch, ja, ganz allgemein philosophisch den Durchblick zu haben. Einerseits manifestiert sich das in Forderungen, Autorinnen und Texte der Vergangenheit wenn nicht ganz zu canceln, so doch zumindest zu zensieren (was sind »Trigger Warnungen« anderes?). Andererseits gibt es philosophische Statements – wahre Sternstunden der Philosophie … –, die absolute theoretische und praktische Überlegenheit behaupten, um mit ihr die gesamte Geschichte der Philosophie neu zu beurteilen. Beide Positionen beziehen ihren Anspruch aus einem Zeitvorteil. Sie haben sich das Bewusstsein ihrer Klug- und Gutheit hier und jetzt gebildet. Deshalb können sie alle Fehler der Vergangenheit erkennen und vermeiden. Sie reklamieren eine absolute Wahrheit, von der Hannah Arendt meint, dass es sie »für uns Sterbliche nicht geben« könne.

Alle diejenigen aber, die eine solche Position für sich

beanspruchen, die es besser wissen wollen als die Vergangenheit, die ihre Überlegenheit betonen, nehmen eine quasi hegelsche Haltung ein – ob sie es wissen oder nicht. Ihr Argument ist nichts anderes, als dass sie – heute denken. Nur so können sie die sehen und beurteilen, die vorher dachten und handelten, die natürlich ebenso einmal die sehen und beurteilen konnten, die ... Sie betrachten sich als die, die »nur *zurücksehen*«, um zuletzt und damit am besten zu lachen. Allerdings sind auch die Unterschiede zu Hegel eklatant. Und hier zeigt sich dann, wie schnell solche Sternstunden des Denkens sich als seine eigentlichen Niederlagen erweisen können.

Hegel nämlich ist sich darüber im Klaren, dass die Wahrheit eine Geschichte hat. Das zeigt sich in dem bekannten Gedanken, in der Weltgeschichte müsse sich die Freiheit erst zu ihrem Bewusstsein durchkämpfen, den Menschen *an sich* als frei zu betrachten. Bei »den Orientalen« sei nur »Einer frei«, bei »den Griechen« »Einige«, erst »im Christentum« sei »zum Bewußtsein gekommen, daß der Mensch als Mensch frei«[222] sei. Hegel wusste demnach, dass die Wahrheit über den Menschen, seine Freiheit, demselben nicht schon immer und überall zugänglich war. Es ist falsch zu unterstellen, die Menschen hätten immer schon wissen können, dass es keine »Rassen« und keine »Sklaven« gibt. Auch wenn es nicht einfach ist zu verstehen, inwiefern diese Wahrheit Zeit brauchte, um sich in der Geschichte zu entfalten, bleibt zu betonen, *dass die Geschichte die Matrix der Wahrheit ist.*

Aber ist dieser Gedanke nicht gefährlich? Er ist es. Wenn die Wahrheit eine Geschichte hat, wenn es keinen absoluten Standpunkt der Wahrheit gibt, dann droht Relativismus. Die Geschichte sei die Matrix der Wahrheit, meint nicht nur, dass Anthropologen und Biologinnen über Jahrhunderte hinweg von »Rassen« sprechen konnten, ohne auch nur einen Moment an der Wahrheit dieses Begriffs zu zweifeln, es heißt zudem, dass wir auch heute mit unseren Ideen und Haltungen meinen müssen, die Wahrheit zu kennen, ohne sie kennen zu können. Wer weiß, wie die Gender-Theorie in einem Jahrhundert beurteilt werden wird? Und wirklich: Warum entsteht die Gender-Theorie erst am Ende des 20. Jahrhunderts? Gibt es historische Bedingungen, die Judith Butlers Denken ermöglichen? Und wenn schon, die Philosophin ist ein Kind ihrer Zeit.

Wenn der berühmte Historiker Leopold von Ranke sagt, dass »jede Epoche unmittelbar zu Gott« sei und dass es in der historischen Forschung darum gehe, »ihre [der Epoche] Existenz selbst«, »ihr eigenes Selbst« zu erfassen,[223] dann ist damit zugleich die Unmöglichkeit der absoluten Überlegenheit einer Kultur über alle anderen besiegelt. Und so würden wir doch heute auch noch Hegels Gedanken, dass eben sein Denken das Ende der Philosophie und ja, der Geschichte überhaupt, bedeute, mit Rankes Nüchternheit enttäuschen. Auch der Gedanke, dass es eine absolute Philosophie gibt, die uns ihre gesamte Geschichte transparent macht, hatte seine Zeit. Die Philosophie heute kann diese Selbstauffassung keineswegs vertreten. Sie ist keine enzyklopädische Leitwissenschaft mehr, so sehr sie sich auch manchmal dazu aufplustern will.

Nun scheint aber der Gedanke, dass es keinen Fortschritt in der Geschichte gegeben hat und dass alle Kulturen und Zeiten sich moralisch-politisch auf demselben Niveau bewegen, ebenso falsch zu liegen. Gerade Jürgen Habermas hat insistiert, dass sich in den letzten Jahrhunderten doch einiges zum Besseren entwickelt hat: Abschaffung der Sklaverei, Beendigung kolonialer Herrschaft, Verurteilung der Folter, Gewährleistung von religiöser Toleranz, Meinungsfreiheit und sexuelle Gleichberechtigung, Zuständigkeit staatlicher Sozialversicherungssysteme für Krankheit, Unfall, Arbeitslosigkeit und Alter, Volkssouveränität und Rechtsstaatlichkeit, internationale Strafgerichtsbarkeit für Verbrechen gegen die Menschlichkeit, Natur- und Klimaschutz, globale Friedenssicherung, faires Weltwirtschaftsregime – muss man noch mehr nennen?[224] Egal, ob man im Einzelnen – gibt es Fairness in der Weltwirtschaft? Ist eine globale Ökonomie besser als eine nationale? – zustimmt: Ohne Zweifel hat Habermas recht, dass 1942 so ein Jahr war, in dem niemand von uns Mitteleuropäerinnen und -europäern gern gelebt hätte. Dunkler scheint eine Zeit nicht werden zu können, weshalb es höchstens Alarmismus ist zu meinen, unsere Zeiten seien dunkel.

Doch selbst wenn kulturelle Fortschritte wie die in der Schaffung von sozialen Institutionen eingeräumt werden müssen, bedeutet das nicht, dass wir zuletzt lachen. Im Gegenteil: Gerade ein solch kollektiver Fortschritt – der natürlich nichts über die Befindlichkeit des einzelnen Menschen aussagt – zeugt für die Unabgeschlossenheit unserer Situation. Die Abschaffung der Sklaverei war ein Fortschritt. Doch seitdem ist noch vieles anderes geschehen, wie die Emanzipation der Frau oder die Entstehung eines dekolonialen Denkens. Alle Situationen der Geschichte sind unabgeschlossen, sind offen. Das Bewusstsein, dass die Bundesrepublik Deutschland ein anderer Staat ist als Nordkorea, erlaubt uns nicht zu meinen, dass sie der beste aller möglichen Staaten sei. Den kann es nicht geben. Jeder Staat ist verbesserungsbedürftig, eben weil er Staat ist. Was wiederum nicht bedeutet, dass alle Staaten gleich gut oder gleich schlecht sind. Aber vielleicht ist der noch der beste, der über seine Verbesserungsbedürftigkeit verständigt ist und bleibt.

Universale Werte einer universalen Moral gibt es nicht. Die Moralität der Individuen mag zwar zuweilen ihre sozio-kulturellen Bedingungen übersteigen: Siddhartha Gautama, Sokrates und Jesus von Nazareth bestätigen das. Doch selbst sie befreien sich niemals ganz von ihren historischen Bedingungen, sogar sie können sich nicht zu überzeitlichen Vorbildern erheben: »Geschichte ist in allen ihren Elementen eine zu widerspenstige Macht, als daß man sie wegerzählen oder zu Zwecken der Werbung oder der Warnung zurechtstutzen könnte.«,[225] schreibt Werner Hamacher. Die Vertiefung in sie zeigt uns keine Residuen der absoluten Freiheit im Glanze eines außergeschichtlichen Lichtes. Wir werden immer in sie versenkt bleiben, gerade wenn wir versuchen, ihr zu entkommen.

Vielleicht aber erinnern die drei Genannten uns an etwas anderes, nämlich daran, dass die extreme Entscheidung, wahrhaft gerecht leben und denken zu wollen, einem Individuum überlassen bleibt, das sich mit dieser Entscheidung aus allen sozialen Institutionen und Funktionen verabschiedet. Alle jene Fortschritte, die Habermas erwähnen mag, gäbe es nicht, wenn sie der inneren Funktionalität einer ökonomisch mindestens stabilen, wenn nicht prosperierenden Gesellschaft widersprächen. Keine Gesellschaft macht sich moralisch besser, wenn dieser Vorgang ihre Stabilität – den jeweiligen Reichtum der Reichen, die jeweilige Armut der Armen – berühren würde. Zuerst will jede Gesellschaft funktionieren. Und wenn sie es tut, dann beschränkt sie sich darauf. Radikale Lebensformen, wie sie sich in jenen drei Namen verkörpern, gehen sie nicht nur nichts an, sie stören sogar.

Radikale Lebensformen sind die, die uns an die Wurzeln des Menschseins erinnern. Das ist dennoch kein universaler Wert, sondern eine Unterbrechung jeder möglichen Ordnung. Keine Frage, dass diese Zäsur mit dem Zeugnis, das Siddhartha Gautama, Sokrates und Jesus von Nazareth gegeben haben, zusammenhängt; ein Zeugnis, das in einer Sphäre entschieden wird, in der Argumente keine Rolle spielen. Ist es etwa vernünftig, seinen großen Wohlstand für ein asketisches Leben aufzugeben? Vernünftig, sich für ein stärkeres Argument hinrichten zu lassen? Vernünftig, für die Wahrheit am Kreuz zu sterben? Gerade diese einzigartigen Zeugnisse bilden jeweils eine singuläre Geschichte, die – selten – zu singulären Menschen spricht. So einzigartig geschieht Wahrheit in schicksalhafter Zerstreuung.

Wenn ich sage, dass die Entscheidung zum Guten in den einzelnen Menschen und sein Selbstverhältnis fällt, dann meine ich, dass sie sich jeder Kommunikation entzieht, die in sozial-ökonomischen, stabilitätsorientierten und daher asensiblen Netzwerken geschieht. Sie ist nicht sagbar, schon gar nicht in Begriffen mitteilbar oder in Argumenten durchzusetzen. Wir können plappern, wie wir wollen, eine Entscheidung zum Guten ist etwas anderes.

Möglich aber, dass einem oder einer plötzlich die Wahrheit aufgeht. Ganz gleich wie die Welt und ihre Geschichte aussehen mögen: Wie ich dem und der Anderen begegne, ist einzig und allein meine ganz eigene verzweifelte Sache.

Anmerkungen

1   Vgl. Jia Tolentino: *Trick Mirror. Über das inszenierte Ich.*
     S. Fischer: Frankfurt am Main 2021.

2   Krise oder Krisis kommt vom griechischen κρινεῖν, was
     unterscheiden, urteilen bedeutet.

3   Fernando Pessoa: *Alberto Caeiro. Poesia – Poesis.* Hrsg.
     von Fernando Cabral Martins und Richard Zenith. S. Fi-
     scher: Frankfurt am Main 2008, 137.

4   Peter Trawny: *Philosophie der Liebe.* S. Fischer: Frank-
     furt am Main 2/2019.

5   Vgl. Hannah Arendt: *Elemente und Ursprünge totaler
     Herrschaft. Antisemitismus, Imperialismus, totale Herr-
     schaft.* Piper: München u. Zürich 1986, 613.

6   Vgl. Edmund Husserl: *Die Krisis des europäischen Men-
     schentums und die Philosophie.* Beltz Athenäum: Wein-
     heim 1995, 28.

7   Markus Gabriel: *Moralischer Fortschritt in dunklen Zei-
     ten. Universale Werte für das 21. Jahrhundert.* Ullstein:
     Berlin 2020, 16.

8   Greta Thunberg: *Ich will, dass ihr in Panik geratet! Meine
     Reden zum Klimaschutz.* S. Fischer: Frankfurt am Main
     2019, 20.

9   Ebd., 53.

10   Gotthold Ephraim Lessing: »Über das Wörtlein Tat-
     sache«. In: Ders.: *Werke.* Bd. 5 – Literaturkritik, Poetik
     und Philologie. Hrsg. von Herbert G. Göpfert. WBG:
     Darmstadt 1973, 699.

11   Ebd.

12   Hannah Arendt: »Wahrheit und Politik«. In: Dies.: *Zwi-*

233

schen Vergangenheit und Zukunft. Übungen im politischen Denken I. Hrsg. von Ursula Ludz. Piper: München u. Zürich 1994, 331.

13 Gottfried Wilhelm Leibniz: *Monadologie.* Hrsg. von Hartmut Hecht. Reclam: Stuttgart 1998, 29.

14 Vgl. Gabriel: *Moralischer Fortschritt in dunklen Zeiten. Universale Werte für das 21. Jahrhundert.* A.a.O., 12: »Moralische Tatsachen melden allgemeine, alle Menschen betreffende Ansprüche an und definieren Kriterien, anhand derer unser Verhalten zu bewerten ist.« Natürlich spricht heute nicht nur Gabriel von »moralischen Tatsachen«, sondern vor allem Philosophen in den USA. Von »sittlichen Tatsachen« spricht auch Max Scheler: *Der Formalismus in der Ethik und die materiale Wertethik. Neuer Versuch der Grundlegung eines ethischen Personalismus.* Hrsg. von Maria Scheler. Francke: Bern u. München 5/1966, 173 ff. Dieser phänomenologische Versuch der Begründung »sittlicher Tatsachen« kann hier nicht gewürdigt werden. Vgl. auch Friedrich, Nietzsche: *Götzen-Dämmerung oder Wie man mit dem Hammer philosophiert.* In: Ders.: Sämtliche Werke. Kritische Studienausgabe (KSA). Bd. 6. Hrsg. von Giorgio Colli und Mazzino Montinari. Dtv / De Gruyter: München, Berlin / New York 1980, 98.

15 Aristoteles: *Metaphysik.* Hrsg. von Horst Seidel. Felix Meiner: Hamburg 1989, 1011 b 26: »Zu sagen, das Seiende sei nicht oder das Nicht-Seiende sei, ist falsch, dagegen zu sagen, das Seiende sei und das Nicht-Seiende nicht, ist wahr. Wer also ein Sein oder ein Nicht-Sein aussagt, muss Wahres oder Falsches aussprechen.« Diese Formulierung taucht ähnlich schon bei Platon im *Sophistes,*

240e, auf – es ist demnach nicht etwas ganz Neues bei Aristoteles, doch der macht daraus etwas anderes. Mit Aristoteles entsteht die »Logik«.

16   Aristoteles: *Metaphysik*. A. a. O., 1048 a 30.

17   Z. B. Martin Heidegger: *Zollikoner Seminare*. GA 89. Hrsg. von Peter Trawny. Vittorio Klostermann: Frankfurt am Main 2018, 512.

18   In der Sprache des »Spekulativen Realismus« lautet das so: »Es könnte tatsächlich sein, dass die Modernen dumpf fühlen, das *Große Außen* unwiederbringlich verloren zu haben, das *absolute* Außen der vorkritischen Denker: Ein Außen, das nicht relativ zu uns war, das sich seiner Gebung gegenüber indifferent gab, um das zu sein, was es ist, in sich selbst bestehend, ob wir es denken oder nicht [...].« Quentin Meillassoux: *Nach der Endlichkeit. Versuch über die Notwendigkeit der Kontingenz*. Diaphanes: Zürich u. Berlin 2/2013, 21. Mit dem »Großen Außen« meint Meillassoux wohl das, was sonst Transzendenz genannt wird.

19   Georg Wilhelm Friedrich Hegel: *Grundlinien der Philosophie des Rechts*. Hrsg. von Johannes Hoffmeister. Felix Meiner: Hamburg 1955, 14.

20   Karl Marx: »Thesen über Feuerbach«. In: Ders.: *Marx/Engels Werke*. Bd. 3. Dietz: Berlin 1958, 5.

21   Ebd., 6.

22   Karls Marx / Friedrich Engels: »Die Deutsche Ideologie«. In: Ebd., 27.

23   Martin Heidegger: *Seminare*. GA 15. Hrsg. von Curd Ochwadt. Vittorio Klostermann: Frankfurt am Main 1986, 433: »Die Atombombe ist längst explodiert; nämlich in dem Augenblick, als der Mensch in den Aufstand

gegenüber dem Sein trat und das Sein von sich aus stellte und zum Gegenstand seines Vorstellens machte. Dieses seit Descartes.« Vgl. zum Auseinanderbrechen von Wahrheit und Wirklichkeit auch Peter Sloterdijk: *Nach Gott*. Suhrkamp: Berlin 2017 – und zwar das ganze Buch.

24 Vgl. Friedrich Kluge: *Etymologisches Wörterbuch der deutschen Sprache*. De Gruyter & Co: Berlin 20/1967, 832.

25 *Wahrheitstheorien. Eine Auswahl aus den Diskussionen über Wahrheit im 20. Jahrhundert*. Hrsg. von Gunnar Skirbekk. Suhrkamp: Frankfurt am Main 1977.

26 Franz Kafka: *Briefe an Milena*. Erweiterte Neuausgabe. Hrsg. von Jürgen Born und Michael Müller. S. Fischer: Frankfurt am Main 1983, 73.

27 Vgl. Sextus Empiricus: *Grundriß der pyrrhonischen Skepsis*. Suhrkamp: Frankfurt am Main 1985. Die Einleitung von Malte Hossenfelder ist eine schöne Einführung in die Skepsis überhaupt.

28 Vgl. Walter J. Ong: *Oralität und Literalität. Die Technologisierung des Wortes*. Westdeutscher Verlag: Opladen 1987.

29 Vgl. Peter Sloterdijk: *Den Himmel zum Sprechen bringen. Über Theopoesie*. Suhrkamp: Berlin 2021.

30 Aristoteles: *Metaphysik*. A. a. O., 980 a 21.

31 Niklas Luhmann: *Die Realität der Massenmedien*. Springer: Wiesbaden 5/2017, 5.

32 Martin Heidegger: *Sein und Zeit*. GA 2. Hrsg. von Friedrich-Wilhelm von Herrmann. Vittorio Klostermann: Frankfurt am Main 1977, 169.

33 Luhmann: *Die Realität der Massenmedien*. A. a. O.

34 Immanuel Kant: *Zum ewigen Frieden. Ein philosophi-*

scher Entwurf. Hrsg. von Heiner Klemme. Felix Meiner: Hamburg 1992, B 98.

35 Thomas Hobbes: *Leviathan oder Die Materie, Form und Macht eines kirchlichen und staatlichen Gemeinwesens.* Hrsg. von Hermann Klenner. Felix Meiner: Hamburg 1996, 150.

36 Vgl. immer noch einschlägig Jürgen Habermas: *Struk- turwandel der Öffentlichkeit. Untersuchungen zu einer Kategorie der bürgerlichen Gesellschaft.* Luchterhand: Neuwied 1962, 256.

37 Safranski behauptet und zitiert an vielen Orten, Fried- rich Wilhelm Joseph Schelling habe gesagt: »Die Natur schlägt im Menschen die Augen auf und bemerkt, dass sie da ist.« Selbst wenn das Zitat vom Inhalt her nach Schelling (oder Schlegel?) klingt, so existiert der Satz doch nur bei Safranski.

38 So hatten wir im Jahr 2020 noch mit der Klimakrise und Greta Thunberg zu tun, bis Corona das Feld beherrschte, so dass alle Intellektuellen erst einmal darauf zu antwor- ten hatten, dann, bei in Deutschland nachlassenden Fall- zahlen, kam das deutsche Kabarett aufs Tapet, zwischen- durch Hengameh Yaghoobifarah mit einem scheinbar ungeheuerlichen Text über die deutsche Polizei, danach J. K. Rowling, die absurderweise noch ans biologische Geschlecht glaube, dann gingen die Fallzahlen wieder hoch und die Debattenzahlen wieder runter etc. pp.

39 Immanuel Kant: *Kritik der Urteilskraft.* Hrsg. von Hei- ner Klemme. Felix Meiner: Hamburg 2001, B 181.

40 Vgl. Richard Wagner: »Die Kunst und die Revolution«. In: Ders.: *Gesammelte Schriften und Dichtungen.* Bd. 3. E. W. Fritzsch: Leipzig 2/1887, 8–41.

41 Vgl. in vielem überzeugend Wolfram Pyta: *Hitler. Der Künstler als Politiker und Feldherr.* Siedler: München 2015.

42 Vgl. zu allem hier Wolfgang Ullrich: *Siegerkunst. Neuer Adel, teure Lust.* Wagenbach: Berlin 2016.

43 Reni Eddo-Lodge: *Warum ich nicht länger mit Weißen über Hautfarbe spreche.* Klett-Cotta: Stuttgart 2019, 125.

44 Ebd., 120.

45 Noah Sow: *Deutschland Schwarz Weiß. Der alltägliche Rassismus.* BoD: Norderstedt 2018, 25.

46 Taucht zum ersten Mal bei Platon und dann besonders bei Aristoteles, der von einem Prinzip (*archê*) spricht, auf. Aristoteles: *Metaphysik.* A. a. O., 1005 b 17.

47 Nach der berühmten Formulierung von Kierkegaard: »Der Mensch ist Geist. Aber was ist Geist? Geist ist das Selbst. Aber was ist das Selbst? Das Selbst ist ein Verhältnis, das sich zu sich selbst verhält, oder ist das am Verhältnis, daß das Verhältnis sich zu sich selbst verhält; das Selbst ist nicht das Verhältnis, sondern, daß das Verhältnis sich zu sich selbst verhält.« Sören Kierkegaard: *Die Krankheit zum Tode.* Werke IV. Rowohlt: o. O. 1962, 13.

48 Um es mit einem Fremdwort zu sagen: Politische Identität ist immer *Idem-Ipseität*.

49 Sow: *Deutschland Schwarz Weiß.* A. a. O., 52.

50 Nell Irvin Painter: *The History of White People.* W. W. Norton & Company: New York and London 2010.

51 Eddo-Lodge: *Warum ich nicht länger mit Weißen über Hautfarbe spreche.* A. a. O., 17.

52 Vgl. meinen eigenen Text: *Was ist deutsch? Adornos verratenes Vermächtnis.* Matthes Seitz: Berlin 2016.

53 Frantz Fanon: *Schwarze Haut, weiße Masken*. Suhrkamp: Frankfurt am Main 1985, 81.

54 Ebd., 165. Zur (stark begrenzten) Verwendung des »Substantivs ›Neger‹« vgl. Achille Mbembe: *Kritik der schwarzen Vernunft*. Suhrkamp Verlag: Berlin 2014, 56–70.

55 Friedrich Nietzsche: *Nachgelassene Fragmente*. Kritische Studienausgabe (KSA). Bd. 12. A. a. O., 315.

56 Ernst von Glasersfeld: *Der Radikale Konstruktivismus*; o. V., Frankfurt am Main 1996, 59. – Als Suhrkamp Taschenbuch Wissenschaft: 1997 (1. Aufl.). Es gibt auch noch eine Art von Konstruktivismus (den »Methodischen Konstruktivismus«), der sich vor allem wissenschaftstheoretisch aufstellt. Vgl. Paul Lorenzen: *Konstruktive Wissenschaftstheorie*. Suhrkamp: Frankfurt am Main 1974.

57 Vgl. Maurizio Ferraris: *Manifest des neuen Realismus*. Vittorio Klostermann: Frankfurt am Main 2014. Man muss solche Texte immer auch als Marketing im Kampf um die institutionelle und mediale Vorherrschaft unter Philosophen und Philosophinnen verstehen. Markus Gabriel, der wohl berühmteste Vertreter des »neuen Realismus«, macht mit diesem Kampf-Marketing ernst. Eine Strategie besteht darin, andere philosophische Positionen als Pappkameraden aufzubauen, um sie dann abzuschießen. Das geschieht auch mit Nietzsche.

58 Carl Vogt: *Physiologische Briefe für Gebildete aller Stände*. J. G. Cotta'scher Verlag: Stuttgart u. Tübingen 1847, 206.

59 Carl Vogt: *Bilder aus dem Thierleben*. Literarische Anstalt: Frankfurt am Main 1852, 445.

60 Charles Darwin: *Die Abstammung des Menschen und die*

geschlechtliche Zuchtwahl. E. Schweizerbart'sche Ver-
lagshandlung: Stuttgart 1871, 336.

61   Alfred Ploetz: *Grundlinien einer Rassen-Hygiene.
      I. Theil: Die Tüchtigkeit unsrer Rasse und der Schutz der
      Schwachen.* S. Fischer: Berlin 1895. Das ganze Buch hat
      ein Motto aus Nietzsches »Zarathustra«.

62   Friedrich Nietzsche: *Menschliches, Allzumenschliches.*
      KSA 2. A. a. O., 229.

63   Nietzsche: *Nachgelassene Fragmente.* KSA 12. A. a. O.,
      154.

64   Friedrich Nietzsche: *Nachgelassene Fragmente.* KSA 13.
      A. a. O., 139: »Die Metaphysik, die Moral, die Religion,
      die Wissenschaft – sie werden [...] nur als verschiedene
      Formen der Lüge in Betracht gezogen: mit ihrer Hülfe
      wird ans Leben *geglaubt.*«

65   Friedrich Nietzsche: »Die fröhliche Wissenschaft«. In:
      Ders.: *Sämtliche Werke.* KSA 3. A. a. O., 473: »Es ist ge-
      nug, die Wissenschaft als möglichst getreue Anmensch-
      lichung der Dinge zu betrachten [...].«

66   Friedrich Nietzsche: *Nachgelassene Fragmente.* KSA 11.
      A. a. O., 610 f.: »Und wißt ihr auch, was mir ›die Welt‹
      ist? Soll ich sie euch in meinem Spiegel zeigen? Die-
      se Welt: ein Ungeheuer von Kraft, ohne Anfang, ohne
      Ende, eine feste, eherne Größe von Kraft, welche nicht
      größer, nicht kleiner wird, die sich nicht verbraucht,
      sondern nur verwandelt. [...] – *Diese Welt ist der Wille
      zur Macht – und nichts außerdem!* Und auch ihr selber
      seid dieser Wille zur Macht – und nichts außerdem!«

67   Friedrich Nietzsche: *Jenseits von Gut und Böse. Vorspiel
      einer Philosophie der Zukunft.* In: Ders.: Sämtliche Wer-
      ke. KSA 5. A. a. O., 33.

68   Nietzsche: *Nachgelassene Fragmente*. KSA 12. A.a.O.,
      139: »Der Wille zur Macht *interpretiert* [...].«

69   Werner Heisenberg: »Das Naturbild der heutigen Phy-
      sik«. In: *Die Künste im technischen Zeitalter*. Hrsg. v.d.
      Bayerischen Akademie der schönen Künste: München
      1956, 46. Heisenberg schreibt sogar: »Der Satz, daß der
      Mensch nur noch sich selbst gegenüberstehe, gilt aber
      im Zeitalter der Technik noch in einem viel weiteren
      Sinne.«, ebd., 42.

70   Nebenbei gesagt: Bei »den Griechen« wurde erstaun-
      licherweise die Frage: Was ist Wahrheit? eigentlich
      nicht gestellt – jedenfalls nicht explizit.

71   Immanuel Kant: *Kritik der reinen Vernunft*. Hrsg. von
      Jens Timmermann. Felix Meiner: Hamburg 1998, B 82.

72   Ebd., B 84.

73   Ebd., B 86.

74   Friedrich Hölderlin: *Stammbuchblätter, Widmungen
      und Briefe II*. Hrsg. von D.E. Sattler und Anja Ross.
      Frankfurter Ausgabe. Hrsg. von D.E. Sattler. Bd. 19.
      Stroemfeld/Roter Stern: Frankfurt am Main 2007,
      346.

75   Johann Gottlieb Fichte: »Versuch einer Kritik aller Of-
      fenbarung«. In: *Werke*. Bd. V. Hrsg. von Immanuel Her-
      mann Fichte. De Gruyter & Co: Berlin 1971, 12.

76   Immanuel Kant: *Briefe*. Hrsg. von Jürgen Zehbe. Van-
      denhoeck Ruprecht: Göttingen 1970, 256.

77   Johann Gottlieb Fichte: »Grundlage der gesammten
      Wissenschaftslehre«. In: *Werke*. Bd. I. Hrsg. von Im-
      manuel Hermann Fichte. De Gruyter Co: Berlin 1971,
      87.

78   Johann Gottlieb Fichte: »Einige Vorlesungen über die

Bestimmung des Gelehrten«. In: *Werke*. Bd. VI. Hrsg. von Immanuel Hermann Fichte. De Gryuter Co: Berlin 1971, 333 f.

79 Friedrich Wilhelm Joseph Schelling: »Vom Ich als Princip der Philosophie oder über das Unbedingte im menschlichen Wissen«. In: Ders.: *Schriften von 1794–1798*. WBG: Darmstadt 1980, 32.

80 Georg Wilhelm Friedrich Hegel: *Phänomenologie des Geistes*. Hrsg. von Hans-Dietrich Wessels und Heinrich Clairmont. Felix Meiner: Hamburg 1988, 6.

81 Ebd.

82 Ebd., 35.

83 Ebd., 15.

84 *Opinion: Creating a more equal post-COVID-19 world for people who menstruate.*

85 Judith Butler: *Das Unbehagen der Geschlechter. Gender Studies*. Suhrkamp: Frankfurt am Main 1991, 26.

86 Ebd., 56.

87 Arendt: *Wahrheit und Politik*. A. a. O., 328.

88 Platon: *Res publica*, 414b-415d.

89 Arendt: *Wahrheit und Politik*. A. a. O., 328.

90 Ebd., 331.

91 Ebd., 338.

92 Ebd., 342.

93 Hannah Arendt: *Vita activa oder Vom tätigen Leben*. Piper: München 1967, 306.

94 Ebd.

95 Ebd., 307.

96 End., 313.

97 Arendt: *Wahrheit und Politik*. A. a. O., 345.

98 Ebd., 344.

99 Ebd., 355.

100 Ebd., 353.

101 Ebd., 358.

102 Hannah Arendt: »Religion und Politik«. In: Dies.: *Zwischen Vergangenheit und Zukunft*. A.a.O., 321.

103 So lautet eine Stelle aus den englischen *The Origins of Totalitarianism*. Harcourt: San Diego, New York, London 1979, 474: »The ideal subject of totalitarian rule is not the convinced Nazi or the convinced Communist, but people for whom the distinction between fact and fiction (i.e., the reality of experience) and the distinction between true and false (i.e., the standards of thought) no longer exist.«

104 Arendt: *Wahrheit und Lüge*. A.a.O., 363.

105 Platon: *Apologie des Sokrates*, 31c.

106 Vgl. Bernhard Williams: *Wahrheit und Wahrhaftigkeit*. Suhrkamp: Frankfurt am Main 2003.

107 Raul Hilberg: *Die Quellen des Holocaust. Entschlüsseln und Interpretieren*. S. Fischer: Frankfurt am Main 2002, 50.

108 Claude Lanzmann: »Der Ort und das Wort. Über *Shoah*«. In: »*Niemand zeugt für den Zeugen*«. *Erinnerungskultur und historische Verantwortung nach der Shoah*. Hrsg. von Ulrich Baer. Suhrkamp: Frankfurt am Main 2000, 101.

109 Ebd., 109. Vgl. auch Claude Lanzmann: *Shoah*. Mit einem Vorwort von Simone de Beauvoir. Claassen: Düsseldorf 1986, 275.

110 Lanzmann: »Der Ort und das Wort. Über *Shoah*«. A.a.O., 101.

111 Ebd., 109 f.

112 Diesen Gedanken finden wir bei Giorgio Agamben: *Was von Auschwitz bleibt. Das Archiv und der Zeuge.* Suhrkamp: Frankfurt am Main 2003.

113 Anabel Hernández: *Los Cómplices del Presidente*, Grijalbo Mondadori: Barcelona 2008 und Los Señores del Narco, DeBolsillo: Barcelona 2010.

114 Diese Erkenntnis wird heute eher der Astronomin Margaret Burbidge (1919–2020) zugesprochen.

115 Heino Falcke: *Licht im Dunkeln. Schwarze Löcher, das Universum und wir.* Klett-Cotta: Stuttgart 2020.

116 Nietzsche: *Nachgelassene Fragmente.* KSA 12. A.a.O., 342.

117 Nietzsche. *Die fröhliche Wissenschaft.* KSA 3. A.a.O., 626.

118 In seinem Manifest des neuen Realismus. A.a.O. räumt dann auch Maurizio Ferraris ein, er wolle »nicht behaupten, dass es in der sozialen Welt keine Interpretationen« (59) gebe. Es gebe »natürlich Interpretationen und Dekonstruktionen«. Die »wichtigste Sache für Philosophen und Nicht-Philosophen« sei aber, »die natürlichen Gegenstände wie den Mont Blanc oder einen Orkan, die existieren, […], nicht zu verwechseln mit den sozialen Gegenständen […].« Ferraris meint wohl, dass der Mont Blanc oder ein Orkan keiner Interpretation unterliegt. Das bezweifle ich.

119 Parmenides, man stelle sich einmal vor, dass vor mehr als zweieinhalb Jahrtausenden einer schreibt: »Es ist nötig, dass du alles erfährst, sowohl der runden Wahrheit unerschütterliches Herz als auch das Meinen der Sterblichen, worin keine Verlässlichkeit ist.« Platon war erschüttert! Vgl. Parmenides: *Vom Wesen des Seienden.*

Hrsg. und übers. von Uvo Hölscher. Suhrkamp: Frankfurt am Main 1969, Fragment 1.

120 Platon: *Res publica*, 476d-480a.

121 Platon: *Apologie des Sokrates*, 30e.

122 Arendt: *Wahrheit und Lüge*. A. a. O., 333.

123 Arendt: *Sokrates. Apologie der Pluralität*. A. a. O., 47.

124 Ebd., 54.

125 Ebd., 54 f.

126 Ebd., 53.

127 Theodor W. Adorno: »Meinung Wahn Gesellschaft«. In: Ders.: *Kulturkritik und Gesellschaft II. Eingriffe Stichworte Anhang*. Suhrkamp: Frankfurt am Main 2003, 573.

128 Ebd., 593.

129 Ebd., 594.

130 Arendt: *Wahrheit und Politik*. A. a. O., 333: »[...] insofern nicht Wahrheit, wohl aber Meinung zu den unerläßlichen Voraussetzungen aller politischen Macht gehört.«

131 *Reden der Französischen Revolution*. Hrsg. von Peter Fischer. dtv: München 1974, 342.

132 Hannah Arendt: *Über die Revolution*. Piper: München u. Zürich 1974, 100 f. Auch Hegel hat in dem berühmten Kapitel der *Phänomenologie des Geistes* »Die absolute Freiheit und der Schrecken« die Implosion der Französischen Revolution interpretiert: »Diese ungeteilte Substanz der absoluten Freiheit erhebt sich auf den Thron der Welt, ohne daß irgendeine Macht ihr Widerstand zu leisten vermöchte.« Hegel: *Phänomenologie des Geistes*. A. a. O., 387.

133 *Reden der Französischen Revolution*. A. a. O., 334.

134 Ebd., 348.

135 Ebd., 349.

136 Ebd., 362.

137 Volker Ullrich: *Adolf Hitler. Die Jahre des Aufstiegs.* S. Fischer: Frankfurt am Main 2013, 12: »Erst aus dem Wechselspiel der Intentionen Hitlers mit dem strukturell bedingten Handlungsdruck, der von den Initiativen der ihm nachgeordneten Chargen und Institutionen ausging, lasse sich – so die Kernthese – die entfesselte Dynamik des Regimes erklären, die zu immer radikaleren Lösungen trieb. Damit hatte Kershaw den alten, längst unfruchtbar gewordenen Streit zwischen der ›intentionalistischen‹ und ›strukturalistischen‹ Schule in der deutschen Geschichtswissenschaft definitiv beendet.« So auch Peter Longerich: *Hitler. Biographie.* Siedler: München 2015, 9: Die Herrschaftsstrukturen des »Dritten Reichs« waren »unauflöslich mit Hitlers Person verbunden, ja seine Diktatur stellte generell ein außerordentliches Beispiel für personalisierte Herrschaft dar«. Die Herrschaftsstrukturen des Regimes seien »nicht ohne Hitler denkbar«, und Hitler sei »ohne seine Ämter nichts«.

138 Hitler, *Mein Kampf. Eine kritische Edition.* Bd. II. Hrsg. von Christian Hartmann u. a. im Auftrag des Instituts für Zeitgeschichte München – Berlin 2016, 1009. Sicher kannte zu der Zeit, zu der Hitler diesen Satz schrieb, kaum jemand außerhalb von München oder Bayern wirklich die »Nationalsozialisten«.

139 Ebd., 983.

140 Ebd., 977.

141 Ebd., 567.

142 Hitler, *Mein Kampf. Eine kritische Edition.* Bd. I. A. a. O., 737.

143 Vgl. Longerich: *Hitler*. A. a. O., 72: »War der Antisemitismus für Hitler in seiner Wiener Zeit wie gezeigt noch eine Feindschaft über vielen ›Antis‹ gewesen, ein Element unter zahlreichen anderen […], so hatte sich die politische Gesamtsituation nun radikal geändert. In der Gestalt der doppelten Bedrohung durch ›jüdischen Bolschewismus‹ und ›jüdischen Kapitalismus‹ wähnte Hitler sich einer Gefahrenlage gegenüber, die nicht nur die bestehende Gesellschaftsordnung und das deutsche Volk, sondern die gesamte zivilisierte Menschheit betraf – in seiner verzerrten Wahrnehmung eine Bedrohung von geradezu apokalyptischen Ausmaßen. Und so rückte der Antisemitismus vom Rand ins Zentrum seines Weltbildes.«

144 Hitler, *Mein Kampf. Eine kritische Edition*. Bd. I. A. a. O., 209.

145 Ebd. In der kritischen Edition wird darauf hingewiesen, dass Hitler zu einem postulierten »Antisemitismus der Vernunft« tendierte, wenn er offenbar auch schon in einem Brief vom 16.9.1919 darüber sinnierte, »alle« Juden »über Nacht um[zu]bringen«, was er außenpolitisch für unkommunizierbar hielt.

146 So besaß Hitler u. a. vier Ausgaben der viel gelesenen, bereits 1922 erschienenen *Rassenkunde des deutschen Volkes* von Hans F. K. Günther. Ich spreche an dieser Stelle bewusst nicht von »pseudowissenschaftlichen« »Rassentheorien«, weil dieses Urteil ein nachträgliches gewesen ist. Ich werde mich in einem demnächst erscheinenden Buch *Hitler, die Philosophie und der Hass* (Matthes & Seitz) ausführlicher zu diesem Thema äußern.

147 Hitler, *Mein Kampf. Eine kritische Edition*. Bd. I. A. a. O., 905.

148 Mao Tse-tung: *Ausgewählte Schriften*. Hrsg. von Tilemann Grimm. S. Fischer: Frankfurt am Main 1963, 175.

149 Ebd., 188.

150 Arendt: *Elemente und Ursprünge totaler Herrschaft*. A. a. O., 968.

151 Ebd., 969.

152 Jürgen Habermas: »Vorbereitende Bemerkungen zu einer Theorie der kommunikativen Kompetenz«. In: *Theorie der Gesellschaft oder Sozialtechnologie – Was leistet die Systemforschung?* Hrsg. von Jürgen Habermas und Niklas Luhmann. Suhrkamp: Frankfurt am Main 1971, 137.

153 Das meint auch Barbara Zehnpfenning; dass »Hitler sich ganz ohne Zweifel auf der Seite der Wohltäter der Menschheit« sah. Barbara Zehnpfennig: *Hitlers* Mein Kampf. *Eine Interpretation*. Wilhelm Fink: München 2000, 98.

154 Vgl. zum ganzen Kapitel Jacques Derrida: *Geschichte der Lüge. Prolegomena*. Passagen Verlag: Wien 2015. Die von mir gewählten Referenzen finden sich auch bei Derrida, der allerdings die Reihe der Denker und Denkerinnen, die sich mit der Lüge befassten, noch bereichert.

155 Immanuel Kant: *Die Metaphysik der Sitten*. In: Ders.: *Werke*. Bd. IV. Hrsg. von Wilhelm Weischedel. Insel: Wiesbaden 1956, A 83.

156 Ebd.

157 Immanuel Kant: *Grundlegung der Metaphysik der Sitten*. In: Ders.: *Werke*. Bd. IV. A. a. O., B 1.

158 Immanuel Kant: »Die Religion innerhalb der Grenzen

der bloßen Vernunft«. In: Ders.: *Werke*. Bd. IV. A. a. O., B 36.

159 Immanuel Kant: »Über ein vermeintliches Recht aus Menschenliebe zu lügen«. In: Ders.: *Werke*. Bd. IV. A. a. O., A 311.

160 Arendt: *Wahrheit und Lüge*. A. a. O., 353.

161 Friedrich Nietzsche: *Der Antichrist*. In: Ders.: *Sämtliche Werke*. KSA 6. A. a. O., 238.

162 Friedrich Nietzsche: »Morgenröthe. Gedanken über die moralischen Vorurtheile«. In: Ders.: *Sämtliche Werke*. KSA 3. A. a. O., 204.

163 Kant: »Die Religion innerhalb der Grenzen der bloßen Vernunft«. In: Ders. *Werke*. Bd. IV. A. a. O., B 295.

164 Nietzsche: *Nachgelassene Fragmente*. In: Ders.: *Sämtliche Werke*. KSA 13. A. a. O., 193.

165 Immanuel Kant: »Idee zu einer allgemeinen Geschichte in weltbürgerlicher Absicht«. In: Ders.: *Werke*. Bd. VI. A. a. O., A 392 ff.

166 Platon: *Res publica*, 595b / c.

167 Ebd., 395a.

168 Aristoteles: *Metaphysik*. A. a. O., 983 a 3.

169 Novalis: *Fragmente*. Erste vollständige, geordnete Ausgabe. Hrsg. von Ernst Kamnitzer. Wolfgang Jess: Dresden 1929, 595.

170 Friedrich Hölderlin: »Andenken«. In: Ders.: *Frankfurter Ausgabe*. Bd. 8 – gesänge. Stroemfeld / Roter Stern: Frankfurt am Main 2000, 805.

171 Novalis: *Fragmente*. A. a. O., 599.

172 »Dictare heißt in unserer Sprache: Dichten.« Martin Heidegger: *Zum Ereignis-Denken*. GA 73.1. Hrsg. von Peter Trawny. Vittorio Klostermann: Frankfurt am

Main 2013, 676. Abgesehen vom Übergang des Lateinischen ins Deutsche, geht es Heidegger um die Frage, ob das Denken oder das Dichten das wahrere Diktat darstellt. Dabei weist er einmal – meistens in seinem früheren Denken – auf den Vorrang des Dichtens, (Martin Heidegger: *Hölderlins Hymnen »Germanien« und »Der Rhein«*. GA 39. Hrsg. von Susanne Ziegler. Vittorio Klostermann: Frankfurt am Main 3/1999, 29 ff.), dann wieder auf den des Denkens hin (Martin Heidegger: *Holzwege*. GA 5. Hrsg. von Friedrich-Wilhelm von Herrmann. Vittorio Klostermann: Frankfurt am Main 1977, 328).

173 Max Kommerell: »Rilkes ›Duineser Elegien‹«. In: *Rilkes Duineser Elegien*. Bd. 2. Hrsg. von Ulrich Fülleborn und Manfred Engel. Suhrkamp: Frankfurt am Main 1982, 107.

174 Rainer Maria Rilke: *Duineser Elegien. Die Sonette an Orpheus*. Kritisch hrsg. von Wolfram Groddeck. Reclam: Stuttgart 1997, 7.

175 *Materialien zu Rainer Maria Rilkes »Duineser Elegien«*. Bd. 1. Hrsg. von Ulrich Fülleborn und Manfred Engel. Suhrkamp: Frankfurt am Main 1982, 269.

176 Ebd., 116.

177 Rilke: *Duineser Elegien*. A. a. O, 32.

178 Friedrich Nietzsche: *Ecce homo*. In: *Sämtliche Werke*. KSA 6. A. a. O., 359.

179 Friedrich Nietzsche: *Zur Genealogie der Moral. Eine Streitschrift*. In: *Sämtliche Werke*. KSA 5. A. a. O., 390.

180 Ebd., 412.

181 Nietzsche: *Nachgelassene Fragmente*. In: Ders.: *Sämtliche Werke*. KSA 12. A. a. O., 213.

182 Nietzsche: *Nachgelassene Fragmente*. In: Ders.: *Sämtliche Werke*. KSA 13. A. a. O., 500.

183 Ebd., 522.

184 Nietzsche: *Nachgelassene Fragmente*. In: Ders.: *Sämtliche Werke*. KSA 12. A. a. O., 119.

185 Pyta: *Hitler. Der Künstler als Politiker und Feldherr*. A. a. O. Erstaunlich, dass Pyta die Filme Leni Riefenstahls nicht erwähnt.

186 Michael Butter: *»Nichts ist, wie es scheint«. Über Verschwörungstheorien*. Suhrkamp: Frankfurt am Main 2018; Michael Butter und Peter Knight (Hrsg.): *Routledge Handbook of Conspiracy Theories*. Routledge: London 2020.

187 Karl Popper: *Die offene Gesellschaft und ihre Feinde. Band II: Falsche Propheten. Hegel, Marx und die Folgen*. J. C. B. Mohr: Tübingen 7/1992, 119.

188 *Die Protokolle Zions. Das Programm der internationalen Geheimregierung*. Hammer: Leipzig 1935.

189 Ich berufe mich auf *Die Protokolle der Weisen von Zion. Die Grundlage des modernen Antisemitismus – eine Fälschung. Text und Kommentar*. Hrsg. von Jeffrey L. Sammons. Wallstein: Göttingen 1998.

190 Maurice Joly: *Macht und Recht. Machiavelli contra Montesquieu. Gespräch in der Unterwelt*. Felix Meiner Verlag: Hamburg 1979.

191 *Die Protokolle Zions*. A. a. O., 78. Im Nachwort verwendet der notorische Antisemit Theodor Fritsch diesen Begriff.

192 Ebd., 68.

193 Vgl. Alexander Stein: *Adolf Hitler, »Schüler der Weisen von Zion«*. Graphia: Karlsbad 1936.

194 Hitler, *Mein Kampf. Eine kritische Edition*. Bd. I. A. a. O., 799.

195 *Die Protokolle Zions.* A. a. O., 10.

196 Ebd., 11.

197 Ebd., 78.

198 Vgl. Alfred Rosenberg: *Die Protokolle der Weisen von Zion und die jüdische Weltpolitik.* Hoheneichen: München 1923.

199 Aurelius Augustinus: *De vera religione. Über die wahre Religion.* Übers. von Wilhem Thimme. Reclam: Stuttgart 1983, 123.

200 Johann Gottlieb Fichte: »Erste Einleitung in die Wissenschaftslehre«. In: *Werke.* Bd. V. A. a. O., 422.

201 Novalis: *Schriften.* Bd. 2. Das philosophische Werk I. Hrsg. von Richard Samuel. W. Kohlhammer: Stuttgart, Berlin, Köln u. Mainz 1981, 419.

202 Das ganze Kapitel vgl. mit Peter Trawny: *Mystik der Barata. Zu Clarice Lispector.* Matthes Seitz: Berlin 2021.

203 Jan Assmann: *Ma'at. Gerechtigkeit und Unsterblichkeit im Alten Ägypten.* Beck: München 2/1995.

204 Nietzsche: *Jenseits von Gut und Böse.* KSA 5. A. a. O., 11.

205 Friedrich Nietzsche: »Nietzsche contra Wagner. Aktenstücke eines Psychologen«. In: Ders. *Sämtliche Werke.* KSA 6. A. a. O., 439.

206 Vgl. den Artikel »Baubo« in *Der kleine Pauly. Lexikon der Antike in fünf Bänden.* Bd. 1 – Aachen-Dichalkon. Auf der Grundlage von Pauly' Realencyclopädie der classischen Altertumswissenschaft unter Mitwirkung zahlreicher Fachgelehrter bearbeitet und herausgegeben von Konrat Ziegler und Walther Sontheimer. dtv: München 1979, sp. 843 ff. Vgl. auch besonders Maurice Olender: »Aspects de Baubô. Textes et contextes antiques«. In: *Revue de l'histoire des religions.* Tome CCII – Fascicule 1 (1985), 3–55.

207 Bernard Teyssère: *Le Roman de l'Origine*. Gallimard, coll. L'Infini: Paris 1996.

208 Martin Heidegger: »Logos (Heraklit, Fragment 50)«. In: Ders.: *Vorträge und Aufsätze*. GA 7. Hrsg. von Friedrich-Wilhelm von Herrmann. Vittorio Klostermann: Frankfurt am Main 2000, 225 f. Dort heißt es u. a.: »Die Unverborgenheit braucht die Verborgenheit, [...], als ihre Rücklage, aus der das Entbergen gleichsam schöpft.«

209 Vgl. Metken: *Gustave Courbet: Der Ursprung der Welt*. A. a. O., 49.

210 Platon: *Res publica*, 514a-518b.

211 Hilary Putnams Argument in *Reason, Truth and History*, das Szenario des Gedankenexperiments des Gehirns im Tank sei unmöglich, setzt wortwörtlich voraus, dass die Wahrheit darin besteht, es gebe da ein Tank-Gehirn, das eine simulierte Welt erfahre und sagt: »Ich bin ein Tank im Gehirn.« Diese Wahrheit (Aussage) hält er für unmöglich, weil das Gehirn dazu mit einer Außenwelt in Kontakt sein müsste, von der es die Bedeutung aller Satzelemente erfährt. Indem aber das Gehirn niemals *sagen* kann, dass es eines im Tank ist, soll die Versuchsanordnung falsch sein. Putnam entwickelte von diesem Argument her das, was er »semantischen Externalismus« nannte. Demnach ist der Bezug, in dem ein Ausdruck sich im Sprechen mit einer »externen« Sache verbindet, Teil seiner Bedeutung. In unterschiedlichen Welten könnten sich Sprecher mit demselben Begriff auf unterschiedliche Sachen beziehen.

212 Im (apokryphen) Buch 2. Makkabäer (7,28); dort heißt es: »Ich bitte dich, mein Kind, schau dir den Himmel

und die Erde an; sieh alles, was es da gibt, und erkenne: Gott hat das aus dem Nichts erschaffen, und so entstehen auch die Menschen.«

213 Vgl. Ludwig Feuerbach: *Das Wesen des Christentums.* Reclam: Stuttgart 1969.

214 Michail Bulgakow: *Meister und Margarita.* Roman. Dtv: München 2012, 32.

215 Carl Schmitt: *Der Leviathan in der Staatslehre des Thomas Hobbes. Sinn und Fehlschlag eines politischen Symbols.* Klett-Cotta: Stuttgart 3/2003, 67.

216 Nietzsche: *Der Antichrist.* In: Ders.: *Sämtliche Werke.* KSA 6. A. a. O., 225.

217 »Und er steht nicht in der Wahrheit; denn es ist keine Wahrheit in ihm.« (Joh 8,44)

218 Der Philosoph und Parmenides-Schüler Melissos (490–430 v. Chr.) soll den Gedanken *ex nihilo nihil fit* (aus Nichts wird nichts) formuliert haben.

219 Interessant ist auch, dass er das im Rückgriff auf das Zitat eines griechischen Dichters getan hat, indem er betont, wir seien »Gottes Geschlecht«. Das habe der Dichter Aratos (ca. 300 v. Chr.) gesagt.

220 Denis Diderot: *Ästhetische Schriften.* Hrsg. von Friedrich Bassenge. Bd. II. Aufbau: Berlin 1967, 480.

221 Georg Wilhelm Friedrich Hegel: *Enzyklopädie der philosophischen Wissenschaften im Grundrisse.* Hrsg. von Wolfgang Bonsiepen und Hans-Christian Lucas. Felix Meiner: Hamburg 1992, 555.

222 Georg Wilhelm Friedrich Hegel: *Vorlesungen über die Philosophie der Weltgeschichte. Bd. 1. Die Vernunft in der Geschichte.* Hrsg. von Johannes Hoffmeister. Felix Meiner: Hamburg 6/1994, 62.

223 Leopold von Ranke: *Aus Werk und Nachlaß*. Hrsg. von W. P. Fuchs, G. Berg und V. Dotterweich. Bd. II *Epochen der neueren Geschichte*. München u. Wien 1973, 59 f.

224 Jürgen Habermas: *Auch eine Geschichte der Philosophie. Bd. 2. Vernünftige Freiheit. Spuren des Diskurses über Glauben und Wissen*. Suhrkamp: Berlin 2019, 791.

225 Werner Hamacher: »Ein Brief«. In: *Nach Szondi*. Allgemeine und vergleichende Literaturwissenschaft an der Freien Universität Berlin 1965–2015. Hrsg. von Irene Albers. Kulturverlag Kadmos: Berlin 2016, 298.